中国"一带一路"智库合作联盟理事单位
教育部国别与区域研究中心——中南亚研究中心 **系列研究丛书**
西北政法大学义乌研究院

丛 书 主 编：穆兴天
丛书副主编：王东明

以色列反恐战略研究

张波·著

时事出版社
北京

图书在版编目（CIP）数据

以色列反恐战略研究 / 张波著 . —北京：时事出版社，
2023.12
　　ISBN 978-7-5195-0538-7

Ⅰ.①以…　Ⅱ.①张…　Ⅲ.①反恐怖活动—研究—以色列
Ⅳ.①D738.288

中国国家版本馆 CIP 数据核字（2023）第 030035 号

出 版 发 行：时事出版社
地　　　　址：北京市海淀区彰化路 138 号西荣阁 B 座 G2 层
邮　　　　编：100097
发 行 热 线：(010) 88869831　88869832
传　　　　真：(010) 88869875
电 子 邮 箱：shishichubanshe@sina.com
印　　　　刷：北京良义印刷科技有限公司

开本：787×1092　1/16　印张：18.25　字数：254 千字
2023 年 12 月第 1 版　2023 年 12 月第 1 次印刷
定价：98.00 元
（如有印装质量问题，请与本社发行部联系调换）

编委会

系列研究丛书学术顾问

贾 宇 法学博士，中国刑法学研究会会长，教育部马克思主义理论研究和建设工程第三批重点教材《刑法学》课题组首席专家。

郭永辉 博士生导师，西北政法大学特聘教授，新疆法学会法理学学会会长。

范九利 工学博士，西北政法大学副书记、校长。

王 健 浙江省金华市委常委，义乌市委书记。

王 健 西北政法大学副校长，二级教授，博士生导师。

李绍先 博士生导师，宁夏大学阿拉伯学院（中国阿拉伯国家研究院）院长，研究员，中国中东学会副会长，教育部国别与区域研究专家委员会委员，中央电视台国际问题顾问、特约评论员。

李 伟 博士生导师，中国现代国际关系研究院研究员，享受国务院政府特殊津贴专家。

系列研究丛书编委会

王 林　王东明　王永宝　方利强　兰 迪　朱智琴　刘亚军
张 波　何显锋　余钊飞　宋文静　唐淑娴　彭瑞花　舒洪水
穆兴天

序

西北政法大学历来强调教学科研工作要理实并重、知行合一。本丛书是西北政法大学义乌研究院和时事出版社联合推出的以"一带一路"国别与区域研究为背景，聚焦国内反恐维安、社会综合治理与国际反恐合作的一套系列研究丛书。

2018年5月，在浙江省人民检察院党组书记、检察长贾宇的安排下，西北政法大学反恐维安调研组一行8人到浙江杭州、温州、金华、绍兴等地调研。在金华市下辖的义乌市调研时，贾宇亲临指导，并与时任义乌市委领导商定，将有"世界小商品之都""内地城市反恐重镇""内地反恐形势'晴雨表'"之称的义乌市，作为西北政法大学反恐怖主义法学院的研究基地，并在此设立研究院，开展对国内反恐维安"义乌经验"的研究，基层社会治理与平安社区建设，民族、宗教事务法治化管理，"一带一路"国际商贸安全与法律问题研究。西北政法大学认为这是在反恐怖主义法学和国家安全研究领域的一次创新实践，对这一举措大力支持，积极与义乌市委市政府协商，并指导反恐怖主义法学院的具体落实。2019年7月18日，义乌市委副书记陈小忠和西北政法大学副校长王健代表双方签署战略合作协议。

2019年10月27日，在西北政法大学校党委、校行政以及义乌市委市政府的大力支持下，在义乌市幸福湖国际会议中心召开"西北政法大学义乌研究院成立大会暨社会治理与反恐维安研讨会"，浙江省人民检察院党组书记、检察长贾宇，浙江省人民检察院副检察长黄生林，西北政法大学校长杨宗科，西北政法大学副校长王健，浙江省公安厅党委委员、副厅长张阿军，金华市委副书记、政法委书记陈玲玲，金华市副市长、义乌市市长王健等出席成立大会。浙江省及浙江省金华市、义乌市的公安、检察系统和反恐办相关负责人，研究院专家、学者参加会议。会上，西北政法大学校长杨宗科和义乌市市长王健为研究院揭牌，西北政法大学义乌研究院正式成立。

义乌研究院成立以来，本着"大反恐"格局，围绕着民族、宗教、社会综合治理，"一带一路"倡议沿线国家国情及国家关系，恐怖主义、极端主义犯罪的预防、打击及法律适用，外国人的教育、服务、管理等问题，与义乌市公安局、市反恐支队、检察院、民宗委、教育局及其他反恐成员单位联合攻关，开展了50余项合作科研项目，50余个课题组、300多人次到义乌市进行实地调研。截至2022年底，在《西北政法大学反恐维安要报·义乌特刊》上刊登要报200余篇；在《中国刑警学院学报》《中国民族报》《公安学刊》《武警学院学报》《警学研究》《民主与法制周刊》《民主与法制时报》《情报杂志》《社会科学动态》《青海社会科学》等刊物上公开发表科研论文50余篇；多篇调研报告获得中央和省部级领导批示肯定或被相关部门采纳。与此同时，义乌研究院专职研究员和兼职研究员撰写的一批专著和译作也陆续成稿。该套丛书就是西北政法大学义乌研究院成立以来成稿的专著和译作的一个阶段性成果总结和展示。

该套丛书的问世得到贾宇、郭永辉、李绍先、李伟、王健等一大批专家、学者的指导和鼎力支持，在此表示衷心的感谢！

最后，要特别感谢浙江省检察院、金华市检察院、义乌市委市政府对义乌研究院研究工作的大力支持，感谢义乌市公安局、义乌市反恐办、义乌市检察院、义乌市民宗委等部门对义乌研究院工作所提供的诸多方便，感谢时事出版社的领导和同志们，正是你们的辛勤劳作，本套丛书才能够问世。

义乌市在内地反恐和社会治理方面是一个实践宝库，还有更多的理论与实践经验等待更深的挖掘，我们深知自己做的还远远不够。在义乌市委市政府、西北政法大学的关心和支持下，义乌研究院专兼职研究人员一定会砥砺前行，上下求索，争取更多的成果。

穆兴天
2022年5月30日

加强理论研究
推动新时代反恐工作高质量发展

中国刑法学研究会会长 贾宇

恐怖主义是人类文明的公敌，严重破坏世界和平与安宁。反恐工作事关国家安全，事关人民群众切身利益，事关改革发展稳定全局。党的十八大以来，以习近平同志为核心的党中央统筹国际和国内两个大局、发展和安全两件大事，引领新时代反恐工作取得重大成就，推动反恐怖斗争实现了由被动向主动的根本性好转。但是，当前国际反恐形势仍然严峻，呈现全球化、个体化、社会化、网络化和复杂化的趋势。在全球宗教矛盾冲突升级、恐怖主义滋长的大背景下，反恐工作仍然任重道远。

主动应对恐怖主义威胁，积极有效防范、化解、处置各类涉恐风险，必须坚持党的绝对领导，坚持以人民为中心，贯彻总体国家安全观，充分发挥我国政治制度和意识形态优势，筑起群防群治的铜墙铁壁和思想文化的绿色屏障，及时精准实现对恐怖活动的系统性打击。

首先，必须坚持党对反恐工作的绝对领导，切实把党的领导落实到反恐工作的各方面、全过程。坚持党的领导，方能确保反恐工作始终坚持正确的政治方向，方能充分调用集中统一、上下协同、运行高效的指挥体系，为打赢反恐持久战提供有力的领导保证。坚持党的领导，方能以人类命运共同体凝聚起最广泛的反恐战线，为打击恐怖主义贡献中国智慧和中国力量，展现负责任大国的国际形象。实践证明，必须坚持以习近平新时代中国特色社会主义思想为指导，开辟一条中国特色的反恐怖斗争道路，为中华民族伟大复兴保驾护航。

其次，必须持续推进反恐治理体系现代化。党的二十大报告首次以专章论述国家安全，强调必须坚定不移贯彻总体国家安全观，把维护国家安全贯穿党和国家工作各方面全过程，确保国家安全和社会稳定，这为反恐工作提供了明确指引。推进反恐治理体系现代化，要统筹好国内国外两条战线，做到相互策应和有机统一：对内铸牢中华民族共同体意识，坚持宗教中国化研究，全面贯彻党的民族政策，共同构建抵御恐怖主义、极端民族主义的思想屏障；对外树立反恐全球视野，走开放的反恐之路，不断强化国际反恐合作。推进反恐治理体系现代化，要统筹好网上网下两个阵地，将反恐怖斗争从地理空间延伸至网络空间，严防恐怖主义思想的网络传播，阻断暴恐分子的网络通联，切断涉恐资金的网络通道，充分运用网络信息和大数据技术挖掘涉恐情报信息。推进反恐治理体系现代化，还要统筹好行为惩处和思想矫治两个关键，依法主动、精准打击恐怖主义犯罪，保持对恐怖活动的严厉打击震慑态势；持续推进宗教中国化，彻底铲除宗教极端主义滋生的土壤。

最后，必须持之以恒推进反恐工作法治化、常态化。随着《中华人民共和国国家安全法》《中华人民共和国反恐怖主义法》等相继出台，我国国家安全法律制度体系初步形成，反恐体系从以政策为主导走向以法治为基础。在全面推进依法治国的背景下，反恐斗争必须以习近平法治思想为指导，在法治框架内推进，遵循权利保障、正当程序等法治基本原则。这就需要进一步深化对恐怖犯罪案件的定罪标准、办案程序、证据认定的规范性研究，严格遵循法定程序，依法惩治恐怖活动人员，教育挽救有轻微犯罪行为或违法行为的人员，力求在安全、自由与人权等基本价值之间实现平衡。在反恐法治化的基础之上，应从应急性反恐转向常态化反恐，构建上下联动、体系完备的反恐工作常态化机制，扎实做好日常防控和风险监测，并最大程度地激发和鼓励民众参与，形成各方协力反恐的大格局。

浙江省是国内反恐的重要区域,绍兴市、嘉兴市、义乌市等地发生过多起涉恐案件。义乌市作为全球最大的小商品集散中心,被联合国、世界银行等国际和地区组织确定为世界第一大市场,也是"一带一路"倡议沿线的枢纽城市。作为闻名世界的小商品之都,义乌市云集了各国商家,经济发展十分迅速。2014年11月,"义新欧"中欧班列开通,义乌市成为始发站,国际贸易空前发展。但与此同时,义乌市也隐藏了许多风险,其中就包括发生恐怖主义犯罪的隐患。义乌市的涉恐要素繁多、反恐形势复杂,具有较高的风险性。确保义乌市免受恐怖主义威胁,对于浙江省在高质量发展中实现中国特色社会主义共同富裕先行和省域现代化先行,以大中城市反恐、去极端化的有益经验为全国先行探路有着重要意义。

做好新形势下反恐工作,既要重视实践探索,也要发挥理论对实践的反哺作用。早在2014年,西北政法大学就成立了反恐怖主义研究院。2019年10月27日,在义乌市委市政府的大力支持下,西北政法大学义乌研究院正式成立。设立义乌研究院,既是应时应势之举,也是坚持理论与实践相结合的产物。研究院成立三年多来,围绕民族、宗教、社会治理、"一带一路"倡议沿线国家国情、恐怖主义极端主义犯罪的预防打击、居义外国人的教育管理等问题,与义乌市检察院、公安局、民宗委、教育局及其他单位开展了50余项合作科研项目,在《西北政法大学反恐维安要报·义乌特刊》上刊登要报200余篇,公开发表科研论文50余篇。与此同时,一些专著和译作也陆续成稿。该套丛书就是对西北政法大学义乌研究院成立3年多来的专著和译作的一个阶段性成果总结和展示,具有十分重要的意义。

积土而为山,积水而为海。希望义乌研究院今后更好地发挥西北政法大学在法学、国家安全、反恐理论研究上的优势,更好地总结提炼义乌市在这方面的丰硕成果和实践经验,通过对"一带一路"倡议沿线国家安全形势、投资环境、法律制度的研究,为义乌市这座世界小商品之都"走出去、引进来"提供更好的投资指南,为我国反恐事业作出更大贡献。

目 录
CONTENTS

绪　论

一、选题的背景 …………………………………………（1）
二、选题的意义 …………………………………………（3）
三、核心概念的界定 ……………………………………（7）
四、研究现状 ……………………………………………（11）
五、研究方法、创新和不足 ……………………………（33）

第一章　以色列对反恐战略的认知

第一节　对恐怖主义的认知 ……………………………（35）
　一、对恐怖主义概念的界定 …………………………（36）
　二、对反恐对象的认定 ………………………………（38）
第二节　对反恐的认知及其特点 ………………………（62）
　一、对反恐战略地位的认知 …………………………（62）
　二、对反恐手段的认知 ………………………………（69）
　三、反恐认知的特点 …………………………………（76）
小　结 ……………………………………………………（80）

第二章 以色列反恐战略的目标

第一节 反恐在国家安全战略中居从属地位时的目标 ……（81）
　　一、打击巴勒斯坦解放组织及其主要政治派别 …………（82）
　　二、巩固国家生存 ………………………………………（84）
第二节 反恐在国家安全战略中居首要地位时的目标 ……（86）
　　一、维护国民安全 ………………………………………（86）
　　二、打击激进组织 ………………………………………（87）
　　三、维护巴以和平进程中的主动权 ……………………（90）
　　四、获得地区优势 ………………………………………（92）
小　结 ………………………………………………………（94）

第三章 以色列反恐战略机制和手段

第一节 反恐的战略机制 ……………………………………（95）
　　一、决策机构 ……………………………………………（96）
　　二、情报机构 ……………………………………………（98）
　　三、执行机构 ……………………………………………（101）
　　四、机构间的协作 ………………………………………（113）
第二节 反恐手段 ……………………………………………（119）
　　一、情报侦查 ……………………………………………（119）
　　二、军事反恐 ……………………………………………（121）
　　三、经济封锁 ……………………………………………（137）
　　四、法律制裁 ……………………………………………（141）
　　五、反恐教育 ……………………………………………（153）
　　六、网络反恐 ……………………………………………（157）
小　结 ………………………………………………………（159）

第四章　以色列国际反恐合作

第一节　国际政治合作 ………………………………… （161）
 一、在联合国争取政治支持 …………………………… （161）
 二、以美政治合作 ……………………………………… （163）
 三、与周边国家的政治合作 …………………………… （167）
 四、以印政治合作 ……………………………………… （171）
 五、以欧政治合作 ……………………………………… （175）
第二节　国际军事合作 ………………………………… （177）
 一、联合研发多层级反导系统 ………………………… （177）
 二、联合反恐演习和应急处理合作 …………………… （179）
 三、培训反恐人员 ……………………………………… （181）
第三节　其他领域反恐合作 …………………………… （182）
 一、国际经济合作 ……………………………………… （183）
 二、国际情报合作 ……………………………………… （184）
 三、国际法律合作 ……………………………………… （186）
 四、国际医疗卫生合作 ………………………………… （187）
第四节　国际反恐合作的特点 ………………………… （188）
 一、反恐利益至上原则 ………………………………… （188）
 二、构建国际反恐合作网络 …………………………… （190）
小　结 …………………………………………………… （193）

第五章　以色列反恐战略评估与启示

第一节　反恐战略特点 ………………………………… （194）
 一、理念上先发制人 …………………………………… （194）
 二、组织上协调有力 …………………………………… （197）

三、行动上重视技术 …………………………………… （203）
第二节　反恐战略效果 ……………………………………… （206）
　　一、反恐目标基本实现 ………………………………… （206）
　　二、配合国家整体安全战略 …………………………… （210）
　　三、国际形象受损 ……………………………………… （214）
　　四、恐怖主义根源依然存在 …………………………… （220）
第三节　反恐战略困境 ……………………………………… （226）
　　一、反恐规模扩大化 …………………………………… （226）
　　二、反恐战略的矛盾性 ………………………………… （235）
第四节　以色列反恐战略的若干启示 ……………………… （238）
　　一、适度准确的反恐认知 ……………………………… （238）
　　二、完善反恐战略机制 ………………………………… （240）
　　三、综合运用反恐手段 ………………………………… （241）
　　四、加强国际合作 ……………………………………… （248）
小　　结 ……………………………………………………… （251）

结　语

参考文献

后　记

绪　　论

一、选题的背景

以色列从建国起就陷入了和邻国无休止的政治军事冲突之中，从1948年到1982年，共爆发了五次战争。以色列在战争中经受了血与火的洗礼，不仅保障了作为一个国家生存的权利，而且还获得了超出联合国181号决议[①]划分的土地和相对优势的地位；而决议中的"阿拉伯国家"却直到1988年才宣告成立巴勒斯坦国，在有限的领土上实行自治，并且陷入分裂。为了争取自己的合法权益，巴勒斯坦人民历经重重困难，不断抗争，其中一些激进的民族主义组织和团体以极端的方式尤其是以恐怖活动作为弱者对抗强者的手段。"1967年第三次中东战争后，处于弱势的巴勒斯坦民族激进势力和极端民族主义者，就曾把暴力恐怖手段视为反抗以色列及其支持者美国等西方大国的斗争武器。"[②] 再加上"20世纪60年代末以来，伊斯兰复兴运动在中东的兴起与扩展"，[③] 激进民族主义和伊斯兰宗教极端主义就成为针对以色列的恐怖主义的主要力量。但总体来说，一直到20世纪90年代初，以色列最迫切的任务是保障国家的生存，应对恐怖主义的威胁在以色列的国家安全战略中，相对于战争和生存的威胁，可以说是处于从属地位。

[①] "UN General Assembly Resolution 181," Nov. 29, 1947, https：//www.gov.il/en/Departments/General/un-general-assembly-resolution-181.
[②] 朱威烈等：《中东反恐怖主义研究》，时事出版社2010年版，第40页。
[③] 朱威烈等：《中东反恐怖主义研究》，时事出版社2010年版，第47页。

1982年以色列入侵黎巴嫩并占领了黎巴嫩南部，从长远来看，这次战争使阿拉伯国家倾向使用政治和外交手段解决问题的温和派处于不利地位，倾向采取恐怖主义手段的激进势力影响上升。再加上受随后发生的贝鲁特难民营大屠杀事件的影响，激进组织在中东制造了一系列恐怖事件，并相继产生了新的对以色列影响至今的组织——真主党和巴勒斯坦伊斯兰抵抗运动（哈马斯）。以色列在打击其认定的恐怖活动组织的同时，也认定了一些支持恐怖活动组织的主要国家，并独立或联合域外其他大国共同对这些组织施压或打击。目前因为在中东的优势地位、拥有核武器的事实以及来自美国的援助等因素，以色列作为一个国家生存已没有问题，因此20世纪90年代至今，恐怖主义威胁已经上升到以色列安全战略关注的首要地位。

以色列遭受恐怖袭击历时久、频率高，面对如此严重的威胁，以色列积累了丰富的反恐经验，建立了高效的反恐机制，采取了有效的反恐手段。在减少恐怖袭击事件数量，降低其危害程度，应对危机后的管理以及保障社会秩序等方面取得了显著成效，甚至美国在"9·11"事件后，也派出情报部门和军方人员前往以色列接受培训。恐怖活动并没有对以色列社会、经济的发展产生严重危害，也没有损害外界对以色列经济发展的信心，以近年外国直接投资净流入额为例，以色列在2010—2020年每年获得投资额位居中东经济体前列。

表1-1　2010—2020年以色列外国直接投资净流入额

（单元：亿美元）

年份	2010	2011	2012	2013	2014	2015	2016	2017	2018	2019	2020
投资额	69.86	86.53	90.17	118.42	60.49	113.36	119.88	168.93	215.15	173.63	242.83

资料来源：世界银行网站，https：//data.worldbank.org.cn/indicator/BX.KLT.DINV.CD.WD？locations=IL。

反恐机制的设置、构建和运转是一项繁杂的系统工程，涉及多个部门的协调和部署，这必然需要政府决策层有明确的总体指导思想和统筹规划，即指导反恐的国家战略。以色列有这样的反恐战略吗？以色列政府并没有公布过像美国在2011年6月、2018年10月、2021年4月颁布的《国家反恐战略》这样的文件，但通过了解以色列应对恐怖主义的威胁采取的措施，笔者发现以色列也有这样的反恐战略，并尝试探究其形成过程、内容和效果。

二、选题的意义

恐怖主义不只是对以色列的威胁，世界各国都深受其害。因第一次中东战争在阿拉伯国家出现的民族极端势力的恐怖主义，最初对阿拉伯国家的袭击甚至要多于对以色列的袭击，"这是因为不少阿拉伯人认为，阿拉伯人在巴勒斯坦战争中的失败，重要原因是阿拉伯世界统治集团内部的争权夺利"[1]。因此，研究以色列的反恐战略，不仅有助于从理论和实践上理解针对以色列的恐怖主义和以色列相应的反恐策略、反恐战略与国家安全战略的关系，也可以为其他面临类似威胁的国家提供借鉴和参考。

（一）研究的理论意义

以色列反恐研究对深入理解、发展和完善不对称冲突理论、全球治理理论、决策与认知理论、危机管理理论等多方面的国际关系理论具有重要意义。

首先，以色列反恐研究对深入理解、发展和完善不对称冲突理论具有重要意义。任何冲突中行为体的综合实力是重要的决定性因素，包括冲突理论在内的大多数国际关系理论，研究的是实力相当或大致相当的行为体间的互动。而一般来说，恐怖活动是实力相差悬殊的行为体间的冲突，是实力处于相对弱势的一方对冲突的解决感到无助、绝望时对强势一方采取的行动。

---

[1] 朱威烈等：《中东反恐怖主义研究》，时事出版社2010年版，第41页。

不对称冲突理论起初是研究实力悬殊的国家间的冲突，随着国际社会的发展，学者们试图拓展这些理论的应用范围，即依据这些理论解释游击战和恐怖活动等形式的不对称冲突。以色列面临的恐怖袭击事件既有个人、小规模的组织实施的，也有在一定范围内具有政治影响力和号召力的政党组织甚至是国家或地区力量实施的。因此，以色列反恐行动同时包含了多层次的冲突，以此为研究对象，可以同时研究常规冲突、不对称冲突，以及不同层级和类型冲突间的相互影响。

另外，在不对称冲突中，各方相对实力、组织形式、政治脆弱性、使用和应对战略的不对称会对冲突结果产生必要影响。尤其是各方使用及应对的战略可以极大地改变冲突的结果，冲突中物质资源占优势的、强势的一方并不一定总是必然获胜。研究以色列面临的恐怖主义威胁及其反恐策略，可探究不对称冲突中各方相对实力和采取不同战略对反恐结果所产生的影响，从而深入理解和发展不对称冲突理论。

其次，对决策与认知理论在反恐中的应用和发展有重要意义。如前所述，恐怖活动在多数情况下是弱者感到自己在冲突中处于不利地位又对解决冲突绝望时采取的手段，反恐一方也相应地根据自己认知界定恐怖主义及其危害以及采取相应的应对措施。在互动过程中，认知对双方行为都产生了基础性、导向性的作用。

决策实体带着心理环境在其所处的操作环境中活动，其中操作环境即真实环境本身，也可称为客观环境，心理环境是指决策者所认识的真实环境，也可称为主观环境。心理环境和操作环境往往达不到完全的一致，而有偏差的认知或错误的认知又会对行为方式、动机、结果等产生根本性影响。恐怖分子对自己的处境及问题解决的前景的认知是正确的吗？他们对采取恐怖活动这种手段所能达到的预期的认知究竟是怎么样的？反恐者对恐怖主义概念本身、恐怖分子、恐怖活动及其后果、反恐手段等又是怎么认知的？这些问题归结为一个问题，即反恐者认知的恐怖分子真的是恐怖分子吗？或者说，为什么有时候一方眼中的恐怖分子却是另一方眼中的自由斗士？

认知失调理论可以解释许多令人费解的错误知觉以及由此而来的错误行动。以色列对恐怖分子和反恐的认知，对其反恐战略的制定、实施、收益与代价、反恐困局都产生了根本性的影响。这明显印证了决策与认知理论在反恐中的重要作用，也揭示了以色列反恐问题的解决途径之一需要从其对恐怖主义和反恐的认知入手。

最后，对全球治理理论的拓展和深化具有重要意义。全球化的发展，一方面促进了国际关系的变革和合作，导致全球相互依赖日益加深，大规模的军事冲突即传统威胁的可能性降低。而另一方面也使全球性问题变得更加突出，需要相应的全球治理理论，其中就包括应对恐怖主义的理论。

研究以色列反恐对全球治理理论有三方面的意义。第一，此项研究可以加深对全球治理理论研究对象或不同治理主体的认识。全球治理理论一定程度上摒弃了以国家为中心的传统分析方法，强调多种治理主体的作用，探究参与治理的不同类型主体之间的权威划分及其作用。国家行为体和公民、社会组织等非国家行为体以及国际制度都对全球治理产生作用，不同的治理主体及其关系成为探讨的重点。以色列反恐研究中涉及到参与恐怖主义全球治理的多种行为体，也涉及到不同行为体的行动以及国际制度对治理效果的作用，这些研究将促进全球治理理论在反恐领域的发展和完善。第二，此项研究可以拓展全球治理理论研究内容和范围。以色列所遭受的恐怖主义问题本身及与其相关的巴以冲突都属于全球治理的范畴，另外书中还将探究这两者间的关系，即全球治理不同对象间的关系，这亦属于全球治理理论所涵盖的内容。第三，研究以色列反恐可深化对全球治理理论效用和普遍价值的理解。从以色列反恐中得到的经验和启示，对其他国家和地区的反恐具有借鉴意义。这既可以丰富和完善全球治理理论，又可以对这些理论进行检验；既可探究全球治理理论对特定治理对象和事项的特殊意义，也可衡量和发扬其具有的普遍意义和价值。

（二）研究的现实意义

笔者拟对以色列的反恐战略做全面的梳理和初步的探析，研究的内容包括：寻求理解以色列对恐怖主义的界定、对反恐战略的认知；其反恐战略的制定、实施以及在战略指导下的反恐行动、情报、技术、开展的国际合作等；反恐战略的效果、反恐战略与国家安全战略的关系以及反恐战略对巴以和平进程的影响等。以色列的反恐技术、情报等确实在世界上首屈一指，但其反恐战略是否与国家安全战略相适应仍是个需要讨论的问题。一方面，以色列反恐确实是富有成效的——针锋相对地打击了恐怖势力，减少了恐怖袭击的数量，降低了危害程度。另一方面，为什么经历这么多年的反恐，针对以色列的恐怖袭击事件仍是层出不穷？这说明以色列反恐战略没有触及恐怖主义产生的最深层因素，也就是没有消除滋生恐怖主义的根本原因，以色列决策制定者意识到了这个问题吗？答案是肯定的，但是这样的反恐战略为什么仍然持续至今？笔者假定这源自主客观两方面的因素。客观地讲，以色列的政治制度体制、政党的分化组合是其反恐战略不易调整的内部原因。即使其内部有调整目前反恐战略的意向，但由于右翼政党的强硬路线，也无法付诸实践。主观地讲，以色列有用反恐战略为国家战略服务的考量，即通过反恐维持其目前在巴以和平进程中的主动权和在中东的相对优势地位。以色列把哈马斯和巴勒斯坦伊斯兰圣战组织（杰哈德）认定为恐怖活动组织并进行打击，是要维持巴勒斯坦目前政治社会的分裂状态，进而维持其已经侵占的领土、修建的定居点等；以色列把真主党认定为恐怖活动组织，并把伊朗认定为主要支持者，其最核心的考量是从各方面打压伊朗，尤其是阻止伊朗成为拥核国家，从而避免从根本上动摇或替代以色列是中东唯一拥核国家的优势地位；以色列把叙利亚等国家认定为支持恐怖主义国家是要维持以色列在中东地区的常规武装力量优势。

从以上两方面切入，有助于理解以色列反恐战略效果和对中东最核心问题，即巴以和平进程的影响，也有助于理解以色列对伊朗、叙利亚等国家政策的出发点。

现实意义是有助于理解其他国家面对的恐怖主义威胁，以及制定相应反恐战略和策略。"自20世纪中期国际恐怖主义滋生以来，经过半个多世纪的蔓延，现已成为人类安全的最大威胁。"[①] 恐怖主义不只是针对特定国家，而是各国都面临的威胁，是全球化时代全球治理问题之一。美欧等发达国家和地区遭受恐怖主义的危害，亚非拉等发展中国家和地区也遭受恐怖主义的危害，尤其是恐怖主义频发、高发的一些国家长期饱受其侵扰和威胁。1967年后的早期的恐怖主义，其针对阿拉伯国家的行动数量比对以色列的还要多，充分说明了这一点。从长远来说，最大的受害者还是产生恐怖主义的国家自身，因为恐怖活动必然影响其自身政治的稳定、经济和社会的发展，影响资金和商业团体对其发展的信心，从而导致这些国家在全球化、信息化发展中与发达国家的距离越来越远。这些国家也需要制定必要的综合发展战略和反恐战略，同时需要发达国家在制定反恐战略时对这些国家提供相应的制度和物质支持。

恐怖主义威胁常态化的趋势需要各国制定全方位的反恐战略并开展国际合作，研究以色列的反恐战略对各国反恐及国际反恐合作具有借鉴和参考价值。

三、核心概念的界定

由于本书研究的是以色列的反恐战略，要客观呈现、把握、分析其战略，只能在以色列设定的语境下进行研究。需要界定的主要有以色列、恐怖主义和反恐战略等概念。

以色列指根据1947年联合国关于巴勒斯坦分治决议建立起来的以色列国。本书主旨为研究其反恐战略，不考察这一名词的宗教含义、所指称的地理位置和1948年以前所具有的含义等。

---

① 刘德斌：《国际关系史》，高等教育出版社2003年版，第531页。

以色列早在1948年建国之初即颁布了《预防恐怖主义条例》（简称《条例》），其中第1条就界定了恐怖活动组织和恐怖活动组织成员两个概念。恐怖活动组织指的是"有计划地使用或威胁使用暴力造成人员伤亡的团体"，恐怖活动组织成员指的是"隶属于这个团体的人员和那些参与这些行动的人员、支持恐怖活动组织或支持其行动目的并为之宣传的人员或为恐怖活动组织及其行动筹募资金或物品的人员"。[①] 其中并没有针对恐怖主义一词做出解释，这是因为以色列更着眼于实用效果，通过实施该条例，发挥其打击恐怖活动和恐怖分子的法律效力，满足政府反恐实践需要即可，没有必要从学理上明确恐怖主义的定义。但恐怖活动组织的定义中隐含有以色列官方对恐怖主义的认识，即"有计划地使用或威胁使用暴力造成人员伤亡的行动"。对比其他关于恐怖主义的定义，以色列出于实用目的对恐怖活动组织、恐怖活动组织成员等相关概念的解释实际上太宽泛了，笔者并不认同这一定义。因为这一定义只强调恐怖主义的暴力性，没有强调政治性、心理性等其他特性，这会造成反恐实践中对恐怖主义认定的泛化和打击的扩大化。2016年以色列《反恐怖主义法》（简称《反恐法》）第2条明确规定了恐怖活动组织、恐怖活动组织成员、恐怖活动、恐怖主义犯罪、严重恐怖主义犯罪等概念。较之《条例》，《反恐法》中的相关概念颇为详尽（详见第三章第二节第四部分）。因为相关概念基本都是以恐怖活动为基础，此处着重阐述这一概念，并在此概念基础上，简要介绍恐怖活动组织、恐怖活动组织成员等概念。

关于恐怖活动这一概念，1948年《条例》第2条规定了较为严重的几种情形。任何人从事以下活动：在恐怖活动组织中履行管理、指导等职责，或参与商讨、制定决策，或参与裁决过恐怖活动组织内部事务，或在公开会议上或在网上代表恐怖活动组织公开发

---

① "Prevention of Terrorism Ordinance No. 33 of 5708 – 1948," Sep. 23, 1948, http://mfa.gov.il/MFA/MFA – Archive/1900 – 1949/Pages/Prevention%20of%20Terrorism%20Ordinance%20No%2033%20of%205708 – 19.aspx.

表讲话，即为犯罪，判处不超过 20 年有期徒刑。第 4 条列举了支持恐怖活动的六种行为，由于是列举的方式，难以穷尽所有情形，局限性较大。而 2016 年《反恐法》则以概括和列举相结合的方式规定了恐怖活动。首先，《反恐法》概括性指出，恐怖活动指的是实施或威胁实施构成犯罪的活动。其次，列举了恐怖活动的动机、目的和后果。动机方面，实施恐怖活动有政治、宗教、民族主义或思想意识方面的动机。目的方面，实施恐怖活动意在诱发民众恐慌害怕，或意在强迫政府或其他政府机构，包括外国政府及其政府机构、国际组织，做或放弃做任何事情。后果方面，列举出了恐怖活动的五种可能性后果：严重伤害人身或其自由；严重损害公众健康或安全；严重的财产损失，同时有造成或意在造成前述损失的可能性的情形；严重损害与宗教相关的对象，包括圣地、圣陵和圣物；严重损害基础设施、制度或民生服务，或使服务中断，或严重损害到国家经济或环境。[1]

与《条例》中关于恐怖活动的规定相比，《反恐法》中的规定有以下几个特点。第一，内涵更丰富，更有学理性，包含了学界普遍认同的政治性、暴力性、心理性等恐怖主义、恐怖活动的内在属性，一定程度上完善了长期以来适用的《条例》中相关概念过于简单的认定。第二，对恐怖活动的动机认定范围较广。一般来说，学界普遍认定的恐怖主义的动机是为了政治目的，而《反恐法》中除了政治目的，还包括宗教、民族主义、思想意识等目的，明显较为宽泛并有一定针对性。第三，《反恐法》中恐怖活动定义强调后果，列出了五种可能性后果。第四，对恐怖活动的后果所达到的程度的规定比较模糊。五种后果均为"严重"程度，但并没有界定何为"严重"，这可能为在实践中认定恐怖活动留下一定自由裁量权。

以色列相关法律中对恐怖主义相关概念的界定有其自身特点。

---

[1] "The Counter Terrorism Law, 5776 – 2016," https：//www.gov.il/BlobFolder/dynamiccollectorresultitem/counter - terrorism - law - 2016 - english/he/legal - docs_counter_terrorism_law_2016_english. pdf.

本书研究以色列反恐，尤其是为了揭示其反恐中存在的问题，需要在以色列设定的语境中讨论其反恐事宜，采用《条例》《反恐法》中对恐怖活动组织的界定及其中内含的对恐怖主义的解释，文中对相关恐怖事件的描述、定性和数据的收集，除非特殊说明，也都按照能够代表以色列官方的解释。

以色列官方没有明确规定反恐战略的定义，并且没有以此为专题的官方文件。即使战略一词的定义，也是众说纷纭。结合本书研究内容，对战略一词选取的界定是"战略的实质是如何组织实力以实现特定的目标"。① 借用此定义，对书中所用反恐战略界定为"反恐战略的实质是如何组织可利用的实力以实现反恐的特定目标"。以色列反恐战略就是以色列如何组织国家可用于反恐的实力以实现反恐的特定目标。

值得特别注意和重申的是，本书采用对以上相关概念的界定，尤其是使用了代表以色列官方的《条例》和《反恐法》中对恐怖活动组织、恐怖活动组织成员等和恐怖主义相关的概念的解释，并不代表这些概念是被普遍认可的，更不代表笔者认同这些界定。实际上，以色列法律文件中的相关概念，尤其是适用时间较长的《条例》中的相关概念，和学界存在的一些较为典型的恐怖主义的概念差别较大，笔者不仅不认可《条例》中对这些概念的界定，反而认为这些界定有较大片面性，存在缺陷。本书把以色列反恐战略做为研究对象，客观上需要在以色列设定的语境中描述、揭示、批判其反恐战略，即需要探究以色列如何界定恐怖主义，把谁界定为恐怖主义，如何应对和打击以色列自身认定的恐怖主义，评价该做法的效果和存在的问题。既客观中立地描述、呈现以色列的反恐战略，也根据学界存在的一些较为典型的恐怖主义概念与其对比，从而评估其反恐战略，并揭示正是因为以色列对恐怖主义等基本概念的界

---

① ［美］詹姆斯·多尔蒂、小罗伯特·普法尔茨格拉夫著，阎学通、陈寒溪等译：《争论中的国际关系理论》，世界知识出版社2003年版，第78页。

定存在问题,导致其反恐中存在相应若干问题。

四、研究现状

"恐怖活动作为实力悬殊的两种力量之间的政治斗争手段由来已久",[①]对恐怖活动、恐怖主义和反恐的研究也持续不断。尤其是2001年后,国内外相关研究成果数量陡增,反映出"9·11"事件后学界对恐怖主义和反恐问题关注度的上升。结合本书研究方向,笔者主要从两方面对与本书相关的研究成果进行综述:一是以色列反恐行动、战术;二是反恐战略和以色列反恐战略。

(一) 国内研究现状

20世纪,中国学者对恐怖主义这一现象研究较少。进入21世纪,中国学者对恐怖主义也有了大量研究,现就以色列反恐行动、以色列反恐战略两方面对国内研究现状进行梳理。

1. 以色列反恐行动

中国学者关于以色列反恐行动的研究主要涉及以色列反恐决策部门和执行部门[②]、反恐情报、反恐手段和危机管理等方面。

第一,以色列反恐决策部门和执行部门。以色列长期视恐怖主义为影响国家安全的重要因素,将反恐纳入国家安全工作。相应地,中国学者关于以色列反恐决策和实施的研究是在以色列国家安全框架下进行的。

首先是关于以色列国家安全和反恐决策的研究。这方面研究较少,笔者目前收集到的有唐恬波的《以色列国家安全委员会》、艾仁贵的《以色列国家安全委员会在国家安全决策中的作用》。唐恬波介绍了以色列国家安全委员会的成立背景、历任主席、组织架构、影响和职能的扩大、决策习惯,以及军方、官僚政治和议会制

[①] 杨洁勉:《绪论》,载杨洁勉、赵念渝等:《国际恐怖主义与当代国际关系:"9·11"事件的冲击和影响》,贵州人民出版社2002年版,第2页。
[②] 这里的执行部门是狭义上的概念,仅指反恐行动实施者。因为从广义上来说,情报部门也属于执行部门。

政治制度的制约。① 艾仁贵阐释了以色列国家安全委员会的设立和职能发展，及其在完善国家安全顶层设计、增强国家安全决策的科学性与合理性、强化反恐怖主义与危机状态的管理和控制、推动国际安全事务的对话与合作等方面对安全决策的重要意义，以及该机构运行的一些制约性因素。② 这些文献从整体上研究了以色列反恐等国家安全事务的决策机构、决策程序、决策过程等的制度设计。

其次是关于以色列国家安全和反恐执行部门的研究，主要可分为两类。一类是关于以色列军队在反恐中功能和作用的研究。在以色列，军队是反恐的主要力量之一。王春生主编的《军枭：以色列军情内幕》介绍了以色列军队的建制、武器装备、招募训练、作战谋略等方面情况，并揭示了以色列军队在四次中东战争以及巴以冲突中的种种内幕。③ 盛钧等著的《以色列特种部队》介绍了各种特种作战方式、人员培训、所用仪器等。④ 付光文编著的《当代以色列军队武器装备》详细地介绍了以色列的陆海空军和特种部队的武器装备。⑤ 傅明静、程红泽的《以色列反恐部队面面观》简要介绍了以色列的反恐突击、掩护和支援三种类型的部队，并有重点地介绍了一些职能特殊的反恐部队，如特种军犬部队、第 100 部队、7707 部队和 217 部队。⑥ 李发新的《"久病成医"的特战劲旅——以色列特种部队反恐面面观》介绍了以色列形形色色的反恐部队、装备、反恐学校、培训课程、格斗训练等。⑦ 介绍以色列反恐装备

---

① 参见：唐恬波：《以色列国家安全委员会》，《国际研究参考》2014 年第 2 期。
② 参见：艾仁贵：《以色列国家安全委员会在国家安全决策中的作用》，《国际安全研究》2014 年第 5 期。
③ 参见：王春生主编：《军枭：以色列军情内幕》，新华出版社 2002 年版。
④ 参见：盛钧、洪星曦、张溯：《以色列特种部队》，军事谊文出版社 2001 年版。
⑤ 参见：付光文编著：《当代以色列军队武器装备》，国防大学出版社 2013 年版。
⑥ 参见：傅明静、程红泽：《以色列反恐部队面面观》，《环球军事》2008 年第 8 期。
⑦ 参见：李发新：《"久病成医"的特战劲旅——以色列特种部队反恐面面观》，《环球军事》2004 年第 6 期。

的论文还有：刘洋等的《以色列海军蛙人队》、李伟的《以色列反恐科技产业全球领先》等。

另一类是关于以色列警察在反恐中功能和作用的研究。张志祥的《以色列的警察体制》介绍了以色列警察的领导体系、基本任务等。《以色列边境防暴警察》系列文章介绍了以色列边境防暴警察的组成、训练、武器装备及其在反恐中发挥的作用。① 武黄岗的《以色列的警务反恐战略研究》探究了以色列以情报主导、攻防结合、危机管理为主要特点的警务反恐战略。②

通过对以色列决策和执行部门的研究，有助于理解以色列在反恐行动和战术上的独到经验和优势，但相对而言，中国学者对以色列反恐决策的研究还不够系统和深入，对决策部门间沟通协调过程以及决策部门与执行部门间操作程序等的分析也显不足。当然这也与分析所要掌握的材料有关，无法苛求。

第二，以色列反恐情报。杨曼苏在《今日以色列》一书第五章介绍了以色列的摩萨德（情报和特殊使命局）、阿穆恩（国防军总参谋部情报局）、辛贝特（国家安全总局）和拉卡姆（科学联络局）等情报机构。③ 曹宏编著的《摩西的门徒——以色列情报机构揭秘》介绍了以色列情报系统的诞生及其建国前后的沿革、摩萨德以及情报工作在和平进程中的作用等。④ 高庆德的《以色列情报组织揭秘》介绍了以色列情报工作的发展历史、重要的情报组织以及

---

① 参见：张志祥：《以色列的警察体制》，《山西警官高等专科学校学报》，2003年第3期；张志祥：《以色列边境防暴警察（一）》《以色列边境防暴警察（二）——以色列边防的武器装备》《以色列边境防暴警察（三）——以色列反恐怖特种部队》《以色列边境防暴警察（四）——以色列的恐怖主义与反恐怖策略》，分别载于《山西警官高等专科学校学报》2002年第3期、2002年第4期、2003年第1期、2003年第2期。

② 参见：武黄岗：《以色列的警务反恐战略研究》，《新疆警察学院学报》2019年第3期。

③ 参见：杨曼苏主编：《今日以色列》，中国工人出版社2007年版。

④ 参见：曹宏编著：《摩西的门徒——以色列情报机构揭秘》，国防大学出版社1998年版。

情报战略的演变。① 《大卫的铁拳：以色列情报机构大揭秘》一书以叙事的方式展现了以色列情报部门追捕艾希曼、追杀"黑色九月"组织、"斯芬克斯行动"等案例。② 杨博鹏编著的《摩萨德：以色列情报和特殊使命局秘密档案》展示了摩萨德的一些重大行动。③ 《国际反恐实务》中详细介绍了以色列反恐情报机构，并分析了其反恐情报战略和措施。④ 王洪伟的《以色列情报工作对我国公安情报工作改革的启示》分析了以色列情报工作的特点及对我国相关工作的启示。⑤ 濮方圆的《以色列军事情报工作军民融合基本路径研究》揭示了以色列军事情报工作"军民融合"的特点，对研究和理解以色列反恐情报工作具有启示意义。⑥ 此外，研究以色列情报的文献还有宁泉骋的《白狼：以色列特工秘密档案》、祝枕漱的《以色列摩萨德档案》《以色列特工全传》，卫安的《外国情报史》、王晶的硕士论文《以色列情报活动研究（1917—1973）》、冷云的《"摩萨德"全面出击恐怖活动》、陈双庆的《以色列情报与安全机构》、刘家祥等的《以色列五大情报机构揭秘》等。

第三，以色列反恐手段和危机管理。⑦ 张金平教授研究了以色列实施的定点清除这一反恐手段，评价了其效果。⑧ 孙德刚的《危机管理中的国家安全战略》探究了以色列为维护国家安全所采取的先发制人战略的形成历史、实施以及对该战略的促进和制约因素。⑨

---

① 参见：高庆德：《以色列情报组织揭秘》，时事出版社 2011 年版。
② 参见：高金虎等编：《大卫的铁拳：以色列情报机构大揭秘》，东方出版社 2012 年版。
③ 参见：杨博鹏编著：《摩萨德：以色列情报和特殊使命局秘密档案》，哈尔滨出版社 2018 年版。
④ 参见：戴艳梅等：《国际反恐实务》，中国言实出版社 2015 年版。
⑤ 参见：王洪伟：《以色列情报工作对我国公安情报工作改革的启示》，《北京警察学院学报》2016 年第 3 期。
⑥ 参见：濮方圆：《以色列军事情报工作军民融合基本路径研究》，《情报杂志》2017 年第 2 期。
⑦ 指的是当恐怖活动发生后决策部门、情报部门和执行部门对事件的紧急处理。
⑧ 参见：张金平：《国际恐怖主义与反恐策略》，人民出版社 2012 年版。
⑨ 参见：孙德刚：《危机管理中的国家安全战略》，上海人民出版社 2010 年版。

翟唯佳主编的《人质危机与解救》一书第三章比较具体地描写了1976年7月3日，以色列特种部队实施的突袭乌干达首都的恩德培机场的"闪电作战"行动，体现了以色列反恐决策部门、执行部门、情报部门处理危机能力和高效的协调联动。[①] 王泽东、陈静的文章《以色列危机管理主要特征研究》介绍了以色列丰富的危机管理经验：制定完善的危机管理法律体系、健全危机管理的组织体系、构建以反恐为核心的危机管理战略、重视危机教育、积极推动民间力量参与危机管理、重视危机管理的研究。[②] 王泽东和陈静的另一篇文章《以色列危机教育初探》则介绍了以色列危机教育的忧患意识教育、心理教育、危机应对技能教育、反恐教育，并概括了危机教育的特点：民族性、全民性、实践性、广泛性和重视国际合作。[③]

2. 以色列的反恐战略

一个国家的反恐战略从属于其国家安全战略，或者说是国家安全战略的一部分，以色列也是如此。因此，本书就有关以色列的国家安全战略和反恐战略两方面的研究现状进行了梳理。

第一，国家安全战略。国内目前尚未有以色列国家安全战略方面的专著，笔者在中国知网上共搜到七篇有关以色列国家安全战略的论文，其中两篇是西北大学硕士毕业论文，分别是孙小虎的《21世纪以色列国家安全战略研究》和芦鹏的《九十年代以色列国家安全战略研究》。孙小虎认为21世纪以色列面临三类威胁：大规模杀伤性武器、常规战争、低烈度冲突。面对第一类威胁，以色列必须由报复性核威慑转向拒止性核威慑，通过导弹防御系统建设来避免核威慑失效；常规战争威胁虽然在减小，但以色列必须保持相应应

[①] 参见：翟唯佳主编：《人质危机与解救》，国防大学出版社2004年版。
[②] 参见：王泽东、陈静：《以色列危机管理主要特征研究》，《哈尔滨学院学报》2012年第12期。
[③] 参见：王泽东、陈静：《以色列危机教育初探》，《世界教育信息》2009年第1期。

对能力；低烈度冲突对于以色列是最为紧迫的威胁，以色列在巴勒斯坦对哈马斯和巴勒斯坦民族解放运动（法塔赫）采取了分而治之的政策，与恐怖主义的冲突就属于低烈度冲突。这种分析威胁的框架对理解以色列反恐政策和战略有一定启发意义。① 芦鹏认为20世纪90年代以色列国家安全战略经历了一场从冷战时期的的"以实力求和平"到"以土地换和平"的转型：从单纯依靠实力保安全到后冷战时代武力和外交并举求和平过渡，这段时间以色列的对外政策主要特点是反复性、波动性和不成熟性。② 此观点也体现在他的另一篇文章《犹太民族的现实主义世界观与国家安全战略》之中。倪海宁、马经纬编译的《大卫王之盾》介绍了以色列的国土安全机构；并认为以色列在实施安全政策时，对人的因素的重视程度要胜过对科技因素的重视；还探讨了一些具体的策略，如保卫重要的机构、封锁海面、高科技边界、攻击性防御等。③ 田文林认为以色列依然面临日益严重的外交孤立和安全威胁，与其安全战略过分倚重军事手段有关，从长远看，以色列要想谋得持久安全，需要更多地借助政治手段。④ 西北大学芦鹏的博士学位论文《以色列国家安全战略研究（1948—1977）》以1948—1977年四次中东战争期间的以色列国家安全战略为分析样本，系统梳理以色列建国30年间国家安全战略的综合体系架构与运行机制，探究以色列国家安全战略对于二战以来中东国际战略格局和阿以战略互动关系的历史影响，并从以色列国家主体视角出发，力图探索以色列国家安全战略与犹太民族国家自身发展进程之间的互动关系，寻找以色列国家从弱到强崛

---

① 参见：孙小虎：《21世纪以色列国家安全战略研究》，西北大学2009年硕士学位论文。
② 参见：芦鹏：《九十年代以色列国家安全战略研究》，西北大学2006年硕士学位论文。
③ 参见：倪海宁、马经纬编译：《大卫王之盾》，《国际展望》2006年第1期。
④ 参见：田文林：《以色列安全战略及其缺陷》，《现代国际关系》2011年第4期。

起过程的内在历史演进规律。① 范鸿达的《以色列的社会分裂和国家安全观分析》从微观角度分析了以色列社会存在三个明显的社会分裂现象：犹太人和阿拉伯人的分裂；极端正统犹太人和现代犹太人的分裂；欧美裔犹太人和亚非裔犹太人的分裂。进而探究了社会分裂对国家安全观的影响，并影响以色列对周边环境的塑造。②

值得一提的是，冯基华所著的《犹太文化与以色列社会政治发展》虽然不是一本研究国家安全的著作，但其中揭示了根植于犹太民族内心的"岛民文化"对其国家安全战略和实践的影响，对理解以色列反恐有启示意义。冯基华的论文《以色列右翼势力及对中东和平进程的影响》则探究了以色列国内右翼势力对政策制定、政局稳定以及中东和平进程的影响。③

国内对以色列国家安全战略的研究共同点较为明显，即大多数研究认为在历史上不同时期以色列存在分别以保障国家生存和以谋求国家在中东地区优势地位为目的的国家安全战略。对以色列国家安全战略的评价上，田文林的认识较为深刻，认识到了以色列国家安全战略的不足和改进路径。

第二，反恐战略。目前国内没有其他以色列反恐战略方面的专著，笔者只收集到五篇相关的文章。潘光认为以色列独特的安全环境和长期的反恐作战经验使其形成了一套比较完善而成熟的反恐战略和反恐机制。其反恐战略有：威慑战略、积极防御战略、综合反恐战略。反恐机制包括情报系统、决策系统、执行系统、救援系统。虽然以色列有强有力的反恐战略和机制，但由于恐怖主义威胁与巴以冲突紧密相连，因此以色列必须全面、公正、彻底地解决巴

---

① 参见：芦鹏：《以色列国家安全战略研究（1948—1977）》，西北大学 2017 年博士学位论文。
② 参见：范鸿达：《以色列的社会分裂和国家安全观分析》，《当代世界》2019 年第 8 期。
③ 参见：冯基华：《以色列右翼势力及对中东和平进程的影响》，《西亚非洲》2008 年第 10 期。

以争端。① 芦鹏、曹雪飞的《浅析以色列反恐战略及对中国新疆反恐启示——以"国安委"决策机制为视角》从战略决策、情报信息、反恐执行力、舆论宣传四个维度综合分析，探索以色列反恐战略的成功经验。② 上海外国语大学杨玲玲的硕士毕业论文《以色列反恐战略研究》介绍了以色列面临的主要恐怖袭击、参与反恐的主要机构、反恐措施、对反恐效果的评估及我国反恐的启示。该文资料详实，研究较为系统，但依笔者对战略的理解，这篇论文虽然题目中有"反恐战略"，但限于篇幅，其构建的"战略"研究框架并不完整，偏重对以色列反恐政策的研究。③ 武黄岗的《以色列的警务反恐战略研究》分析了以色列警察部门在长期反恐实践中形成的以情报主导、攻防结合和危机管理为三大核心的警务反恐战略体系。④ 汪舒明的《"反恐"战与以色列军事伦理的嬗变》探析了以色列存在的"反恐"军事伦理，虽然国际社会大多对其持负面看法，但因为以色列国内社会政治的右倾化和宗教化倾向，为之提供了强大的内在支持。他认为，以色列国内的民族情绪和秉持宗教锡安主义立场的宗教势力大举渗入以色列国防军，对以色列国防军的"反恐"军事伦理嬗变产生了深远影响。⑤

（二）国外研究现状

对国外有关研究也主要从以色列反恐行动和以色列反恐战略两方面进行梳理。

1. 以色列反恐行动相关研究

国外关于以色列反恐行动的研究主要有对以色列和犹太民族、

---

① 参见：潘光、王震：《以色列反恐战略研究》，《现代国际关系》2007年第8期。
② 参见：芦鹏、曹雪飞：《浅析以色列反恐战略及对中国新疆反恐启示——以"国安委"决策机制为视角》，《中国刑警学院学报》2014年第1期。
③ 参见：杨玲玲：《以色列反恐战略研究》，上海外国语大学2011年硕士学位论文。
④ 参见：武黄岗：《以色列的警务反恐战略研究》，《新疆警察学院学报》2019年第3期。
⑤ 参见：汪舒明：《"反恐"战与以色列军事伦理的嬗变》，《国际安全研究》2019年第3期。

反恐决策部门和执行部门[①]、反恐情报、反恐手段、危机管理等方面。

第一,对以色列、犹太民族及其对恐怖主义认知的研究。"依据理性理论,战争的巨大代价会激励人们强烈地追求和平,但认知失调却可以把这种理性的思考完全颠倒过来。"[②] 认知,包括错误的认知会对人们的行动产生导向性作用。研究犹太人的民族性格、民族文化及其对恐怖主义的认知,有助于深刻认识以色列反恐政策和战略形成的深层原因和背景。

以色列、犹太民族对自身和世界环境的认知是其行事的根本原因。以色列奉行的"例外主义"是其制定国家安全战略和反恐战略的一个根源性因素。"大多数以色列人和领导人深信犹太民族和以色列人及其历史遭遇和面临的安全问题都是例外的……例外主义的文化基础源于《圣经》中描述的'犹太人是上帝的选民',此种观念在以色列传播相当广泛,大多数犹太人被灌输这种观念并信奉这项重要的'犹太主义'信条……这种源于'上帝选民'的根深蒂固的例外主义让犹太人相信他们应该成为'民族之光'或世界的灯塔;以色列例外主义的历史基础主要是自古以来所遭受的民族灾难,还有'大流散'中他族人和'反犹主义'所带来的悲惨经历。"[③] "例外主义"会导致以色列对他人权利的漠视,自身一旦受损,会过分报复。吉尔·莫罗姆进而研究了以色列国家安全例外论的影响,比较了以色列与其他国家安全战略与道德差异,认为以色列在国家安全问题上所持的"例外主义"没有根据,并建议以色列

[①] 这里的执行部门是狭义上的概念,仅指反恐行动实施者。因为从广义上来说,情报部门也属于执行部门。

[②] Yochanan Peres, "Internal Constraints on the Arab – Israeli Peace Process: An Israeli View," in PASSIA eds., Palestine, Jordan, Israel: Building a Base for Common Scholarship and Understanding in the New Era of the Middle East, Palestinian Academic Society for the Study of International Affairs, 1997, p. 25.

[③] Gil Merom, "Israel's National Security and the Myth of Exceptionalism," Political Science Quarterly, Vol. 114, No. 3, 1999.

在维护国家安全事务中放弃"例外主义",否则会对以色列产生不利后果。[1] 约哈南·佩雷斯研究了以色列对自身的认知:犹太民族既需要也拥有自决权;三大宗教[2]都承认依据神的承诺,以色列国土属于犹太人,这个承诺不受时间限制,即使这块土地被其他民族占领数百年也不能改变;第一代以色列人是在这块空地上定居的开拓者;以色列人为这个落后的区域带来了科学、经济和社会进步;以色列是中东唯一民主国家;以色列是所有流浪和受迫害的犹太人的庇护之所;以色列是犹太文化的中心和守护者。[3] 另外,以色列人普遍具有"玛萨达情结"[4],佩雷斯认为这种情结是和谈的障碍,因为它会"导致怀疑一切和过分行动"[5]。

卡卢·卡卢在《一体化战略:国际反恐的经验教训》一文中分析了以色列面临的主要恐怖主义威胁。好战、宗教激进主义、非世俗化的哈马斯在加沙地带掌握政权意味着以色列的南部受到威胁,因为哈马斯一直致力于摧毁以色列;巴勒斯坦领土上出现的"基地"组织意味着加沙将长期陷入混乱,这样的环境有利于孵化出新的恐怖活动组织;以色列北部的真主党是一个由什叶派领导的、宗教激进主义的、非世俗化的组织,并与伊朗和叙利亚有政治、军事联系,仍将是以色列主要的敌人;约旦河西岸有众多的世俗化的民族主义组织,如法塔赫坦齐姆、阿克萨烈士旅、杰哈德和其他一些

---

[1] Gil Merom, "Israel's National Security and the Myth of Exceptionalism," Political Science Quarterly, Vol. 144, No. 3, 1999.

[2] 犹太教、基督教和伊斯兰教。

[3] Yochanan Peres, "Internal Constraints on the Arab - Israeli Peace Process: An Israeli View," in PASSIA eds., Palestine, Jordan, Israel: Building a Base for Common Scholarship and Understanding in the New Era of the Middle East, Palestinian Academic Society for the Study of International Affairs, 1997, p. 24.

[4] 简单地说,这种情结指即使战死也要让自己的躯体留在自己的家园,而决不流亡他乡。

[5] Yochanan Peres, "Internal Constraints on the Arab - Israeli Peace Process: An Israeli View," in PASSIA eds., Palestine, Jordan, Israel: Building a Base for Common Scholarship and Understanding in the New Era of the Middle East, Palestinian Academic Society for the Study of International Affairs, 1997, p. 26.

独立运作的组织。这些组织采取的是长期的消耗战战略,肯定会消耗掉以色列相当一部分的财政和人力资源。①

耶路撒冷战略与安全研究所所长埃弗拉伊姆·因巴尔研究了以色列对威胁的认知,认为中东有一些实体不同程度地卷入反对以色列以及和平进程的行动:伊朗和苏丹,埃及、约旦和土耳其国内的一些反对派,以及与以色列有直接武装冲突的组织:黎巴嫩的真主党、哈马斯和杰哈德。尽管有许多不同之处,但这些行为体有一个共同的信仰,并且从理念上或宗教上反对以色列的存在与和平进程的持续进展。②

以色列认为伊朗是资助恐怖主义国家,其国内政界、学界多对伊朗持敌对态度。以色列学者认为:"输出伊斯兰革命是伊朗革命的初衷,也是它的一个基本目标。伊朗寻求地区霸权和在伊斯兰世界的统治地位,为了达到这一目的,它在中东和全球(包括非洲、拉丁美洲、亚洲和其他地区)的穆斯林(尤其是什叶派)群体内建立了地下组织和恐怖活动组织网络。伊朗向外输出革命的一个主要手段就是支持一些国家和组织使用恐怖主义手段袭击事关以色列、美国和西方国家利益的地方……伊朗鼓励恐怖活动组织,尤其是杰哈德和真主党,袭击以色列,并且给这两个组织提供资金和武装。"③ 1982 年,以色列占领黎巴嫩期间发现一些文件,上面记录着伊朗大使馆官员参与和巴勒斯坦游击队联系的活动。④ 另外,尤纳·亚历山大和米尔顿·霍恩合写的《新一代伊朗领导集体》书中还记录了大量伊朗直接或间接"参与"恐怖主义的活动,范围包括

---

① Kalu N. Kalu, "Strategic Fusion: What Lessons for International Counterterrorism?" Defence Studies, Vol. 9, No. 1, 2009.

② Efraim Inbar, "Israel's National Security: Issues and Challenges since the Yom Kippur War," Routledge, 2007, p. 129.

③ "Information on Iran," The Meir Amit Intelligence and Terrorism Information Center (ITIC), http://www.terrorism-info.org.il/en/Iran.

④ Yonah Alexander & Milton Hoenig, "The New Iranian Leadership: Ahmadinejad, Terrorism, Nuclear Ambition, and the Middle East," Praeger Security International, 2008, p. 54.

中东、亚洲、欧洲和美国等。书中描述了伊朗从财政、组织、武装、训练、情报和提供庇护所等方面对真主党和哈马斯的资助。①"摩萨德一直认为在反恐和反核扩散方面，伊朗是其首要关切对象。摩萨德的行动和策略一直把削弱伊朗对真主党、哈马斯和其他代理人的影响放在优先地位。"②

除了以色列政界和学界有这样的看法外，西方支持以色列的学者和官员也有类似的观点，美国战略与国际问题研究中心高级研究员玛丽莎·道尔顿曾在2016年11月29日美国参议院一场听证会上表示："伊朗很清楚在传统军事行动方面相较于美国和以色列，甚至是海合会等对手的劣势。因此伊朗采取了一系列混合战略手段——充分调用自己及其代理人的各种传统和非传统的力量进行各种活动——以实现其利益，确保自己对美国及其地区伙伴的任何不断升级的敌对行为不会达到大规模战争的程度。这些手段包括研发导弹、在海上实施挑衅活动、支持代理人和恐怖活动组织、利用网络缺陷实施心理战和信息战等一系列的胁迫行动。"③

综合以上研究，总体来看以色列对恐怖主义有如下认知：以色列公众和政府都视恐怖主义为战争而不是一个仅仅需要合适的政策措施就能解决的法律或社会秩序问题。

以上这些认知展现了以色列认定恐怖主义的立场，即从自己的优势地位和利益出发定义恐怖主义。"事实上，在联合国第六委员

---

① Yonah Alexander & Milton Hoenig, "The New Iranian Leadership: Ahmadinejad, Terrorism, Nuclear Ambition, and the Middle East," Praeger Security International, 2008, pp. 55 – 63.

② Michael Matlaga, "Case Study: Israel's Competition with Iran, 1991 – 2015," in By Other Means: Adapting to Compete in the Gray Zone, by Melissa Dalton, Kathleen H. Hicks, Megan Donahoe etc., Report of Center for Strategic and International Studies, 2019.

③ Melissa G. Dalton, "Defeating the Iranian Threat Network: Options for Countering Iranian Proxies," in Hearings before the Committee on Foreign Relations United States Senate, p. 865, https://www.foreign.senate.gov/imo/media/doc/12%2006%2016%20Defeating%20the%20Iranian%20Threat%20Network%20Options%20for%20Countering%20Iranian%20Proxies.pdf.

会（法律委员会）中，各成员国对恐怖主义的界定一直存在分歧。一派以西方国家为主，特别是美国，它们谴责各种形式的恐怖主义，对正义斗争和恐怖主义不加区分；另一派主要是不结盟国家，特别是阿拉伯国家和伊斯兰国家，它们谴责恐怖主义，并给它增加新内容，如殖民主义、种族主义和国家恐怖主义，强调应把人民争取自由和独立的斗争与恐怖主义区分开来。"① 在恐怖主义的成因上，美国和以色列也没有从自身查找原因，倾向于只看重恐怖主义的后果，不看原因，这或与它们军事上占优势的背景有关，阿拉伯国家联盟（简称阿盟）的认知则强调国家恐怖主义，这也正与它们支持巴勒斯坦阿拉伯人追求相关的权益有关。

约哈南·佩雷斯说："以色列和其邻国产生了众多的冲突，这些冲突反过来也塑造了这些国家。"② 如果借用这句话，也可以说，以色列和针对它的恐怖活动组织之间产生了众多的冲突，这些冲突反过来也塑造了两者。认知失调促使了冲突的产生，而冲突又使双方互相的认知越来越固化，甚至激进化，也就使双方的矛盾越难以解决。战略认知既是目前反恐困境的基础，也应该是未来问题解决的起点。

第二，对以色列反恐决策部门和执行部门的研究。以色列前外交部副部长耶胡达·本－梅尔在其著作《国家安全决策：以以色列为例》中概括介绍了从以色列建国到1984年国家安全决策在实践中的发展，着重阐述了在决策过程中整合资源的必要性，所有备选政策及其优缺点都要呈送最高决策者以供参考；需要创建内阁成员级别的国家安全小组；需要对参加国家安全决策的军方代表施加一定的限制。耶胡达·本－梅尔回顾了以色列的决策历史后总结道：

---

① 朱威烈等：《中东反恐怖主义研究》，时事出版社2010年版，第10页。
② Yochanan Peres, "Internal Constraints on the Arab－Israeli Peace Process: An Israeli View," in PASSIA eds., Palestine, Jordan, Israel: Building a Base for Common Scholarship and Understanding in the New Era of the Middle East, Palestinian Academic Society for the Study of International Affairs, 1997, p. 20.

"不管决策程序是怎么规定的,最高决策机构的决策往往反映国家首脑的意愿。"①马克·赫勒的著作《以色列安全政策的连续性和变化》研究了以色列安全政策随历史和国际环境的变化。②查尔斯·弗雷利奇的著作《耶路撒冷的困境:以色列国家安全政策怎么出台的》阐释了以色列国家安全机构的设置及决策形成过程。③

另外,以色列领导人的著作也是理解其反恐决策的重要依据,如伊扎克·拉宾的《延宕日久的冲突:以色列、阿拉伯人和中东(1948—2011)》,本杰明·内塔尼亚胡的《恐怖主义:西方取胜之道》《与恐怖主义之战》等。

第三,对以色列反恐情报的研究。西姆斯认为情报工作就是"为国家安全决策者们收集、分析和传送信息"④。伯顿·戈伯说:"反恐——获得情报资料,拆穿阴谋,理解恐怖活动组织如何生长发展——首要的是人工情报工作。"⑤艾米·凯瑟琳·基希海默用收集情报机构的数量、机构间的整合、恐怖活动组织和情报机构间的竞争范围和管理水平为指标,比较1970—1990年间,以色列和法国的反恐人工情报工作,展示了以色列相比法国在这四方面的优势:以色列情报机构间分工明确、协调得力,与恐怖活动组织竞争范围广泛、管理有力。⑥

第四,对以色列反恐手段的研究。以色列反恐手段无论是理念

---

① Yehuda Ben-Meir, "National Security Decisionmaking: The Israel Case," Westview Press, 1986.
② Mark A. Heller, "Continuity and Change in Israeli Security Policy," Routledge, 2000.
③ Charles D. Freilich, "Zion's Dilemmas: How Israel Makes National Security Policy," Cornell University Press, 2012.
④ Jennifer E. Sims, "A Theory of Intelligence and International Politics," in National Intelligence Systems: Current Research and Future Prospects, ed. Gregory F. Treverton and Wilhelm Agrell, Columbia University Press, 2009, p. 62.
⑤ Burton Gerber, "Managing Humint: The Need for a New Approach," in Transforming US Intelligence, ed. Jennifer E. Sims and Burton Gerber, Georgetown University Press, 2005, p. 181.
⑥ Amy Catherine Kirchheimer, "A Comparative Study of Humint in Counterterrorism: Israel and France, 1970-1990," Georgetown University, April 16, 2010.

还是技术在世界上都是非常有效的，如"准传统战争"的理念、定点清除和"斩首行动"等。因为恐怖主义在全球范围内的扩散，各国都需要借鉴较为成功的反恐经验，以色列因为有较长时间的反恐历史和较为丰富的反恐案例，因此，国际上对以色列反恐手段的研究较多。

戴维·埃舍尔认为在同第二次巴勒斯坦起义[①]，较量五年之后，以色列国防军在理念和技术上进行了一些变革。理念上首先是重视预防，以色列前空军司令埃多·内胡斯坦说："在此期间吸取的最重要的一个教训就是先发制人的重要性。"其次是由原来的着重于短期激烈的传统战争转变为着重于持续低烈度的冲突。以色列更倾向使用的"准传统战争"是指代低烈度冲突、反恐行动和各种形式的游击战。技术上随着对手的战术变化而变化，比如一些恐怖分子使用火箭弹袭击，把发射器设在民用设施中或地道中并可快速转移，内胡斯坦认为要全面整合情报和地、空力量及特别行动人员以确保即时的精确打击，方可应对这种情况并且不会对友军和非战斗人员造成附带性伤害。为此以色列国防军还建立了"快速决策组"等。[②]

史蒂文·戴维在《致命选择：以色列的定点清除政策》一文中首先区分了定点清除和暗杀的差别：暗杀指使用卑劣手段的谋杀，通常是贬义的，而以色列清除巴勒斯坦那些据称是恐怖分子的人是否是卑劣的这还存在争论，不能直接就把以色列的行为定性为暗杀；暗杀通常指刺杀高级政治官员，以色列集中清除的是巴勒斯坦的恐怖分子和那些计划实施袭击的人；以色列自己不用暗杀这一概念，而是用定点阻止或拦截，所以我们不一定要接受以色列的概

[①] "因提法达"：Intifada，是阿拉伯语"起义"的音译。在巴以冲突中指巴勒斯坦人反抗以色列的大规模暴动。1987—1993年和2000年，巴勒斯坦人曾先后两次发起一系列反对以色列长期军事占领的抗议，有时也包含暴动。

[②] David Eshel, "Israel Air Force Trasforms for 'War against Terror'," Military Technology, Vol. 3, 2006.

念，同样也不一定要接受对以色列持批评态度者的概念。以色列从《圣经》时代到现在一直都在从事定点清除行动，这种政策有效地减少了巴勒斯坦的恐怖活动，并被总结出五方面的优点：只针对少数目标，符合武装冲突要区别对待和相称的道德标准；满足了以色列公众在遭受袭击后的复仇感；是以国家为后盾的通过预定的标准程序确定下来的复仇形式；这种复仇形式是最直接简单的；以色列采取的这种对付恐怖主义的方式不是最坏的，因为其他形式都有更大的缺陷。基于此，史蒂文·戴维在书中建议以色列继续采取这种反恐手段，但是需要在四个方面加以改进：以色列应该坦率地坚持定点清除政策；确保依法实施行动，不要莽撞行事以避免自身行动和要打击的野蛮行径无甚差别；必须克制行动不能杀害政治领导人物；需要公开宣称定点清除政策是巴以冲突情况下的权宜之计。①

爱德华·卡普兰、亚历克斯·明兹和沙乌勒·米沙勒在收集了广泛的数据并分析之后得出结论："定点清除会导致试图实施更多自杀式袭击；预防性的逮捕减少自杀式袭击的数量；在一些特定的时期（如亚辛和兰提西②被袭之后数天或数周）可预测到袭击事件数量会上升，袭击更可能是自发的并且与往常相比更无组织性，因此如果在情报和安全工作上保持对潜在袭击的高度警觉，就很可能阻止那些自杀式袭击事件。"③

以色列反恐手段是受其对战略认知和反恐战略支配的，"犹太人例外论"及其推论"以色列国家安全例外论"使以色列不惜使用一些争议较多的反恐手段，如定点清除或"斩首行动"，这些手段被以色列认为是为其战略目标服务的。

第五，以色列对恐怖活动的危机管理的相关研究。由于第二次

---

① Steven R. David, "Fatal Choices: Israel's Policy of Targeted Killing," Review of International Affairs, Vol. 2, No. 3, 2003.
② 亚辛和兰提西都是哈马斯原领导者。
③ Edward H. Kaplan, Alex Mintz & Shaul Mishal, "Tactical Prevention of Suicide Bombings in Israel," Interfaces, Vol. 36, No. 6, 2006.

巴勒斯坦起义和众多恐怖主义事件，耶路撒冷存在着持续的恐怖，应对持续的危险状态是日常之必须。① 恐怖主义带来身心两方面的伤害，尤其对青少年儿童更是如此。2000年10月，在第二次巴勒斯坦起义爆发后不久，以色列心理创伤治疗中心就出台了一个项目，帮助在校学生建构心理适应能力。

汤姆·泰勒认为警察在危机管控时有限介入公众生活是必要的，但要注重程序的公正：威慑战略不见得能特别有效地调动反恐合作积极性；以程序公正作为巩固公众合作的基础会更有效；人们可以接受治安对个人的干预，同时警察在介入人们的生活和群体活动时并不完全没有合法性，但是警察介入的程序依然需要是正当的。②

2. 以色列反恐战略相关研究

第一，对以色列反恐战略的研究。安德鲁·凯德和巴巴拉·沃尔特认为要研究反恐战略，首先要对恐怖分子的战略有所认识，他总结了恐怖分子使用的五种类型的战略：消耗、恐吓、挑衅、破坏和讹诈。那么也应该采取相应的应对战略。反消耗战略至少有五种：在不紧要的事项上让步；定点报复；把危害最小化；阻止对方获得大规模杀伤性武器；把恐怖主义造成的心理恐怖最小化，同时尽可能降低民众过度反击。反恐吓战略是：当恐怖分子旨在改变政权时，最好是果断地把恐怖分子分割在固定的区块内；当其旨在控制社会时，最好加强执法力度。反挑衅战略是：采取差别化战略，最大限度地减少不必要的附带损害。反破坏战略是：当双方有高度互信时可以和平解决；没有互信时可以先建立互信并减少脆弱性。反讹诈战略是：消除权力斗争，鼓励恐怖分子中相互竞争者成为一个团结的对手（这一反战略的缺点是有可能面对一个更强大的对

---

① Ruth Pat－Horenczyk, "Terror in Jerusalem: Israelis Coping with 'Emergency Routine' in Daily Life," in Judy Kuriansky, eds., Terror in the Holy Land: Inside the Anguish of the Isareli－Palestinian Conflict, Praeger, 2006, p. 67.

② Tom R. Tyler, "Toughness vs. Farness: Police Policies and Practices for Managing the Risks of Terrorism," in Cynthia Lum & Leslie W. Kennedy, ed., Evidence－Based Counterterrorism Policy, Springer, 2012, p. 361.

手);给相互竞争中不使用暴力手段方一些让步,并尽量满足其成员的要求。①

伊恩·勒塞等人认为以色列的地理特征、阿拉伯人和犹太人混合居住的人口特征、区域内的恐怖活动组织网络及其支持者是以色列制定反恐战略关注的核心因素,并且由于这些因素的影响,以色列最为担心的就是恐怖分子掌握和使用化学、生物武器和核武器。"根据以色列高级官员们的说法,现在反恐的优先顺序依次是:情报、反恐行动能力和保护。"②

加纳认为任何反恐政策都应达到以下几个目标:消除恐怖活动;把恐怖活动造成的危害最小化;预防恐怖活动的增加。③ 加纳还提出了"恐怖主义公式",即恐怖活动的实施需要动机和行动能力两方面因素。依据这个认识,反恐行动会产生一个困境:进攻性反恐行动的增多会产生一个团体或组织的行动,同时也会让它们获得更多的支持,产生更强的动机实施恐怖活动。因此,反恐战略应该尽力达到动机和能力的平衡,即一方面粉碎这个组织实施恐怖活动的能力,另一方面减少它们进一步实施行动的动机。④

卡卢·卡卢总结了以色列的反恐战略,称其既重视政府的反恐主导作用,也重视公众在整个反恐工程中的不可或缺的角色。"(反恐)需要从互补的软硬两方面着手:硬的方法强调情报、执法、先发制人、制止和军事行动;软的方法强调公众意识和民众参与、公私合作、公民教育、信息共享和国际协作。每位公民、每家企业以及个人和公私机构之间的接触等都应成为全面反恐工作中一个潜在

---

① Andrew H. Kydd & Barbara F. Walter, "The Strategies of Terrorism," International Security, Vol. 31, No. 1, Summer 2006.
② Ian O. Lesser, Bruce Hoffman, John Arquilla, David Ronfeldt, Michele Zanini, "Countering the New Terrorism," Rand Report, 1999, p. 121.
③ Boaz Ganor, "The Counter-Terrorism Puzzle: A Guide for Decision Makers," Transaction Publishers, 2005, pp. 25 - 27.
④ Boaz Ganor, "The Counter-Terrorism Puzzle: A Guide for Decision Makers," Transaction Publishers, 2005, pp. 41 - 43.

节点和不可或缺的要素。"①

反恐战略强调总体和长远、目的和手段的统一，手段和资源的统一，相应对反恐战略的研究也应该树立全面的框架，以上对反恐战略的研究，各有侧重，但在全面上还有一定欠缺。如安德鲁·凯德和巴巴拉·沃尔特的研究更侧重反恐手段和措施；伊恩·勒塞等人侧重认知与目的的关系；加纳强调了目的和手段间的平衡关系；卡卢强调了战略既要有重点又要兼顾总体。因此，笔者拟定建立一个完整的反恐战略框架的研究还是有必要的。

第二，对以色列反恐战略效果的研究。以色列反恐效果如何，学者们看法不一，有些甚至是针锋相对的。有学者认为以色列反恐行动和战略是有效的，有学者则认为以色列反恐战略偏重军事和武力，过于严厉的反恐手段招致了更多恐怖主义的报复。塞尔吉奥·卡蒂纳尼认为反恐战争可以说是一个恶性循环圈，战争本身又造成更多的挫败和绝望、更多的恐怖主义和升级的暴力。② 丹尼尔·拜曼认为，对以色列反恐最为有力的指控就是其反恐是失败的，反过来诱发了更多的恐怖主义。③ 米娅·布卢姆认为以色列的反恐政策激发巴勒斯坦内部各派势力更多地实施恐怖活动，也使更多的群体支持叛乱。"尽管以色列人认为强硬政策能阻止未来的袭击，但是，非常出人意料的是，反而使那些极端势力团结起来了。实际上，巴勒斯坦政体长期以来的分化增多了而不是阻止了未来的袭击。"④ 斯格特·阿尔坦在《对自杀式恐怖主义的错误处理》一文中也说："反复发生的自杀式活动表明仅凭运用大规模武力反恐不能降低自

---

① Kalu N. Kalu, "Strategic Fusion: What Lessons for International Counterterrorism?" Defence Studies, Vol. 9, No. 1, 2009.
② Sergio Catignani, "Israeli Counter–Insurgency and the Intifadas: Dilemmas of a Conventional Army," Routledge, 2008, p. 120.
③ Daniel Byman, "A High Price: The Triumphs and Failures of Israel Counterterrorism," Oxford University Press, 2011, p. 365.
④ Mia M. Bloom, "Palestinian Suicide Bombing: Public Support, Market Share, and Outbidding," Political Science Quarterly, Vol. 119, No. 1, Spring 2004.

杀式袭击的频率和强度。"[1] 但希勒尔·弗里希不同意这样的观点，他认为这都是从动机方面来考虑，即以色列的反恐政策确实会激发恐怖分子去计划实施更多的恐怖活动，但是能力是更重要的因素，它解释了为什么巴勒斯坦实施的暴力净效益减少了，而且招致了更多政治上的损失。以色列运用国家安全部队实施有效的进攻和防守措施限制了巴勒斯坦的能力。[2]

"从战略角度衡量，以色列的反恐政策成功了吗？以色列观察家在这个问题上意见不一。恐怖主义没能消灭以色列这个国家，因此最极端的恐怖主义目标明显没有达到，但是大多数针对以色列的恐怖主义更多只是有限的目标。"[3] 在过去几十年里，许多恐怖活动组织确实是消亡了，以色列却依然存在，同时系统性的威胁也依然存在。"一些现实主义战略家认为以色列真正的目标是和恐怖主义共存，而不是消灭它。"[4] 以此衡量，以色列成败参半。丹尼尔·拜曼指出以色列在反恐策略上的一些有争议的做法，如定点清除、修建隔离墙等破坏了以色列的反恐目标：不重视长期的规划；没有认识到反恐策略带来的长远的政治影响。[5]

丹尼尔·拜曼还从国际关系角度考查了以色列反恐战略效果，认为以色列为了借助威慑减少恐怖活动，通常会过于严厉地对恐怖活动实施反击措施，这常常会招致国际社会的批评和谴责。"预防恐怖袭击常常需要依赖威慑，这要求不成比例地反击任何袭击。因为报复只有足够严厉才能让袭击者不敢挑衅。这也是以色列反恐战

---

[1] Scott Atran, "Mishandling Suicide Terrorism," Washington Quarterly, Vol. 27, No. 3, Summer 2004.

[2] Hillel Frisch, "Motivation or Capabilities? Israeli Counterterrorism against Palestinian Suicide Bombings and Violence," Journal of Strategic Studies, Vol. 29, No. 5, 2006.

[3] Ian O. Lesser, Bruce Hoffman, John Arquilla, David Ronfeldt, Michele Zanini, "Countering the New Terrorism," Rand Report, 1999, p. 123.

[4] Hanan Alon, "Countering Palestinian Terrorism in Israel: Toward a Policy Analysis of Countermeasures," Rand Report, N – 156 – FF, 1980.

[5] Daniel Byman, "A High Price: The Triumphs and Failures of Israel Counterterrorism," Oxford University Press, 2011.

略面临的诸多难题之一。反击如果只是造成了有限的伤亡或破坏，那在这些施暴者看来就是他们获胜了。这就使以色列一直要艰难地平衡这个两难问题：到底是不成比例地反击以确保当下的安全，还是对等反应？毕竟，国际舆论不管有效还是无效，它只认可要对等反应，并谴责不成比例地反击。"①

对反恐收益与代价的研究揭示了以色列对恐怖主义根源认知的影响，认知的影响涉及反恐手段、目的各个环节。但以上对反恐的研究没有把反恐与巴以问题联系起来考虑，更没有把以色列与周边关键国家关系联系起来考虑。笔者在这方面做了一些有益的尝试，并提出自己的假定：以色列反恐战略影响了巴以问题的解决，因为它"与恐怖主义共存"的做法是想维持目前在巴以冲突中的优势地位；以色列反恐战略也影响到了其与周边国家的关系，因为要以此来维持其中东唯一核大国地位和军事优势。但长远来看，这些都不利于以色列自身安全。

（三）国内外现有研究的不足

国内外现有有关以色列反恐的研究从多个角度对这一问题进行探讨，主要集中在反恐机制、手段、效果等几个方面，为本书的研究提供了可供参考的基础，但依然有值得继续探索的空间。

第一，没有系统地研究以色列对恐怖主义和反恐的认知。笔者暂时搜集到的只有部分零散的研究，包括：对以色列历史和民族心理的研究，如前述以色列人普遍具有"玛萨达情结"；以色列认定的恐怖主义具体威胁等。这些研究中目前涉及后者的居多，并且没有以反恐认知为专门的研究主题，只是零星涉及这方面内容，一般是较为概括性的判断，所以大多不系统不完整。

不论从决策和认知理论的角度，还是从反恐实践中认知的重要作用来看，都要对以色列反恐认知进行研究，因为认知构成了以色

---

① Daniel Byman, "A High Price: The Triumphs and Failures of Israel Counterterrorism," Oxford University Press, 2011, p.362.

列后续一切反恐行动的基础。而这样的研究需要对以色列历届政府有关恐怖主义的公文、领导人的讲话等文献资料进行分析,从中推断和判定出不同时期以色列对恐怖主义具体威胁的认定、反恐在国家安全战略中的地位、对反恐手段合法合理性的认知等。搜集资料的不易且对数目众多的资料进行分析的不易可能都是这项研究令人望而却步的原因。

第二,没有系统地梳理以色列反恐战略。按本书所界定反恐战略的概念,以色列反恐战略是一个完整的框架,包括以色列反恐认知、目标、机制、手段、国际合作等。虽然这些方面国内外都有或多或少的研究,但目前没有以此为框架的文章或专著。

缺少这样系统的研究,并不是这个问题不重要或不值得研究。以色列反恐与巴以冲突、中东和平进程和该地区其他事务有错综复杂的关系。有研究认为是冲突和战争导致了恐怖主义,也有人认为是恐怖主义引发了冲突和战争,但不论哪一种观点,都说明这两者有着千丝万缕的关系。系统的研究不仅可以清晰展现以色列反恐实践,也可以为理解甚至是解决该地区问题提供帮助。

为什么长久以来又缺少这样系统的研究呢?首先,研究者一般很容易关注以色列具体的反恐行动、手段,并对其成效进行评估,往往认为其他方面的内容对理解以色列反恐意义不大,甚至没有考虑过在研究以色列反恐时设立一个框架,把反恐认知、反恐目标等内容联系起来。实际上如果说研究者关注较多的反恐机制、手段、合作等是反恐研究主体的话,反恐认知可以说是这个框架的基础,反恐目标则是这个分析框架的前提和参照,而评估和启示便是整体的衡量和拓展,缺少哪一部分都是不完整的。其次,人们往往忽视或滥用战略的含义。有的研究把政府政策或策略称为战略,有的研究把一些反恐手段、原则或指导思想称为威慑战略、防御战略、综合反恐战略等。严格来说,这些只是反恐手段,充其量称得上是反恐行动的原则。这样的混淆和滥用造成一些声称是战略的研究,其实质并不是完整系统的战略研究,只是对战略中的一部分进行了研究。

统观现有国内外研究，笔者尝试立足于现有研究内容，系统归纳和梳理以色列反恐机制、手段、国内外合作、评估和启示等内容，创新性地弥补和完善以色列反恐认知和反恐目标等内容，从而构建起系统完整的以色列反恐战略分析框架。

五、研究方法、创新和不足

本书从以色列与反恐有关的官方文件和反恐行动中归纳出以色列的反恐战略，采用宏观和微观相结合的方法，综合运用有关国际战略学、国际政治理论、认知心理学等学科的研究视角，把定性和定量相结合，运用归纳和演绎的方法，达到研究目的。具体而言，主要采用文献分析法、历史分析法和定性/定量分析法。

文献分析法。笔者搜集和查阅了大量以色列外交部网站公布的与反恐相关的历史档案、文献资料，争取呈现客观真实的以色列反恐的历史和现状、政策方针和战略。但文献分析法缺点之一是不一定能保证所得资料的全面性，因而根据文献所分析归纳到的结论有待更多史料的验证。书中在分析以色列对恐怖主义和反恐的战略认知这一部分引用了大量第一手文献资料，包括政府文件、领导人讲话等。

历史分析法。雷蒙·阿隆说过：历史是过去的政治。[①] 大量研究和分析以色列有关反恐行动的历史资料，是理解以色列以往政治、安全方面决策进程和结果的必要方法。从历史资料中把握政治社会现象的本质，发现规律，并进一步运用史料进行检验和修正。历史学本身就是国际政治学的源头之一，传统主义者的基本方法就是历史归纳法，当代国际关系学界的英国学派是使用这一方法的典范代表。本书在多处采用历史分析法，如通过以色列在特定历史时期认定的恐怖主义，总结其对恐怖主义的战略认知；通过分析恐怖

---

① 倪世雄等：《当代西方国际关系理论》，复旦大学出版社2001年版，第6页。

主义事件和反恐行动总结出以色列反恐战略的收益和代价等。

定性/定量分析法。任何事物都是质和量的结合，定性是对事物的质的总体理解，定量则是对事物发展程度的精确把握，其中定性是定量研究的基础。一般认为定性是传统分析方法，而定量则是科学行为主义的方法。本书主要运用定性分析，但在分析反恐战略的收益与代价时，通过收集恐怖主义事件的数量、伤亡人员等对其收益进行检验。但是由于指标难以量化、统计资料的不完整、难以避免的主观因素，量化研究在国际政治研究中面临很大的困难。本书所使用的定量分析法也无法避免这些问题。

立足现有研究的基础之上，本书拟创新性地弥补现有研究的不足之处。一是构建完整的以色列反恐战略框架，包括以色列对恐怖主义和反恐的认知、目标、机制、手段、国际合作等方面，并对其进行评估，总结其经验教训。二是系统地研究了以色列对恐怖主义和反恐的认知，包括以色列对恐怖主义相关概念的界定、对恐怖主义具体威胁的界定、对反恐在不同时期国家安全战略中地位的认知、对反恐手段合法合理性的认知等。

本书的不足之一是未能充分全面掌握所需要的分析资料，导致个别章节研究较为粗糙。如第四章中，以色列在经济、情报、法律等领域的国际合作受限于资料的匮乏，只能简略处理。但在反恐实践中这些都是国际合作的重点，甚至有些（如情报合作）还是以色列反恐取得成效的关键。书中甚至还有部分分析由于缺乏资料而无法进行。本书不足之处还有个别定量分析指标的主观性和数据的不完整性，思考分析的深度广度很大程度上受限于笔者的智识水平等。

第一章　以色列对反恐战略的认知

对恐怖主义及反恐的认知是以色列制定和实施反恐政策的基础。在长期的反恐历史中，以色列的反恐认知在一定程度上决定着不同历史时期以色列反恐的成败得失。以色列的反恐认知主要包括对恐怖主义相关概念的界定，对反恐对象的认定，对恐怖主义威胁在国家安全战略中地位的认知和相应反恐手段的认知等。这些认知体现在以色列的法律文件、政府公文、政府主要领导人及著名学者的认识中，并具有自身特点。反恐认知最终都反映在以色列具体的反恐行动和反恐效果中。

第一节　对恐怖主义的认知

在当今全球化时代，恐怖主义是各个国家，甚至每个人都可能面临的一种非传统安全威胁，因此成为全球治理的一个重要议题。在这个议题的讨论中，人们很容易达成诸如"反对一切形式的恐怖主义"之类的普遍性原则，但是针对具体的恐怖主义事件，各个国家往往会根据自己的战略、利益、价值观念等进行解读和应对。甚至在最根本的问题上——什么是恐怖主义，各个国家、国际组织、专家学者、政界人士等也莫衷一是，各持己见。国际社会至今未能就恐怖主义定义达成一致看法的现实是理解恐怖主义相关问题复杂性的关键。基于国家自身实际情况，以色列对恐怖主义这一概念也有自己的认知。

一、对恐怖主义概念的界定

以色列对恐怖主义概念的界定体现在有关的法律文件、国家主要领导人及著名学者等的讲话或著作之中。

（一）法律文件中对恐怖主义概念的界定

以色列专门针对恐怖主义的法律文件主要是《预防恐怖主义条例》（简称《条例》）和2016年《反恐怖主义法》（简称《反恐法》）前者适用时间长达68年。1948年建国之前，犹太人与阿拉伯人中各有一些激进势力采取暴力手段互相攻击。为了更有效维护国家的安全稳定，成立之初以色列国家临时委员会就在第24号政府公报上颁布了《条例》。

《条例》共25条，包括对恐怖主义行为的认定及处理的司法程序等。其中第1条对恐怖活动组织和恐怖活动组织成员含义作了规定。恐怖活动组织指的是"有计划地使用或威胁使用暴力造成人员伤亡的团体"，恐怖活动组织成员指的是"隶属于这个团体的人员和那些参与这些行动的人员、支持恐怖活动组织或支持其行动目的并为之宣传的人员或为恐怖活动组织及其行动筹募资金或物品的人员"。[①] 确切地说，这并不是直接对恐怖主义这一概念的定义，而是对何为恐怖活动组织和恐怖活动组织成员的界定。但恐怖活动组织的定义间接包含了对恐怖主义的界定，即"有计划地使用或威胁使用暴力造成人员伤亡的行动"。

这两个间接包含了恐怖主义定义的界定成了此后以色列认定恐怖主义威胁和反恐行动的重要基石。相比其他国家或国际组织对恐怖主义的定义，这两个界定把恐怖主义的特性极度简化到了只剩下暴力性，也就是说只要针对以色列国家或人民的行为具有暴力性这一特性，以色列就可据此将其认定为恐怖主义，将实施者认定为恐

---

① "Prevention of Terrorism Ordinance No. 33 of 5708 – 1948," Sep. 23, 1948, http://mfa.gov.il/MFA/MFA - Archive/1900 - 1949/Pages/Prevention%20of%20Terrorism%20Ordinance%20No%2033%20of%205708 - 19.aspx.

怖分子或恐怖活动组织。这明显赋予以色列在认定恐怖主义上过于宽泛的自由度——可以在任何有需要的情势下，把一些刑事犯罪活动、冲突、巴勒斯坦人的反抗等都视为恐怖活动，因为这些都具有暴力性特征。更值得注意的是，这个界定中"威胁使用暴力"所包含的含义，也就是说即使只是"威胁使用暴力"，而没有真实地发生暴力事件，也可将威胁者认定为是恐怖活动组织及其成员。这使依据这一定义裁定具体事件时的主观性增强、范围扩大。这也是此后国际社会尤其是阿拉伯国家所认为的以色列反恐对象和范围扩大化的根源。

2021年，以色列国防部下属国防出口管理局出台了一份加强对网络出口管控的文件终端用户声明，其中对恐怖活动进行了定义：旨在恐吓民众，并可能造成死亡、伤害的以及绑架人质或其他故意实施的犯罪活动。[①] 这个定义与《条例》中相关概念相比，甚至更为宽泛。《条例》中的概念强调暴力性，而此概念更着重于强调恐怖主义对社会造成的社会心理影响，并且只要是"可能"造成一定的危害即为恐怖活动。2016年《反恐法》中对恐怖活动的定义有了较大改进，但其对恐怖活动动机的规定较为宽泛、对其后果程度的规定也较为模糊，给实践中认定恐怖活动留下空间较大。由此看来，以色列历经多年反恐，在政府层面，对恐怖主义相关概念的认识变化不大——一贯的宽泛，这是以色列反恐一直呈扩大化状态的根本原因。

（二）国家主要领导人及学者对恐怖主义概念的认知

以色列总理内塔尼亚胡在其1986年所著《恐怖主义：西方如何获胜》一书中给恐怖主义的定义是：恐怖主义是为了政治目的而旨在制造恐怖气氛的蓄谋和系统化的（暴力）谋杀、残害和威胁无

[①] "Israel MoD Tightens Control of Cyber Exports," Dec. 7, 2021, https：//www.gov.il/en/Departments/news/mod - tightens - control - of - cyber - exports - 6 - december - 2021.

辜者的行为。① 1996年，内塔尼亚胡在所著《与恐怖主义作斗争》一书中将他在1986年提出的恐怖主义修定为：恐怖主义是指为了政治目的而旨在制造恐怖气氛的故意策划的、系统性针对公民的（暴力）攻击活动。② 这两个定义与《条例》中的规定既有相似的地方，又有区别。相似的是都强调暴力性，区别之处在于内塔尼亚胡的定义增加了政治性的认识，这也体现出他作为一名政治家的视角。

以色列反恐专家伯阿兹·加纳对恐怖主义的定义是"有目的地对平民或民用设施使用暴力或威胁使用暴力"③，明显受《条例》中的界定的影响，并与其基本一致。不同之处在于，《条例》中恐怖主义行动的对象是人员，加纳的定义是平民，而人员不仅包括平民，还包括军人等。前者比后者范围更广，相应地据此认定具体的恐怖主义威胁时范围会明显扩大。

二、对反恐对象的认定

依据《条例》和《反恐法》中对恐怖主义相关概念的界定，以色列认定了反恐对象。当然随着自身安全状况的改变和国际环境的变化，认定的反恐对象也随之发生变化。以色列认定的具体的恐怖主义威胁大致可分为三类：第一类起初是恐怖活动组织，后来是参与和平进程，可以与之接触并开展对话与合作的，主要是巴勒斯坦解放组织（简称巴解组织）及其主要政治派别；第二类是自建立以来立场一直较为激进，持续对以色列实施恐怖袭击的，主要包括杰哈德、真主党和哈马斯等；第三类是支持恐怖主义的国家。

---

① Benjamin Netanyahu (ed.), "Terrorism: How the West Can Win," Weidenfeld and Nicolson Limited, 1986, p. 9.
② Benjamin Netanyahu, "Fighting Terrorism," Farrar Straus Giroux, 1995, pp. 7–8.
③ Boaz Ganor, "Defining Terrorism – Is One Man's Terrorist Another Man's Freedom Fighter?" Jan. 1, 2010, http://www.ict.org.il/Article/1123/Defining – Terrorism – Is – One – Mans – Terrorist – Another – Mans – Freedom – Fighter.

(一) 趋向温和的恐怖活动组织威胁

阿以战争期间巴勒斯坦人民组建了一些反击以色列的组织。这些组织主要以游击战的方式参与斗争，实施针对以色列的武装行动。如1968年3月，阿拉法特领导巴勒斯坦武装在卡拉马战役中重创以色列，但以色列却把这些组织都称为恐怖活动组织。以色列对此类威胁并无明文规定，而是一种约定俗成的用法，即在以政府名义发布的重要文件或国家主要领导人发表的讲话中称呼某一组织具有恐怖主义威胁。以色列以这种方式认定的反恐对象主要是1964年成立的巴解组织及其主要政治派别。

1. 以色列对巴解组织的认知

巴解组织，1964年5月28日成立于耶路撒冷，由法塔赫、解放巴勒斯坦人民阵线（简称人阵）、解放巴勒斯坦民主阵线（简称民阵）、巴勒斯坦民主联盟（简称民主联盟）、巴勒斯坦解放阵线（简称巴解阵）、解放巴勒斯坦阿拉伯阵线（简称阿解阵）、巴勒斯坦人民党和巴勒斯坦人民斗争阵线（简称人斗阵）等八个背景各不相同的政治派别组成，其中阿拉法特创建的法塔赫居领导地位。[1]

自1964年巴解组织成立起，以色列官方就一直将其与恐怖主义联系在一起，一直持续到20世纪90年代巴以和谈前夕。实际上，在以色列并没有明确地把巴解组织界定为恐怖活动组织的法律文件，只是在政府公文、领导人的讲话、主流媒体中，把其称为恐怖活动组织，并逐渐形成普遍化的认识。

1964年5月在耶路撒冷召开的第一届阿拉伯巴勒斯坦代表大会上巴解组织成立，并宣告其目标就是要消灭以色列这个国家。大会上通过的《巴勒斯坦国民宪章》明确宣称"巴勒斯坦人民为保卫其家园，捍卫其尊严和荣誉而激烈持久地战斗"。1968年7月修订的《巴勒斯坦国民宪章》第9条明确表示"武装斗争是解放巴勒斯坦

---

[1] 巴勒斯坦解放组织，https://www.cctv.com/news/special/ztl/bayi/191.html。

的唯一道路，这是全面的战略，而不是短期的策略"。① 1968 年 7 月和《巴勒斯坦国民宪章》修订版一起通过的宪法第一章第 3 条也明确表示："巴解组织内部各级各层，从基层到集体领导团体，与整个组织间关系的维系都应以是否承担斗争和国家行动的责任为基础。"②

1974 年 10 月第 7 次阿拉伯首脑会议上巴解组织被确认为巴勒斯坦人民的唯一合法代表。同年 11 月，被邀请以观察员身份参加联合国会议。巴解组织曾以黎巴嫩、约旦为基地在被占领土上开展武装斗争。但实际上更为主要的是，巴解组织积极参与巴勒斯坦政治进程，通过武装斗争，建立巴勒斯坦国家。

1974 年 10 月 15 日，以色列外交部在对联合国大会第 3210 号决议的回应中声明："巴解组织从事的并非是民族解放运动，它只是一个召集恐怖主义团体的领导机构，这些团体在以色列和其他国家犯下卑劣的恐怖主义罪行。"③ 1975 年 1 月 19 日，提哥亚大使在致联合国秘书长的信中写道："按我国政府指示，已有前函转承阁下，我很荣幸再次提请您注意以下事实：黎巴嫩政府仍然允许巴解组织这一恐怖活动组织在黎巴嫩境内毫无约束地行动并向以色列领土和人民发动血腥的袭击。"④ 1976 年，以色列副总理和外交部部长阿隆就美国和巴解组织接触在议会发表声明："这个组织（巴解组织）公开宣称其目标是种族灭绝，其职能就是谋杀、恐怖主义和

---

① "Palestine Liberation Organization: The Palestine National Charter of July 1968," https://www.jewishvirtuallibrary.org/the-palestine-national-charter-july-1968.

② "Palestine Liberation Organization (PLO): Constitution," Jul. 17, 1968, https://www.jewishvirtuallibrary.org/constitution-of-the-plo.

③ "Israel's Reaction To Resolution 3210," Foreign Ministry Statement, Oct. 14, 1974, http://mfa.gov.il/MFA/ForeignPolicy/MFADocuments/Yearbook2/Pages/34%20Israel-s%20reaction%20to%20Resolution%203210-%20Foreign%20M.aspx.

④ "Israel's Complaints To the United Nations on Continued Attacks from Lebanon, 19 and 22 January 1975," Jan.19, 1957, http://mfa.gov.il/MFA/ForeignPolicy/MFADocuments/Yearbook2/Pages/60%20Israel-s%20complaints%20to%20the%20United%20Nations%20on%20co.aspx.

绑架。"① 到20世纪80年代，贝京依然认为巴解组织是"事关以色列生存的实实在在的敌人"。②

在1984年9月13日以色列公布的《政府政策规划基本方针》中，两党联合政府向第11届议会呈报的政府核心工作第13条表示："以色列未来不会参与与巴解组织的谈判。"③ 1985年8月8日，以色列总理佩雷斯在国防学院讲话时说："黎巴嫩战争并没有使我们摆脱恐怖主义威胁，也没有改变巴解组织是恐怖活动主谋这一事实。巴解组织的恐怖主义不只是一个地域内的问题，而是一个战略问题。"④ "确实，巴解组织现在装扮出一副要缓和的样子，主要是言辞上的缓和。但在这个样子背后，巴解组织及其领导人继续执行原来的计划，时常在各个地方，包括在以色列袭击妇女儿童。"⑤ 1985年10月1日，以色列空军奔袭了位于突尼斯的巴解组织总部之后，时任国防部部长拉宾在新闻发布会上解释突袭的原因时说："长期以来，我们都知道恐怖活动组织——最主要的恐怖活动组织就是阿拉法特领导的巴解组织——致力于在以色列国内外任何有以色列国民或有其他与以色列相关的目标的地方发动袭击。只要巴解组织或任何其他恐怖活动组织有不利以色列的行动，以色列都将奋起击之。""这次行动意在表明巴解组织分子无论匿身何处都不会逃

---

① "Statement in the Knesset by Deputy Premier and Foreign Minister Allon on U. S. Contacts with the PLO," June 30, 1976, http://mfa.gov.il/MFA/ForeignPolicy/MFADocuments/Yearbook2/Pages/167%20Statement%20in%20the%20Knesset%20by%20Deputy%20Premier%20and.aspx.

② Efraim Inbar, "Israel's National Security: Issues and Challenges since the Yom Kippur War," Routledge, 2008, pp. 65–66.

③ "Basic Policy Guidelines of the Government's Program," Sep. 13, 1984, http://mfa.gov.il/MFA/ForeignPolicy/MFADocuments/Yearbook7/Pages/1%20Basic%20Policy%20 Guidelines%20of%20the%20Government-s%20Prog.aspx.

④ "Address by Prime Minister Peres at the National Defense College," Aug. 8, 1985, http://mfa.gov.il/MFA/ForeignPolicy/MFADocuments/Yearbook7/Pages/84%20Address%20by%20Prime%20Minister%20Peres%20at%20the%20National.aspx.

⑤ "Address by Prime Minister Peres at the National Defense College," Aug. 8, 1985, http://mfa.gov.il/MFA/ForeignPolicy/MFADocuments/Yearbook7/Pages/84%20Address%20by%20Prime%20Minister%20Peres%20at%20the%20National.aspx.

脱惩罚。"① 10月21日，拉宾在议会发表关于恐怖主义的讲话时说："阿拉伯恐怖主义是以色列国家安全和民众安全的威胁之一。但值得注意的是，过去、现在和将来，它都不是以色列所面对的最严峻的军事威胁。虽然恐怖主义给我们带来了痛苦、烦扰和破坏，但不会威胁到国家存亡。如果战端再起，那些陈兵边境、日益壮大的阿拉伯军队才是更严峻的军事威胁。"② "为了打击恐怖活动组织——主要是巴解组织，阿拉法特领导的巴解组织——以色列动员一切可以利用的力量，包括以色列国防军、警察、安全部门和地区防卫力量。"③

1988年12月7日，巴解组织最高权力机构——巴勒斯坦全国委员会发表声明，其中包括：建立一个独立的巴勒斯坦国，并接受以色列国在该地区的存在；拒绝和谴责任何形式的恐怖主义，包括国家恐怖主义。④ 这标志着巴解组织政治目标及对以色列态度的正式转变。

但由于以色列此时正值强硬的沙米尔政府执政，此后一段时间内，以色列对巴解组织态度仍然没有转变。1989年5月4日，以色列内阁会议通过了《以色列和平倡议》，依然强调"以色列不会与巴解组织进行谈判"。⑤ 1989年5月19日，时任国防部部长拉宾在

---

① "Press Conference Following Israel Air Force Attack on PLO Base in Tunis," Oct. 1, 1985, http：//mfa. gov. il/MFA/ForeignPolicy/MFADocuments/Yearbook7/Pages/92% 20Press% 20Conference% 20Following% 20Israel% 20Air% 20Force% 20Att. aspx.

② "Statement in the Knesset by Defense Minister Rabin on Terrorism," Oct. 21, 1985, http：//mfa. gov. il/MFA/ForeignPolicy/MFADocuments/Yearbook7/Pages/101% 20Statement% 20in% 20the% 20Knesset% 20by% 20Defense% 20Minister% 20R. aspx.

③ "Statement in the Knesset by Defense Minister Rabin on Terrorism," Oct. 21, 1985, http：//mfa. gov. il/MFA/ForeignPolicy/MFADocuments/Yearbook7/Pages/101% 20Statement% 20in% 20the% 20Knesset% 20by% 20Defense% 20Minister% 20R. aspx.

④ "PLO Statement," Dec. 7, 1988, http：//mfa. gov. il/MFA/ForeignPolicy/MFADocuments/Yearbook7/Pages/408% 20PLO% 20Statement - % 207% 20December% 201988. aspx.

⑤ "Israel's Peace Initiative," May 14, 1989, http：//mfa. gov. il/MFA/ForeignPolicy/MFADocuments/Yearbook8/Pages/54% 20Israel - s% 20Peace% 20Initiative - % 2014% 20May% 201989. aspx.

接受《耶路撒冷邮报》采访时表示："拒绝与巴解组织对话几乎是以色列全国的一个共识。我之所以拒绝出于两个简单的理由。在巴勒斯坦全国委员会内部、在日内瓦的联合国大会声明中、在阿拉法特先生的记者招待会上等多个场合，巴解组织都强调两个主要的目标：在约旦河西岸、耶路撒冷和加沙地带建立一个独立的巴解组织领导的巴勒斯坦国；100万—150万的巴勒斯坦人有权利返回绿线①内的以色列一侧。如果以色列准备与巴解组织谈判，那就几乎是在事实上默许了把巴解组织这两点立场做为谈判的基础。巴解组织不放弃这两个要求，而我认为这两个要求是以色列完全不能接受的。"② 1989年7月5日，沙米尔总理在利库德集团中央委员会上讲话时表示："不会和恐怖活动组织谈判，也不会和巴解组织谈判。"③

沙米尔政府一直坚持不与巴解组织对话，但1992年拉宾上台后，对巴解组织政策逐渐发生变化。以色列议会1986年通过了一项法律禁止以色列人和巴解组织等组织成员之间的任何接触。到了1992年，却提出："现在，尽管政府宣称没有改变对巴解组织的政策和态度，但认为这部法律没有存在的必要了。司法部部长认为这部法律是反民主的，建议议会另立新法。"④ 此举被认为是迈向1993年9月的以巴相互承认和随后公布的《临时自治安排原则宣言》（即《奥斯陆协议》）的一个重要步骤。1993年9月9日，阿拉法特和时任以色列总理拉宾在挪威外交部部长霍尔斯特的主持

---

① 1949年，以色列分别与埃及、约旦、叙利亚、黎巴嫩签订停战协议，产生了一条停火线，以色列称之为"绿线"。

② "Interview with Defense Minister Rabin in the Jerusalem Post," May 19, 1989, http：//mfa. gov. il/MFA/ForeignPolicy/MFADocuments/Yearbook8/Pages/58%20Interview%20with%20Defense%20Minister%20Rabin%20in%20the%20Je. aspx.

③ "Statement by Prime Minister Shamir to the Likud Central Committee," July 5, 1989, http：//mfa. gov. il/MFA/ForeignPolicy/MFADocuments/Yearbook8/Pages/75%20Statement%20by%20Prime%20Minister%20Shamir%20to%20the%20Likud. aspx.

④ "Press Conference with Justice Minister Libai on Repeal of Law Banning Meetings with the PLO," Dec. 3, 1992, http：//mfa. gov. il/MFA/ForeignPolicy/MFADocuments/Yearbook9/Pages/33%20Press%20Conference%20with%20Justice%20Minister%20Libai%20on. aspx.

下，交换了互相承认的信件，并于9月10日签订了互相承认的文件。阿拉法特在致以色列总理的信件中说道："巴解组织承认以色列和平、安全地生存之权利。巴解组织接受联合国第242号和338号决议……宣布放弃使用恐怖主义手段和其他暴力行为，并负有确保所有巴解组织武装和全体成员遵照执行的责任，以及预防违规行为和惩戒违犯者的责任。"① 拉宾总理则在回函中表示："贵方1993年9月9日函已收悉，并回复如下。鉴于贵函中巴解组织所做承诺，我愿向您确认以色列政府已决定承认巴解组织作为巴勒斯坦人民的代表，并决定与巴解组织就中东和平进程开展谈判。"②

随着1993年以色列和巴解组织的互相承认及其后巴以和平进程的展开，以色列就没有再把巴解组织称为恐怖活动组织。1995年，时任外交部部长佩雷斯在回答记者问时表示："如今，巴勒斯坦权力机构正非常认真地在加沙开始与恐怖主义作斗争，并尝试与恐怖主义展开谈判。"③ 2021年1月20日，以色列总统里夫林在祝贺拜登就职总统的信中写道："我真切地认为，我们（以色列和巴勒斯坦）不是注定的仇人，而是注定的邻居。"④

但有时以色列还会谴责巴解组织为其他恐怖活动提供支持或煽动恐怖活动。"以色列对约旦河西岸的军事控制在打击巴勒斯坦恐怖主义方面发挥了重要作用，遗憾的是，巴勒斯坦民族权力机构不

---

① "Israel – PLO Mutual Recognition, Letters and Speeches," Sep. 10, 1993, http://mfa.gov.il/MFA/ForeignPolicy/MFADocuments/Yearbook9/Pages/107%20Israel – PLO%20Mutual%20Recognition – %20Letters%20and%20Spe.aspx.

② "Israel – PLO Mutual Recognition, Letters and Speeches," Sep. 10, 1993, http://mfa.gov.il/MFA/ForeignPolicy/MFADocuments/Yearbook9/Pages/107%20Israel – PLO%20Mutual%20Recognition – %20Letters%20and%20Spe.aspx.

③ "Reaction by Foreign Minister Peres to Bus Attack in Jerusalem," Aug. 21, 1995, http://mfa.gov.il/MFA/ForeignPolicy/MFADocuments/Yearbook10/Pages/Reaction%20by%20Foreign%20Minister%20Peres%20to%20bus%20attack%20i.aspx.

④ "President Rivlin Sends Letter of Congratulation to President Biden on His Inauguration as the 46th President of the United States of America," Jan. 21, 2021, https://www.gov.il/en/Departments/news/president – rivlin – sends – letter – of – congratulation – to – president – biden – 20 – january – 2021.

仅没有按20世纪90年代《奥斯陆协议》要求履行打击恐怖主义和解散其控制领土范围内恐怖活动组织的武装的义务，并且在阿拉法特领导时，还教唆和积极地参与反以色列的恐怖主义……和其在国际上温和的形象相反，穆罕默德·阿巴斯领导时期巴勒斯坦民族权力机构和阿拉法特领导时期一样，依然是煽动反以色列和反犹太人的大本营，继续鼓动恐怖主义，只不过强度没有原来那么大。"①"在大多数案件中，恐怖分子从巴勒斯坦地区潜入约旦河西岸，巴勒斯坦领导层没有采取任何措施阻止他们，甚至还鼓励他们。"②

与对巴解组织的认知相符的是以色列对巴解组织的态度和行动。1967年第三次中东战争后，以色列占领了整个巴勒斯坦地区，巴解组织退入约旦。1970年5月，约旦军队与巴解组织等游击队发生武装冲突，当年9月6日，属于巴解组织的人阵把四架飞机劫持到约旦，使巴解组织与约旦关系恶化，9月17日，巴解组织被约旦驱逐出境转至黎巴嫩。1982年，黎巴嫩战争后巴解组织总部迁至突尼斯，于1985年遭以色列突袭。20世纪90年代初巴以和平进程开始，1994年，巴解组织组建了巴勒斯坦民族权力机构，阿拉法特从突尼斯返回加沙，并在部分区域实施有限自治。

2. 巴解组织主要政治派别及以色列认定其参与的恐怖活动

按1968年《巴勒斯坦国民宪章》规定和1974年10月在拉巴特举行的第七次阿拉伯国家首脑会议上的决定，巴解组织是巴勒斯坦各种力量的代表，是巴勒斯坦人民的唯一合法代表，但它对巴勒斯坦各政治派别只有松散的约束力。先后附属于巴解组织的一些政治派别都有自己的政治理念和较大的行动自由权，在此单独作为一部分进行分析。

---

① Efraim Inbar, "Israel's Costs vs. Its Benefits, in Rething the Six – Day War," Begin – Sadat Center for Strategic Studies, Jun. 1, 2017, https：//www.jstor.org/stable/resrep04753.5？seq = 1.

② "Saving Lives – Israel's Security Fence," Sep. 26, 2003, https：//www.gov.il/en/Departments/General/saving – lives – israel – s – security – fence.

巴解组织内部有较大影响力的政治派别主要有法塔赫、人阵、人阵总指挥部和民阵等。这些政治派别长期以各种方式与以色列斗争，被以色列认定为恐怖活动组织。

法塔赫于20世纪50年代末期由巴勒斯坦爱国青年组建，1969年以后成为巴解组织的主流派，得到阿拉伯国家的广泛承认与支持。法塔赫一词是把其阿拉伯名称的首字母缩略词颠倒过来得到的，字面意思是"以圣战来征服"。其标识是一幅整个巴勒斯坦地区的地图，上面覆盖着一枚手榴弹和两把交叉放置的步枪，体现其以武装斗争争取解放整个巴勒斯坦地区的目的。有学者认为，法塔赫是一个种族-民族型恐怖活动组织，这类组织依据对自身种族、民族的界定，寻求建立一个政治、社会、经济上自治的，独立于占统治地位的种族-民族所统治的国家。[①] 但在以色列看来，武装斗争"只是对平民实施恐怖活动"的委婉说法。1964年，法塔赫开展了针对以色列的第一次恐怖袭击。1972年，法塔赫"黑色九月"组织武装分子在慕尼黑奥林匹克运动会期间谋杀了11名以色列运动员。

人阵于1967年12月由巴解阵、"复仇青年"、"归国英雄"等组织合并而成，是巴解组织下的第二大组织，最初得到了埃及前总统纳赛尔的支持，政治观点偏左。人阵倡导武装起义，发动了一些旨在引起国际社会对巴勒斯坦解放事业广泛关注的袭击。1968年人阵劫持了以色列航空公司的一架飞机。1970年9月人阵劫持了西方国家的三架飞机，其中一架在乘客疏散后被炸毁。除此之外，人阵还有一次预谋劫持以色列航空公司飞机，被成功阻止。但三天后人阵劫持了另一架西方国家的飞机。1981年，人阵在贝鲁特绑架了四名美国记者。

人阵总指挥部是曾在叙利亚军队中担任过低级军官的艾哈迈

---

① Daniel Masters, "The Origin of Terrorist Threats: Religious, Separatist, or Something Else?" Terrorism and Political Violence, Vol. 20, 2008.

德·贾巴里于1968年4月创立的。该组织一度加入人阵，后又分裂出来。1977年4月，由于该组织中亲叙利亚派和亲伊拉克派的分歧而再次分裂。该组织主要在黎巴嫩南部进行游击作战，经常从黎巴嫩边境发动袭击。20世纪七八十年代在欧洲和西亚北非实施了一系列恐怖袭击，并运用非常规手段，如热气球和滑翔机等，跨境袭击以色列。现在主要在黎巴嫩南部进行游击作战，经常从黎巴嫩边境发动袭击。1970年2月21日，该组织引爆了一架瑞士航空公司的飞机，47人遇难。1970年5月21日，该组织在靠近黎巴嫩边境的阿夫温（以色列的一个莫沙夫）袭击了一辆校车，12名以色列儿童遇难。1974年4月11日，该组织在以色列北部的谢莫纳实施袭击，造成18名以色列平民遇难。该组织还于1982年绑架了3名以色列士兵，并以此于1985年5月20日交换了1150名巴勒斯坦囚犯。

其他被以色列视为恐怖活动组织的还有民阵、民解阵等。其中，民阵于1969年从人阵中分裂出来，政治观点偏左。20世纪90年代后，巴解组织中的这些主要政治派别不同程度地参与了和平进程。

（二）激进的恐怖活动组织威胁

20世纪八九十年代，以色列对恐怖活动组织和威胁的认定逐渐发生变化。因为巴解组织立场的转变、和平进程的开展和国内外环境的变化，以色列不再认为巴解组织及其主要派别是恐怖活动组织。1982年的黎巴嫩战争和1987年第一次巴勒斯坦起义之后，该地区先后成立了一些激进组织，主要有1979年成立的杰哈德、1982年成立的真主党、1987年成立的哈马斯。

1992年之前，以色列在一些政府发布的重要文件中或国家主要领导人发表的讲话中就把这些激进组织称为恐怖活动组织。1992年，以色列政府在关于移送哈马斯活动分子和认定三个恐怖活动组织的内阁声明中宣称："内阁依其所拥之权并据1948年《预防恐怖主义条例》第8条和1986年发布文件的第1436页中的声明，宣告以下团体为恐怖活动组织：哈马斯、真主党、杰哈德。"① 这个声明标志着以色列对恐怖主义威胁认定的正规化。除了这三个，在以色列官方文件中被称为恐怖活动组织的还有阿克萨烈士旅等。

据以色列国家反恐怖融资局网站受国防部授权公布的文件显示，截至2022年3月，以色列认定的恐怖活动组织共计380个，2011年至2022年8月，以色列认定的恐怖分子共计439人。②

1. 真主党

真主党是黎巴嫩穆斯林什叶派政党，1982年成立，亦可称黎巴嫩真主党。真主党的成立内受黎巴嫩内战影响，外受1979年伊朗革命和以色列1982年发动的黎巴嫩战争影响，因此与伊朗关系密切。该党有民兵约5000人，集中在贝卡谷地、贝鲁特南郊和黎巴嫩南部地区。真主党坚决反对中东和谈，认为解决阿以问题的唯一出路就是消灭以色列，主张效仿伊朗模式，在黎巴嫩建立伊斯兰共和国，通过武装斗争，收复被以色列占领的土地。1992年，真主党开始参加黎巴嫩议会选举，成为黎巴嫩最大的反对党。2000年5月，以色列从黎巴嫩南部地区撤军后，真主党迅速填补此区域"真空"，并以此为基地实施对以色列的袭击。

真主党成立后，很快就开始了针对以色列目标的自杀式袭击。1991年阿以和谈开始后，真主党频繁袭击以色列在黎巴嫩南部设立的"安全区"，因此，以色列一直视真主党为恐怖活动组织，并将其作为重点打击和报复对象。据时任以色列国防部副部长莫迪凯·古尔所说："1994年秋，真主党开始使用肩扛式地对空导弹攻击以

---

① "Cabinet Declaration on Removal of Hamas Activists and Inclusion of Three Organizations as Terrorist Organizations," Dec. 16, 1992, http：//mfa. gov. il/MFA/ForeignPolicy/MFADocuments/Yearbook9/Pages/41% 20Cabinet% 20Declaration% 20on% 20Removal% 20of% 20Hamas% 20Activis. aspx.

② Designations Lists（DATA），https：//nbctf. mod. gov. il/en/designations/Pages/downloads. aspx.

色列直升机。"① "在不断与恐怖主义作斗争的过程中,我们发现真主党是一个最残忍、最狡诈、最极端的恐怖活动组织。"② "黎巴嫩真主党不是一个传统意义上的政治党派,而是一个由伊朗一手扶植起来的什叶派伊斯兰激进主义组织,并在长期抵抗以色列对黎巴嫩的占领中,逐渐发展壮大,赢得黎巴嫩国内稳固的合法地位和阿拉伯世界民众的广泛尊重。"③ 2000年5月,以色列从黎巴嫩南部安全区撤离后,真主党因其长期坚持武力抵抗备受瞩目,再加上真主党一贯的下层群众利益代表者和维护者的形象,逐渐成为黎巴嫩国内一支具有重要影响力的政治力量。以色列认为真主党和哈马斯具有共同的特性,"哈马斯,还有激进的伊斯兰教徒实施的恐怖活动形式不同于我们原来所了解的巴解组织所实施的。他们是信仰伊斯兰教的狂热的极端分子,以往我们在巴勒斯坦人身上还没有看到这种愿意自我牺牲的特性。我们看到黎巴嫩真主党也有这一特性。"④ 黎巴嫩真主党有效地嵌入了黎巴嫩南部地区和民众之中,这种渗透已经对以色列形成战略威慑。⑤

2. 杰哈德

杰哈德是巴勒斯坦境内的一个激进组织,规模仅次于哈马斯,但立场比哈马斯有过之而无不及,主要根据地在加沙地带。"杰哈

---

① Efraim Inbar, "Israel's National Security: Issues and Challenges since the Yom Kippur War," Routledge, 2008, p. 135.
② "Foreign Ministry Statement on the Struggle against Terrorism," Aug. 1, 1989, http://mfa.gov.il/MFA/ForeignPolicy/MFADocuments/Yearbook8/Pages/91%20Foreign%20Ministry%20Statement%20on%20the%20Struggle%20Agai.aspx.
③ 涂龙德、周华:《伊斯兰激进组织》,时事出版社2010年版,第416页。
④ "Remarks by Prime Minister Rabin on Israel Television Following an Attack on a Bus in Tel Aviv," Oct. 19, 1994, http://mfa.gov.il/MFA/ForeignPolicy/MFADocuments/Yearbook9/Pages/239%20Remarks%20by%20Prime%20Minister%20Rabin%20on%20Israel%20Tele.aspx.
⑤ Melissa G. Dalton, "Defeating the Iranian Threat Network: Options for Countering Iranian Proxies," in Hearings before the Committee on Foreign Relations United States Senate, p. 866, https://www.foreign.senate.gov/imo/media/doc/12%2006%2016%20Defeating%20the%20Iranian%20Threat%20Network%20Options%20for%20Countering%20Iranian%20Proxies.pdf.

德的宗旨是以暴力手段驱逐以色列，建立一个从约旦河到大西洋的、独立的伊斯兰巴勒斯坦国，一贯反对巴以和平进程和《奥斯陆协议》，拒绝参与巴政治进程，属圣战抵抗武装派别。"[1] 杰哈德从20世纪80年代开始组织针对以色列的恐怖活动。1987年第一次巴勒斯坦起义之前，该组织在加沙地区制造了数起恐怖袭击事件。1993年巴以签署《奥斯陆协议》，杰哈德创始人法特希·沙卡基扩大政治影响，积极参与由拒绝与以色列和谈的阿拉伯集团或国家组成的抵制阵线。1996年3月，杰哈德在特拉维夫市中心迪岑哥夫中心实施了一起自杀式爆炸袭击，造成20名平民死亡，超过75人受伤。除了以色列，杰哈德认为以色列的支持者——美国也是巴勒斯坦的敌人。杰哈德还反对温和的阿拉伯政府，认为它们被西方的世俗主义腐蚀了，因此也在约旦、黎巴嫩和埃及组织恐怖袭击。2000年至今，杰哈德制造了数十起恐怖主义事件。2005—2013年，杰哈德主要针对以色列南部城市实施火箭弹袭击，还曾用爆炸装置袭击以色列目标。以色列指责杰哈德和哈马斯于2021年5月10日对耶路撒冷、阿什克伦以及沿加沙边界的一些以色列社区实施火箭弹袭击。2022年4月，以色列政府网站报道，辛贝特发现并阻止了杰哈德企图在朱迪亚和撒玛利亚建立的一个旨在对以色列实施恐怖袭击的恐怖活动网络。相比哈马斯而言，杰哈德没有形成制度化的组织架构，其势力较弱，大约只得到4%—5%巴勒斯坦人民的支持。不过，这也使杰哈德行动时不需顾及政治因素，只需关注思想意识和宗教目标。

3. 哈马斯

（1）哈马斯概况

哈马斯成立于第一次巴勒斯坦起义开始之际，是穆斯林兄弟会在巴勒斯坦的分支。1987年12月9日，创始人谢赫·艾哈迈德·亚辛发表声明决定成立哈马斯。起初，它的军事行动主要集中在杀

---

[1] 涂龙德、周华：《伊斯兰激进组织》，时事出版社2010年版，第462—463页。

害那些被怀疑与以色列当局合作的巴勒斯坦人,但很快便将目标对准以色列人。1988年,哈马斯发布了"伊斯兰盟约",清晰地表达了将以一切形式反抗以色列的存在,宣称"圣战之外,无解决巴勒斯坦问题之道"。哈马斯致力于"解放巴勒斯坦人民",号召整个伊斯兰世界共同创立一个覆盖整个巴勒斯坦地区的伊斯兰国家,确保巴勒斯坦人公正地生存在这块土地之上。

实现这一目标的最直接的手段就是扩大化的武装斗争和最终的"圣战"。"哈马斯为达到目标采取了三重战略:一是社会福利救助以争取草根阶层的支持;二是政治活动,与世俗的巴解组织和巴勒斯坦权力机构竞争;三是针对以色列士兵和平民的游击战和恐怖袭击。"[1] 这一观点植根于哈马斯的宗教信仰,"哈马斯认为依据其对伊斯兰教的解读,必须采取抵抗策略,换言之,他们相信人、社会、国家三者和神之间的关系构成了其行动基础,为了激发巴勒斯坦人的民族主义,必须采取这些行动"。[2]

从1987年到1991年,哈马斯斗争形式较为简单,主要是参与"掷石起义"。1991年底成立军事组织伊兹丁·卡萨姆旅后,哈马斯的武力抵抗升级。1994年由一名犹太极端分子酿成的"希伯伦惨案"发生后,哈马斯向以色列全面宣战,打击目标不区分是军人还是平民。"特别是1996年以后哈马斯策划实施的自杀性袭击事件,成为以色列安全的最大威胁。"[3] 到1997年,哈马斯已成为反对与以色列开展和平进程的最突出的巴勒斯坦组织。

2001年后,哈马斯逐渐改变策略,谋求参与巴勒斯坦政治进程。"哈马斯绝不是非暴力的。其多年的存在历史清晰地表明该组织既袭击军事目标,也袭击民用目标。但同时他们也展示出参与政

---

[1] Matthew Levitt, "Hamas: Politics, Charity, and Terrorism in the Service of Jihad," Yale University Press, 2006, p. 8.

[2] Jennifer Jefferis, "Hamas: Terrorism, Governance, and Its Future in Middle East Politics," Praeger Security International, 2016, p. 71.

[3] 涂龙德、周华:《伊斯兰激进组织》,时事出版社2010年版,第148页。

治进程的意愿，虽然不是很完美。最终，该组织成了一个致力于建设一个自由的巴勒斯坦国的力量，并愿意使用任何可用的手段达成这一目标。这将其自身与该地区其他一些暴力行为体区别开来，因为这些行为体寻求的是推翻全球秩序，并相信暴力是具有道德义务的手段。"[1] 2006 年，哈马斯通过选举合法参与巴勒斯坦政治管理，并在巴勒斯坦立法委选举中大胜。此后一段时间哈马斯虽然没有再发动自杀性袭击，但也没有明确承诺放弃武力，并不断使用火箭弹袭击以色列南部地区。事实上，基于哈马斯一贯的宗教和政治立场，该组织不会放弃抵抗策略。未来哈马斯面临的挑战将取决于该组织对其达成目标的必须手段的评判，以及如何将对手段的看法和前景目标更好地联系起来。哈马斯认为抵抗运动是道德的，将自身和巴解组织划清界限；认为抵抗才是最好的回击，并付诸行动，批评巴解组织的做法。如果哈马斯改变了这一立场，就会给巴解组织等留下把柄，质疑哈马斯放弃了其赖以存在的根基。[2]

（2）以色列对哈马斯的认知

首先，哈马斯自成立以来，一直坚持武装斗争立场。目前，哈马斯主要占据加沙地区，发射火箭弹、炮弹和实施自杀式袭击，对以色列南部形成严重的恐怖主义威胁。哈马斯的军火库存数量大、种类多，以色列方面估计其大约有 1 万枚火箭弹，包括制作比较简陋的"卡萨姆"火箭弹，以及伊朗制造的比较先进的"法杰尔"（"Fajr"）火箭弹。没有制导的"卡萨姆"火箭弹射程短，但发射简便快捷，杀伤力大，不易拦截。哈马斯现在的火箭弹射程可以达到特拉维夫和耶路撒冷，覆盖大约 450 万以色列人。以色列与美国联合研发的"铁穹"导弹防御系统拦截率为 90%，但却无法对付射程短的火箭弹。随着技术的进步，哈马斯也通过多种方式运用各种

---

[1] Jennifer Jefferis, "Hamas: Terrorism, Governance, and Its Future in Middle East Politics," Praeger Security International, 2016, p. 145.

[2] Jennifer Jefferis, "Hamas: Terrorism, Governance, and Its Future in Middle East Politics," Praeger Security International, 2016, p. 86.

武器实施对以色列的攻击行动。哈马斯还使用无人机系统进行攻击。2002年之后,为打击哈马斯等激进组织,以色列接连发动了多次军事行动:"防卫墙行动""铸铅行动""防务之柱行动"和"护刃行动"。

其次,以色列认为哈马斯的威胁不仅在于其暴力威胁,更重要的是宣扬恐怖主义思想和对以色列的仇恨。以色列巴伊兰大学埃夫拉伊姆·因巴尔教授认为,哈马斯不仅与其他恐怖活动组织和国家有横向的联系,还在代际间传承仇恨。"评价哈马斯意图的真正标准不是其领导人对以色列和西方说了什么,而是他们怎样教导他们的孩子去认识犹太人及其国家……然而,哈马斯在巴勒斯坦教育体系中持续增长的影响力尤其具有破坏性。哈马斯会尽可能教育他们的下一代把犹太人看作是偷走了他们土地的人,并使他们性格中天然具有反犹太人动机。反犹斗争中死去的人会被继续当作巴勒斯坦幼儿园和学校中孩子们学习的榜样。这些认识已成了巴勒斯坦社会共识的一部分,他们被使用武力、崇尚死亡和暴力等言辞所蛊惑,这些言辞是巴勒斯坦民族行动的根本支撑。"[1]

以色列认为哈马斯恐怖主义威胁不断扩大,有可能引起巴勒斯坦及周边局势的变化,尤其是恐怖活动的联动,甚至引起大规模传统安全的威胁。哈马斯选举胜利后,以色列认为哈马斯领导的巴勒斯坦权力机构更易于受到激进伊斯兰因素的影响。同时,"基地"组织已进入加沙和约旦河西岸,很可能在那里发动对以色列的恐怖袭击。

另外,以色列认为哈马斯控制下的巴勒斯坦权力机构也可能会引起约旦和埃及的政权改变。哈马斯的意识形态与约旦和埃及境内的穆斯林兄弟会有密切关系,这是它们之间的天然纽带。一旦约旦和埃及政权发生变化,它们与以色列曾经签署的和平协定就有可能

---

[1] Efraim Inbar, "Israel's National Security: Issues and Challenges since the Yom Kippur War," Routledge, 2008, pp. 193-194.

被终止，进而引发地区格局变化，甚至共同发起对以色列的战争。

最后，以色列把目前现状，尤其是对加沙的封锁及造成民众生活的不便，归咎于哈马斯。"国际社会和加沙民众需要知道哈马斯的恐怖主义是他们正常生活的障碍。"① 以色列在多种场合宣扬，哈马斯实施的活动构成了双重战争犯罪：从平民居住的地方无差别地攻击平民。② 这样宣扬的目的，一方面在于证明以色列需要加强对加沙地区平民居住区的控制，证明是哈马斯造成了这些地区民众难以正常生活；另一方面为以色列在平民居住区攻击恐怖分子提供正当性理由。

总之，以色列把哈马斯视为信仰伊斯兰教的狂热的极端组织，因为其展现出以往在巴勒斯坦人身上还没有看到的这种愿意自我牺牲的特性。"哈马斯，还有激进的伊斯兰教徒实施的恐怖活动形式不同于我们原来所了解的巴解组织所实施的。"③ "毫无疑问，我们面临的这场与哈马斯的较量最为艰难。这是一个会在任何地点使用任何手段施害于我们的极端组织。我们看到在阿富拉和哈代拉发生的自杀式袭击，这都是来自朱迪亚和撒玛利亚的恐怖分子所为，虽然这些地方在我们控制之下，我们也尽力而为，但仍然没有成功地阻止这些袭击。哈马斯和杰哈德领导着我们当前的敌人，90％的恐怖袭击都是这些伊斯兰激进分子所为。他们的目的就是袭击以色列人，对他们来说最重要的事情就是阻碍一切达到和平的机会。"④ 以

---

① "FM Lapid Addresses World Summit on Counter Terrorism," Sep. 12, 2020, https://www.gov.il/en/Departments/news/fm – lapid – addresses – world – summit – on – counter – terrorism – 12 – september – 2021.

② "Operation Guardian of the Walls," May 10, 2021, https://www.gov.il/en/Departments/General/operation – guardian – of – the – walls – 10 – may – 2021.

③ "Remarks by Prime Minister Rabin on Israel Television Following an Attack on a Bus in Tel Aviv," Oct. 19, 1994, http://mfa.gov.il/MFA/ForeignPolicy/MFADocuments/Yearbook9/Pages/239%20Remarks%20by%20Prime%20Minister%20Rabin%20on%20Israel%20Tele.aspx.

④ "Remarks by Prime Minister Rabin on Israel Television Following an Attack on a Bus in Tel Aviv," Oct. 19, 1994, http://mfa.gov.il/MFA/ForeignPolicy/MFADocuments/Yearbook9/Pages/239%20Remarks%20by%20Prime%20Minister%20Rabin%20on%20Israel%20Tele.aspx.

色列利用在西方以及国际上的宣传优势，把哈马斯等激进组织描述为恐怖活动组织，"把宣传叙事作为激发动机的工具以加强集体认同并把敌人去人性化，因此，叙事有助于使不公正和种族冲突长期存在"。①

（三）具有威胁的国家

以色列还认定了一些具有威胁的国家，认为这些国家为恐怖主义提供资金、武器、培训服务、藏身之所等。随着以色列与周边部分国家和平进程的展开，再加上2011年叙利亚陷入内战，伊朗成为目前以色列认定的"支持恐怖主义"的主要国家。

以色列认为，"支持恐怖主义"的国家主要从两个层面影响恐怖活动组织。第一，通过给其领导者提供可以达成的选项，国家的支持对非国家暴力行为体的决策产生有力的、间接的影响。第二，除了通过提升其活动的专业水平和能力，间接影响恐怖活动组织的决策，"支持恐怖主义"的国家还可以利用其援助直接塑造恐怖活动组织的战略决策。

相比其他国家，以色列认为伊朗是"支持恐怖主义"最多的国家。"叙利亚阿萨德政权在伊朗和真主党之间起了主要的联结作用，但是保持了叙以边界40年的和平。以色列认为阿萨德是一个祸患，但相比以色列周边众多的更危险的不受控制的'圣战'分子，阿萨德同时也是一个行事谨慎的人。以色列虽然有几次对叙利亚实施了军事干预行动，但其首要的关切是预防伊朗对真主党的武器援助。"②

和平进程开始后，以色列面临的恐怖主义威胁也逐渐发生变化。以色列前外交部部长佩雷斯曾认为以色列的主要威胁是掌握核武器的极端的伊斯兰教徒。因此，当时的拉宾政府认为主要的敌人是信

---

① Mustafa Gurbuz, "Rival Kurdish Movements in Turkey: Transforming Ethnic Conflict," Amsterdam University Press, 2016, p. 161.

② Brian Michael Jenkins, "How the Current Conflicts Are Shaping the Future of Syria and Iraq," Rand Corporation, 2015, https://www.rand.org/pubs/perspectives/PE163.html.

仰伊斯兰教的伊朗。

因巴尔教授认为："伊朗是外环①中另一个可能会伤害以色列的国家。伊朗国家内部有一部分宗教狂热分子反对犹太复国主义国家的存在，他们从神学角度出发明确宣布反对以色列国家的存在，还支持诸如哈马斯和真主党等恐怖活动组织。尽管伊朗的意识形态对地区稳定构成的威胁越来越小，它的导弹和大规模杀伤性武器却越来越比以往令人畏惧。"② 1999 年底，伊朗"谢哈布-3"型地对地导弹达到非常先进的水平，它的射程达到 1300 公里，以色列处于攻击范围之内。20 世纪 90 年代，拉宾认为以色列最主要的敌人就是伊朗，它积极谋求获得核能力并且"资助恐怖主义"。而恐怖主义虽然不再是一个军事上的大麻烦，但却是一个战略威胁，因为它可能使和平进程脱离轨道。③ 因此，在整个 20 世纪 90 年代，伊朗都被以色列视为一个严峻的可能攸关其生存的威胁。2005 年 12 月，时任以色列总理沙龙称伊朗的计划是一个严重的威胁，强调以色列不能接受伊朗成为核国家。这一看法也是以色列战略界大部分人长期持有的观点。

以色列将"集中资源和注意力于真正的斗争——抗击伊朗的核计划，因为伊朗企图通过散播恐怖主义和暴力成为地区大国"④。目前为止，针对伊朗对以色列的强硬姿态，以色列在联合国等国际场合积极寻求共同制裁伊朗核计划。

此外，以色列认定的"支持恐怖主义"的国家还有沙特阿拉伯、叙利亚等。"尽管伊朗对真主党和其他巴勒斯坦组织提供一定

---

① 以色列巴伊兰大学埃夫拉伊姆·因巴尔教授提出的概念，指的是中东不与以色列接壤的国家。

② Efraim Inbar, "Israel's National Security: Issues and Challenges since the Yom Kippur War," Routledge, 2008, p. 109.

③ Efraim Inbar, "Israel's National Security: Issues and Challenges since the Yom Kippur War," Routledge, 2008, p. 109.

④ "FM Lapid Addresses World Summit on Counter Terrorism," Sep. 12, 2020, https://www.gov.il/en/Departments/news/fm-lapid-addresses-world-summit-on-counter-terrorism-12-september-2021.

程度的资金和道义支持,但沙特阿拉伯及其海湾邻国为那些针对以色列和其他地方的恐怖活动提供的资金更多。"① 据有关人士估计,在伊拉克的外籍战斗人员有三分之二来自沙特。② 其中多数是途径叙利亚抵达伊拉克的……这给叙利亚提供了一张有用的王牌,可以以此作为和西方国家或者以色列进行谈判的筹码。③

(四) 认定的恐怖主义威胁转变的原因

上述以色列认定的反恐对象在 20 世纪八九十年代逐渐发生转变。其间,巴解组织逐渐参与和平进程,不再被以色列称为恐怖活动组织,而杰哈德、真主党、哈马斯和一些国家逐渐成为以色列认定和应对的主要威胁。以色列的这一转变除了出于其自身政策的改变,还有巴勒斯坦不同政治派别政治理念的差异、周边环境、域外大国及国际环境的改变等几方面的原因。

1. 以色列政策的转变

除了 1984—1986 年以色列是由工党执政外,1977—1992 年以色列主要由右翼的利库德集团执政。利库德集团素以强硬著称,如沙米尔政府坚持敌视巴勒斯坦人民政策,积极推行建立"大以色列国"计划,但这种政策不仅得到巴勒斯坦人民的抵制,也引起工党等反对党和部分国内民众的不满。沙米尔政府的强硬政策更激起巴勒斯坦较激进势力以暴力形式的反抗。1992 年 7 月,拉宾政府上台。拉宾的工党政府顺应本国国民及本地区民众追求和平的愿望,希望借助以阿拉法特为首的温和派势力遏制正在兴起的伊斯兰激进势力。1991 年 10 月,马德里和会召开;11 月,以色列分别与巴勒斯坦、约旦、叙利亚和黎巴嫩进行首轮直接谈判。1993 年 9 月,巴

---

① "Michael Chandler and Rohan Gunaratna, Countering Terrorism: Can We Meet the Threat of Global Violence?" Reaktion Books Ltd., 2007, p. 82.
② Jason Burke, "The 9/11 Wars," Penguin, 2012, pp. 169 – 171.
③ Isabelle Duyvesteyn and Bram Peeters, "Fickle Foreign Fighters? A Cross – Case Analysis of Seven Muslim Foreign Fighter Mobilisations (1980 – 2015)," International Centre for Counter – terrorism, http://icct.nl/app/uploads/2015/10/ICCT – Duyvesteyn – Peeters – Fickle – Foreign – Fighters – October2015. pdf.

以在华盛顿签署了巴勒斯坦自治《奥斯陆协议》；1994年，约以签署了和平条约，实现了关系正常化。1995年巴以又签署了《塔巴协议》。尤其是1992年12月3日，以色列司法部部长在记者招待会上声明废除禁止与巴解组织会晤的法律，12月16日在关于移送哈马斯活动分子和认定三个组织为恐怖活动组织的内阁声明中不再把巴解组织认定为恐怖活动组织。上述内容都标志着以色列政府对巴解组织的认识、对恐怖活动组织的认定和政策开始转变。

2. 巴勒斯坦不同政治派别的理念差异

（1）巴解组织理念转变

巴解组织成立伊始，就宣布要以暴力手段消灭以色列。巴解组织中众多政治派别，包括势力最大的派别法塔赫都曾组织过暴力袭击事件。但在长期的武力反抗中，巴勒斯坦人民发现靠武力手段并不能达到目的，尤其是1968年、1982年和1985年以色列对辗转于约旦、黎巴嫩和突尼斯的巴解组织总部的三次打击，使巴解组织失去了有效组织武装反抗的根据地。1982年，在摩洛哥非斯召开的第12次阿拉伯国家首脑会议上，巴解组织与阿拉伯国家首次提出要改变以往对以色列的"三不政策"，即"不承认、不和解、不谈判"政策，表示有条件地尊重中东各国包括以色列的生存与安全。1988年12月7日，巴解组织发表声明承认以色列国家在该地区的存在，并宣布反对并谴责任何形式的恐怖主义，这标志着巴解组织政治战略的根本性转变。到20世纪90年代初期，巴以终于实现了历史性的突破，开始中东和平进程。

（2）反以色列激进势力崛起

历次中东战争中以色列占领了巴勒斯坦和相邻阿拉伯国家的大片土地，长期以来，建立一个独立国家的无望和战争中的受挫感，使大批阿拉伯人被迫逃离家园，同时也以多种方式进行反抗。在自身实力弱小，其他阿拉伯国家态度分化、援助减少的情况下，这些反抗力量不可能组织大规模的军事斗争或对抗。其中一些激进势力就以游击战或其他不对称方式开展斗争，但这些斗争常常被以色列认为是恐怖主义。

20世纪70年代后期到80年代后期，相继产生了杰哈德、真主党、哈马斯等激进组织。这些激进势力产生的时间，都是在1978年和1982年以色列两次入侵黎巴嫩，以及1987年第一次巴勒斯坦起义之后，即贝京政府和沙米尔政府两任右翼的利库德集团执政时期。某种程度上可以说这些组织的产生正是对以色列长期强硬政策及某些域外大国偏袒以色列政策的反抗，尤其是对以色列国内一些同样激进的势力的反击，如1982年黎巴嫩战争后以色列纵容亲以的黎巴嫩基督教长枪党民兵进入贝鲁特西区的难民营，屠杀巴勒斯坦平民1000余人，导致激进组织在中东制造了一系列恐怖事件。第一次巴勒斯坦起义起因就是1987年12月9日，一辆犹太人的卡车闯入加沙地区加伯利亚难民营，压死4名巴勒斯坦人。以色列国内一些激进势力的行为必定招致激烈的反抗，包括以恐怖主义方式进行的反抗。1989年5月，以色列国防部部长的拉宾在接受采访时对利库德集团执政时发动的黎巴嫩战争提出批评："因为黎巴嫩战争，恐怖分子的数量增多了。在黎巴嫩战争前，还没有真主党、阿迈勒①这类恐怖活动组织。去年，巴勒斯坦恐怖活动组织企图渗入以色列的行动次数比黎巴嫩战争前多年的数量总和还多。"②

2000年9月，又爆发了第二次巴勒斯坦起义，这次巴勒斯坦起义是几方面因素共同作用达到顶点的结果。一是巴勒斯坦人对1993年《奥斯陆协议》及其执行情况的不满；二是巴勒斯坦人民生活状况长期没有得到改善；三是2000年9月以色列利库德集团主席沙龙强行进入有争议的圣殿山地区；四是在巴勒斯坦起义刚开始的时候，无论是以色列还是巴勒斯坦权力机构都没有承诺抑制暴力的进一步升级。第一次巴勒斯坦起义是巴勒斯坦人对以色列造成的长期受挫困境的自发回应。而第二次巴勒斯坦起义针对的不仅是以色列

---

① 黎巴嫩伊斯兰教什叶派武装组织。
② "Interview with Defense Minister Rabin in the Jerusalem Post," May 19, 1989, http://mfa.gov.il/MFA/ForeignPolicy/MFADocuments/Yearbook8/Pages/58%20Interview%20with%20Defense%20Minister%20Rabin%20in%20the%20Je.aspx.

人，还有阿拉法特和巴勒斯坦权力机构，表明巴勒斯坦内部的分裂和起义势力激进程度加深。第一次巴勒斯坦起义期间的恐怖袭击事件主要发生在约旦河西岸和加沙地区，而第二次巴勒斯坦起义期间的恐怖袭击事件则主要发生在以色列国家内部，袭击目标也扩散到公共汽车、商店、咖啡馆、海滨、大学校园和购物中心等。

3. 周边环境的转变

周边环境主要指的是直接参与第四次中东战争（又称十月战争、斋月战争或赎罪日战争）的国家和地区，而1973年爆发的这场战争对中东的政治局势又产生了深远影响。1970年新上任的埃及总统萨达特逐渐认识到与以色列的战争不仅不能收复失地，也无法使巴勒斯坦人民获得合法权利。同时，埃及正在疏远苏联，改善与美国的关系，并在美国的斡旋下，逐渐转变对以色列政策，开始了和平进程。1978年，埃及、以色列、美国签署了《戴维营协议》；1979年，签订了《埃以和约》；1980年，埃及和以色列建立了外交关系；1982年，以色列军队撤离西奈半岛。埃及成了第一个打破"三不原则"的国家。

20世纪80年代，中东出现了缓和气氛。巴解组织先后于1981年和1982年提出解决巴以问题的三个阶段和四点主张。此外，还有沙特阿拉伯的八点建议、埃及的十一点方案、第十二届阿拉伯国家会议上提出的"非斯方案"等和平倡议。1983年贝鲁特难民营大屠杀引发激进组织发动一系列恐怖事件，使和平进程受阻，到1984年约旦两度提出以领土换和平的措施才有所恢复。1985年埃及力促《约巴协议》，再次确定了以土地换和平解决阿以冲突的重要原则。作为回应，以色列在1987年12月20日关于起义的内阁声明中表示："对恐怖主义和暴乱的打击与政治进程这两者必须继续区别对待。"[1]

---

[1] "Cabinet Statement on the Uprising," Dec. 20, 1987, http：//mfa. gov. il/MFA/ForeignPolicy/MFADocuments/Yearbook7/Pages/307%20Cabinet%20Statement%20on%20the%20Uprising-%2020%20December. aspx.

20世纪90年代，阿以和平进程有了突破性进展。巴以方面，1991年马德里和会召开，随后签署了《奥斯陆协议》《希伯伦协议》《怀伊协议》和《沙姆沙伊赫备忘录》等一系列文件。约以方面，1994年7月，约旦和以色列在华盛顿签署《华盛顿宣言》；10月，约旦和以色列正式签署和约；11月，两国建立外交关系。叙以方面，1992年9月，以色列首次表明"以土地换和平"的原则也适用于戈兰高地，之后，叙以和谈也断断续续地进行。与其他阿拉伯国家方面，1994年至1996年，以色列先后与摩洛哥、突尼斯、阿曼互设利益办事处或办公室。20世纪90年代阿以和平进程的展开对以色列认定恐怖活动组织也产生了较大影响，以色列与温和的阿拉伯国家政府逐步接触，认定的恐怖主义范围缩小到阿拉伯国家中较为激进的组织。到第二次巴勒斯坦起义期间，"巴勒斯坦的谈判代表和多数的民族主义运动更倾向于支持两国方案，而不是通过起义消灭以色列或者使所有难民取得回到以色列的权利"。①

近年来，随着周边国际环境的变化，以色列面临的恐怖主义威胁也相应发生变化。除了原有的威胁，"独狼"式恐怖主义威胁也在增多。自2000年以来，"独狼"式恐怖袭击虽然一直存在，但占比较低，而近年有增多趋势，"2015年，以色列遭遇了严重的一波'独狼'式驾车冲撞恐怖袭击，共发生33起（2000—2016年，此类袭击共62起）"。②

4. 域外大国及国际环境的变化

冷战时期两极格局下，美苏对世界事务具有普遍性影响，两者关系的变化既相应影响阿以关系，也在一定程度上影响到以色列对恐怖主义威胁的认定。很大程度上，20世纪70年代的埃以和谈和80年代中东出现的和谈气氛也分别受这两个时期美苏关系两次缓和

---

① Ben Sheppard, "The Psychology of Strategic Terrorism: Public and Government Responses to Attack," Routledge, 2009, p. 157.

② Simon Perry, "Badi Hasisi and Gali Perry, Lone Terrorists: A Study of Run-over Attacks in Israel," European Journal of Criminology, Vol. 16, No. 1, 2019.

的影响。20世纪80年代末90年代初冷战结束，苏联解体，华沙条约组织解散，巴解组织失去了原本就不稳定的援助，国际环境的改变促使巴解组织承诺不再使用恐怖手段。美国则借助海湾战争后在中东取得的有利地位，建立美国主导的中东"新秩序"，进一步增强美国的影响力。因此，美国调整了中东政策，实施"东遏两伊，西促和谈"战略，积极推动阿以问题的解决，对强硬的沙米尔政府施压，促使其参与和平进程并解除不与巴解组织接触的禁令，加快促进了巴以走向和解。

第二节 对反恐的认知及其特点

以色列对反恐的认知包括：对反恐在不同时期国家安全战略中的地位的认知，在反恐中优先采取反恐手段及其合法合理性的认知。这些认知主要体现在政府文件、国家主要领导人的讲话中。

一、对反恐战略地位的认知

以色列对反恐在以色列国家安全中的战略定位，大致可分为两个历史阶段。第一个阶段是1948年到20世纪90年代初期巴以和谈开始，反恐在以色列国家安全战略中处于从属地位，因为这段时间以色列更关注国家的生存，即更关注战争等传统威胁；第二个阶段是20世纪90年代初期巴以和谈至今，随着和平进程的展开，以色列在国家生存有保障的基础上，开始更多关注非传统安全问题，尤其关注恐怖主义威胁，并将反恐上升到国家安全战略的首要地位。

（一）第一阶段：反恐在国家安全战略中处于从属地位

1948年到20世纪90年代初以色列对反恐战略地位的认知是恐怖主义威胁相比传统安全威胁处于从属地位。这一认知明确体现在1985年以色列国防部部长就恐怖主义向议会的说明等文件中。

1985年10月1日，以色列空军奔袭了位于突尼斯的巴解组织总部。联合国安理会在1985年10月4日通过的573号决议中、国际民航组织委员会在1985年10月18日通过的决议中分别谴责了以色列对突尼斯领土、领空的侵犯。1985年10月21日,以色列国防部部长拉宾就恐怖主义向议会做了陈述,这份陈述中表达了当时以色列政府对恐怖主义的认识。

第一,恐怖主义是以色列成立以来一贯的威胁,边境恐怖主义是1948年到20世纪70年代恐怖主义威胁的主要形式,但20世纪80年代开始恐怖活动范围扩大。"如今针对以色列国家和犹太民众的阿拉伯恐怖活动组织有11个,恐怖分子总计约1.7万人,他们企图在任何可能的场所——包括穿越我们边界,在朱迪亚、撒玛利亚和加沙,在以色列国内外——实施袭击。这么多年来,我们经受的主要是发生在边境的恐怖主义,他们使用'喀秋莎'火箭弹、迫击炮等火炮和地雷等轻武器,企图让一些带着武装的恐怖主义团伙从陆地、海上,甚至还有两三次是从空中渗入到以色列。边境恐怖主义在20世纪50—70年代一直是我们国家流血历史的组成部分,但今天这种状况已经改变了。"[1] 拉宾认为,到了20世纪80年代,边境恐怖主义带来的压力已经减小。具体来说,在其东部与约旦的边境,约旦当局和军队从1970年就已开始开展行动预防边境恐怖主义;在南部与埃及的边境,埃及已与以色列签订了和平协议;在戈兰高地的停火线,尽管叙利亚对以色列还怀有敌意,但脱离接触协定签署以来的11年间,叙利亚遵守了承诺,采取了预防边界恐怖主义的措施;地中海边界上,虽然之前恐怖分子通过海上侵入,在特拉维夫撒沃伊酒店、纳哈里亚、滨海大道等地方实施了几次严重的恐怖袭击,但以色列吸取了这些教训,到20世纪80年代,海军已很大程度上成功地封锁了海洋边界;在北部和黎巴嫩的边界上,虽然1982年的黎巴嫩战争给了巴解组织沉重打击,但这段边界上恐怖活动形势依然严峻。

---

[1] "Statement in the Knesset by Defense Minister Rabin on Terrorism," Oct. 21, 1985, http://mfa.gov.il/MFA/ForeignPolicy/MFADocuments/Yearbook7/Pages/101%20Statement%20in%20the%20Knesset%20by%20Defense%20Minister%20R.aspx.

第二，这一时期恐怖主义是以色列国家和民众面临的威胁之一，但没有威胁到以色列国家的生存。"那些陈兵边境、日益壮大的阿拉伯军队才是更严峻的军事威胁。"① 这充分表明此时以色列的安全战略中传统安全依然是第一位的，即影响国家生存的战争威胁居首要地位，国家首要防范的是外国的军队等传统武装力量，恐怖主义威胁居于其次，反恐自然也处于从属地位。

20世纪70年代后期，与埃及的和平进程开始后，以色列尽可能地使反对恐怖主义的活动不影响到和平进程。不过此时的领导人认为和平进程在限制恐怖主义方面作用有限。拉宾认为，和平进程只是影响了使用武力的可能性，而没有影响到阿拉伯国家伤害以色列的能力，因此和平进程的意义被夸大了。激进穆斯林可能会接管阿拉伯国家并实施恐怖行为。另外，和平进程开始后，恐怖主义威胁逐渐发生变化。时任以色列外交部部长佩雷斯认为以色列的主要威胁来自掌握了核武器的极端的伊斯兰教徒。因此，拉宾政府认为，以色列主要的敌人是信仰伊斯兰教的伊朗，它不仅资助针对以色列的破坏和恐怖活动，还有志于获得核武器。②

这充分表明在当时以色列领导人心目中，传统安全在以色列的安全战略中依然是第一位的，即影响国家生存的战争威胁居首要地位，国家首要防范的是敌对国家的军队等传统武装力量。虽然恐怖主义一贯威胁到以色列安全，但没有威胁到其生存，居于次要地位，反恐自然也处于从属地位。

（二）第二阶段：反恐在国家安全战略中升至首要地位

巴以和谈开始后，以色列政府对反恐战略地位的认识发生了转变，反恐在国家安全战略中逐渐上升至首要地位。

---

① "Statement in the Knesset by Defense Minister Rabin on Terrorism," Oct. 21, 1985, http://mfa.gov.il/MFA/ForeignPolicy/MFADocuments/Yearbook7/Pages/101% 20Statement% 20in% 20the% 20Knesset% 20by% 20Defense% 20Minister% 20R. aspx.

② Efraim Inbar, "Israel's National Security: Issues and Challenges since the Yom Kippur War," Routledge, 2008, p. 90.

第一，恐怖主义在国家安全战略中逐渐上升至首位，具有战略重要性，但不影响以色列国家生存。1998年5月14日，以色列总理内塔尼亚胡在华盛顿近东政策研究所演讲时表示："成立至今，以色列面临三方面威胁：常规战争或地面攻击、地面入侵的威胁，这些足以摧毁这个国家；携带非常规弹头导弹带来的非常规攻击的威胁，这一威胁在过去十年正不断增长；恐怖主义的威胁。六日战争是达到和平最重要之举，这使得和平成为可能。第一个威胁也是最重要的威胁，即足以摧毁我们国家的地面入侵的威胁自此之后消除了。我们在六日战争中获得的胜利赢得了安全和和平的缓冲。"① 也就是说，1967年的战争使以色列摆脱了常规战争的威胁，但是，"随着宗教极端主义和其他一些问题的扩展，恐怖主义带来的第三个威胁依旧在我们身边，这一威胁或激发更大规模的冲突，或造成在一些更大规模的冲突中使用导弹类的武器，从而成为一个战略性的威胁"。②

1998年5月3日，以色列基建部部长沙龙在华盛顿近东政策研究所做《安全与共存》演讲时表示："恐怖主义是中东的一个战略威胁，而不是一个战术问题。恐怖行为持续是引发该地区几乎所有战争的原因。过去，针对以色列的跨境恐怖主义是俄罗斯渗入中东的催化剂。若本地区不能协调行动，致力于与恐怖主义作斗争，那和平的努力或和平本身将继续被恐怖主义及其煽动者所绑架。"③ 1998年11月29日，以色列外交部部长沙龙外长在"以色列外交

---

① "Address by Prime Minister Netanyahu to Washington Institute for Near Eastern Policy," May 14, 1998, http://mfa.gov.il/MFA/ForeignPolicy/MFADocuments/Yearbook12/Pages/36%20Address%20by%20Prime%20Minister%20Netanyahu%20to%20Washingt.aspx.

② "Address by Prime Minister Netanyahu to Washington Institute for Near Eastern Policy," May 14, 1998, http://mfa.gov.il/MFA/ForeignPolicy/MFADocuments/Yearbook12/Pages/36%20Address%20by%20Prime%20Minister%20Netanyahu%20to%20Washingt.aspx.

③ "Security and Coexistence, Address by Infrastructure Minister Sharon to the Washington Institute for Near Eastern Policy," May 3, 1998, http://mfa.gov.il/MFA/ForeignPolicy/MFADocuments/Yearbook12/Pages/34%20Security%20and%20Coexistence-%20address%20by%20Infrastruc.aspx.

50年"活动上的致辞中称:"以色列面临许多危险:阿拉伯人依然存在的仇视、阿拉伯世界中的军备竞赛、巴勒斯坦和阿拉伯恐怖主义。其中,发生在我们周围的恐怖主义不仅仅是个人悲剧的根源,也是非常重要的战略因素。谁也不要说'世界各地都有恐怖主义'之类的话语,因为本地区大多数战争的起因都是恐怖行为,这是一个极度重要的问题。"①

1999年7月6日,以色列政府基本政策方针在"总纲"部分列出了政府的十一项主要目标。其中排在前三位的依次是:与恐怖主义作坚定的斗争,获得国家和个人的安全;实现真正的和平,结束阿以冲突;预防战争和流血事件。② 1999年8月12日,以色列总理巴拉克在国防学院讲话时提出以色列在三个主要方面面临一系列的挑战。"第一个方面,我们必须与恐怖主义威胁和游击战作斗争,我们最近就经受了这些实实在在的威胁。我们将果断有力地与恐怖主义作斗争以确保国民的安全。"③ 这一威胁被视为比其他两方面的威胁更为严峻,一是指周边国家拥有的海陆空军队,另一个则是指像伊拉克和伊朗等拥有弹道导弹并正在积极致力于在几年内获得初步核能力的国家。1999年11月18日,以色列总理巴拉克在欧洲安全与合作组织致辞时表示:"恐怖主义是和平的首要威胁,我们不允许它破坏具有历史意义的任务。恐怖主义不仅对中东和平构成战略性威胁,也对世界的安全、稳定和生活方式构成战略性威胁。恐怖主义既无规则也无边界。它现在用的是炸药和机枪,并有可能升

---

① "Address by Foreign Minister Sharon on Fifty Years of Israeli Diplomacy," Nov. 29, 1998, http://mfa.gov.il/MFA/ForeignPolicy/MFADocuments/Yearbook12/Pages/95%20Address%20by%20Foreign%20Minister%20Sharon%20on%20Fifty%20Yea.aspx.

② "Basic Guidelines of the Government of Israel," July 6, 1999, http://mfa.gov.il/MFA/ForeignPolicy/MFADocuments/Yearbook13/Pages/2%20Basic%20guidelines%20of%20the%20Government%20of%20Israel-%206.aspx.

③ "Address by Prime Minister Barak to the National Defense College," Aug. 12, 1999, http://mfa.gov.il/MFA/ForeignPolicy/MFADocuments/Yearbook13/Pages/24%20Address%20by%20Prime%20Minister%20Barak%20to%20the%20National.aspx.

级到使用生化武器或更可怕的手段,没有国家能免于这种全球性威胁。"① 2003 年 2 月,以色列第 30 届政府基本政策方针指出:"新政府的首要目标是坚定地创设以色列的安全环境,促进地区稳定。政府将坚决与暴力和恐怖主义作斗争从而增进国家安全,给国民提供更加安全的生活环境。"② 2004 年 2 月 22 日,以色列副总理兼外交部部长西尔万·沙洛姆在主要犹太人组织领导人大会上致辞时表示:"在中东乃至全世界都没有比大规模杀伤性武器落入恐怖分子或致力于地区和国际霸权的激进政权手中更大的威胁。"③

因巴尔教授也认为 20 世纪 90 年代后,反恐在以色列国家安全战略中并不影响国家的生存。哈马斯和杰哈德实施恐怖主义行动根本原则就是激发巴勒斯坦与伊斯兰教徒对以色列存在的愤怒情绪并与之斗争;挑战并使巴勒斯坦权力机构陷入两难;挑衅以色列,使其对巴勒斯坦权力机构管辖的或以色列管辖下的巴勒斯坦人采取严厉措施。哈马斯和杰哈德也相信它们的行动会导致以色列撤军,并导致和平进程偏离轨道。因为,"从纯粹的军事角度看,恐怖主义对以色列并不是一个主要问题,因为它威胁不到以色列的生存。恐怖袭击在短期内只会对以色列经济和社会造成有限的影响,尽管它可以在短时间内改变国民的情绪。"④

虽然个别人认为"巴勒斯坦的恐怖主义不是寻求结束占领,而

---

① "Address by Prime Minister Barak to the Organization on Security and Cooperation in Europe, Istanbul," Nov. 18, 1999, http://mfa.gov.il/MFA/ForeignPolicy/MFADocuments/Yearbook13/Pages/50% 20Address% 20by% 20Prime% 20Minister% 20Barak% 20to% 20the% 20Organiza.aspx.

② "Basic Guidelines of the 30th Government of Israel," Feb. 28, 2003, http://mfa.gov.il/MFA/AboutIsrael/State/Government/Pages/Basic% 20Guidelines% 20of% 20the% 2030th% 20Government% 20of% 20Israel.aspx.

③ "Address by Deputy Prime Minister and Minister of Foreign Affairs Silvan Shalom to the Conference of Presidents of Major Jewish Organizations in Jerusalem," in Yearbook 2004 of Israel, 2012, p. 45.

④ Efraim Inbar, "Israel's National Security: Issues and Challenges since the Yom Kippur War," Routledge, 2008, pp. 135 – 136.

是寻求以色列国家的灭亡"①,但目前来看,这可能是个别巴勒斯坦恐怖活动组织的目标,因为对于任何一个理性的恐怖活动组织来说,无论从法理上还是实践上,达到这个目标的可能性都是微乎其微的。

第二,恐怖主义与和平进程同时存在。20世纪90年代初中东和平进程开启,但在以色列看来,这两者是同时存在的。虽然不同的党派执政会偏重两者中某一方面,但自和平进程开启至今,各届政府都没有出现只肯定一方面而完全否定另一方面的情况。1995年8月21日,以色列外交部部长佩雷斯在耶路撒冷发生汽车炸弹袭击后答记者问时表示,以色列务必将两件事同时并举。首要的是坚决、持续、彻底地与恐怖行为作斗争。"务必继续前行并在中东创设出异于往昔的局面,给人民带来和平。我知道这样异常困难,我也知道有许多人、许多组织试图阻止、扼杀这一进程。我们必不屈服,我们必不屈服于高举屠刀的恐怖势力,也必不屈服于那些试图阻止和平进程的恐怖势力。我们定会持续前行。即使值此艰难时刻,我们也坚定地同时推进这两个进程,同时以不同的方式既与恐怖势力作斗争,也构建和平。因为某种程度上,这两者互相促进,并行不悖。"② 2004年4月26日,沙龙在第56个独立纪念日之际给犹太人大流散社团大会所发贺信中表示:"这三年半以来针对我国的恐怖战争没有使我们情绪低落,没有熄灭我们追求和平的渴望。今天,我们依然坚定地致力于消除针对以色列的恐怖主义威胁,同时也不遗余力地寻求和平。"③

---

① "Statement by Israel Representative to the UN, Ambassador Dan Gillerman, to the 10th Emergency Special Session of the 58th General Assembly," in Yearbook 2004 of Israel, 2012, p. 118.

② "Reaction by Foreign Minister Peres to Bus Attack in Jerusalem," Aug. 21, 1995, http://mfa.gov.il/MFA/ForeignPolicy/MFADocuments/Yearbook10/Pages/Reaction%20by%20Foreign%20Minister%20Peres%20to%20bus%20attack%20i.aspx.

③ "Message of Prime Minister Ariel Sharon to the Jewish Communities of the Diaspora on the Occasion of Israel's 56th Independence Day," in Yearbook 2004 of Israel, 2012, p. 87.

从以上政府文件和政界主要人物讲话中可以看出以色列对恐怖主义和反恐的认知随着自身安全环境的改变发生着变化。建国后，以色列与周边阿拉伯国家进行了四次战争以及黎巴嫩战争，以色列面临的主要威胁是国家的生存，也可以说是传统的军事安全威胁。恐怖主义也对以色列构成一定的挑战，但在国家安全战略中处于从属地位。经过五次战争的洗礼，以色列捍卫了国家的主权，再加上与周边部分国家关系的不断改善，和平进程的开展，国家的生存基本得到保障，而包括恐怖活动在内的非传统安全威胁在以色列国家安全战略中逐渐上升到首要地位，并与巴以和平进程同时进行。

二、对反恐手段的认知

以色列反恐尝试采取多种可用的手段，包括政治、法律、军事、文化等多方面手段。在阿以战争期间，反恐从属于传统安全问题，反恐手段也以战争等军事手段为主。和平进程开始后，以色列第一次修订了1948年的《条例》，把一些权力转移给司法部部长，标志着反恐在程序上和实施上由以原来的军方为主转向以司法部门为主，并结合其他综合反恐手段。但此后，尤其是从21世纪以色列的反恐行动上看，包括从2016年《反恐法》中相关规定来看，以色列依然优先选择军事反恐手段，这与其根深蒂固的认知是分不开的。

（一）对军事反恐手段的认知

本书中所称军事反恐手段指的是运用武力进行的反恐行动，包括军事行动和"斩首行动"、构筑多层级反导系统和封锁边境等其他准军事化手段。以色列法律和政府文件中对恐怖主义的基础性认知着重强调其暴力性，相应反恐手段也是使用武力，甚至是发动对恐怖主义的战争。这是以色列对反恐手段最主要的也是历史上大多数时间内的认知。

1. 军事行动反恐

军事行动反恐指的是动用军队以战争方式进行的反恐手段。以色列在反恐各个环节都强调军事力量的作用。

（1）以色列对军事行动反恐手段的认同

20世纪90年代以前，因为反恐从属于传统安全，打击恐怖主义自然也是以军事手段，主要是战争的形式。90年代后，以色列依然强调军事行动反恐，高度认同并实施了多次反恐军事行动。

1975年7月4日，在耶路撒冷市中心的锡安广场发生了爆炸事件。时任以色列总理拉宾在议会上就此事做了陈述。"锡安广场的谋杀事件给了那些对恐怖活动组织的目标还抱有危险错觉的人一个严重的警告。锡安广场的凶手及那些幕后指使者，也就是那些恐怖活动组织的头目，他们以那种典型的狂妄之态急切地宣称对此事负全部责任，表明了这些组织的真实目的。因此，我们必须继续坚定地坚持以色列不与这些恐怖活动组织进行任何磋商的政策。他们唯一理解的语言就是武力，我们也定会以这种语言与他们对话。"[1] 1976年7月4日，拉宾总理就恩德培营救行动在议会的说明文件中表示："无论在国内或是海外，在复杂的和不寻常的环境下，以多种方式自我防范恐怖活动组织的袭击和与恐怖分子的战争多年来已是我们日常事务的组成部分。"[2] 贝京认为，1982年的战争针对的是以色列认定的巴勒斯坦的恐怖活动组织，虽然那些组织不会对以色列国家生存构成威胁，但是任何针对以色列或犹太人的威胁都要予以有力地回击。根据犹太复国主义者的信仰，以色列国家的成立使犹太人在历史上的被动地位改为主动，尤其从军事力量的使用角度看更是如此。[3]

---

[1] "Statement in the Knesset by Prime Minister Rabin on the PLO Attack in Jerusalem," July 7, 1975, http://mfa.gov.il/MFA/ForeignPolicy/MFADocuments/Yearbook2/Pages/97%20Statement%20in%20the%20Knesset%20by%20Prime%20Minister%20Rabi.aspx.

[2] "Statement in the Knesset by Prime Minister Rabin on the Rescue at Entebbe," July 4, 1976, http://mfa.gov.il/MFA/ForeignPolicy/MFADocuments/Yearbook2/Pages/168%20Statement%20in%20the%20Knesset%20by%20Prime%20Minister%20Rab.aspx.

[3] Efraim Inbar, "Israel's National Security: Issues and Challenges since the Yom Kippur War," Routledge, 2008, pp. 65–66.

以色列一贯强调以战争方式消灭恐怖主义，未来依然会这样做。1985年10月21日，以色列国防部部长拉宾在议会上就恐怖主义陈述时表示，以色列反恐会动用一切可用的力量，包括国防军、警察、安全部门和区域防卫力量。[1] 包括在人质解救中，以色列也强调军事力量的作用。"以色列曾经宣布过一个没有书面表达出来的战略，此战略是20世纪70年代由前总理伊扎克·拉宾决定并阐述的，其指导理念是只要存在军事营救的可能性，不管多远多危险，都要优先采取此手段。"[2]

20世纪90年代后，虽然以色列认为已没有威胁到国家生存的常规战争，并且和平进程已开始，但在反恐中依然强调军事手段。1995年8月21日，耶路撒冷发生汽车炸弹袭击，外交部部长佩雷斯就此事答记者问时表示，以色列务必将两件事同时并举。其中首要的就是"坚决、持续、彻底地与恐怖行为作斗争，采取一切必要手段以阻止、预防和惩治那些犯下骇人的谋杀罪行的人"。[3] 1996年2月26日，佩雷斯总理就哈马斯在耶路撒冷和阿什克伦制造的袭击事件在议会上讲话时说："反恐战争仍将按部就班地持续进行。"[4] "为了追捕恐怖分子，惩罚那些派遣他们的人，摧毁其组织，从来没有设置什么限制，将来也不会设置什么限制。"[5] "反恐战争发生

---

[1] "Statement in the Knesset by Defense Minister Rabin on Terrorism," Oct. 21, 1985, http: //mfa. gov. il/MFA/ForeignPolicy/MFADocuments/Yearbook7/Pages/101% 20Statement% 20in% 20the% 20Knesset% 20by% 20Defense% 20Minister% 20R. aspx.

[2] Boaz Ganor, "Israel's Policy in Extortionist Terror Attacks," Abduction and Hostage Barricade Situations, Perspective on Terrorism, Vol. 11, No. 4, 2017.

[3] "Reaction by Foreign Minister Peres to Bus Attack in Jerusalem," Aug. 21, 1995, http: //mfa. gov. il/MFA/ForeignPolicy/MFADocuments/Yearbook10/Pages/Reaction% 20by% 20Foreign% 20Minister% 20Peres% 20to% 20bus% 20attack% 20i. aspx.

[4] "Address to the Knesset by Prime Minister Peres on Hamas Attacks in Jerusalem and Ashkelon," Feb. 26, 1996, http: //mfa. gov. il/MFA/ForeignPolicy/MFADocuments/Yearbook10/Pages/Address% 20to% 20the% 20Knesset% 20by% 20Prime% 20Minister% 20Peres% 20on. aspx.

[5] "Address to the Knesset by Prime Minister Peres on Hamas Attacks in Jerusalem and Ashkelon," Feb. 26, 1996, http: //mfa. gov. il/MFA/ForeignPolicy/MFADocuments/Yearbook10/Pages/Address% 20to% 20the% 20Knesset% 20by% 20Prime% 20Minister% 20Peres% 20on. aspx.

了积极和消极的变化。积极的变化表现在巴解组织已解除了自己和一些恐怖分子的武装，并在多数情况下，还与恐怖分子展开斗争。消极的变化表现在年轻人受哈马斯蛊惑试图参与自杀式袭击……我已以总理和国防部部长的名义命令安全部门人员给予反恐战争总体上优先关注地位，并特别关注自杀式袭击者实施的恐怖主义行动。"[1]

1999年7月6日，以色列政府基本政策方针文件中表示，"政府将发起对恐怖活动组织和恐怖活动发起者与犯罪者的全面战争，保证以色列所有居民的人身安全"。[2] 1999年9月13日，以色列外交部部长利维在以色列与巴勒斯坦民族权力机构举行的重启以巴永久地位磋商会谈中表示："我们将履行我们的职责在任何地方以任何方式与恐怖主义作斗争，这是以色列政府的基本职能。"[3]

以上领导人讲话或政府文件中，都清楚表明了以色列对反恐的基础性认知就是一贯把反恐视为战争，反恐手段也相应以军事行动为主。

（2）以色列对军事行动反恐手段的道德和法律认知

以色列认为其实施的反恐行动，包括军事手段都是正义的、合法的。首先，这是自我保护的权利。从国家间关系来看，每个国家都有权利自我防护免遭各种袭击；从国内角度来看，也就是国家及自己的公民的角度来看，政府有义务保护其公民。国家必须保护其公民不受各种暴力欺压，保护公民的生命，创造条件使其能继续存在下去。以色列认为巴勒斯坦恐怖活动组织使用多种恐怖手段，尤

---

[1] "Address to the Knesset by Prime Minister Peres on Hamas Attacks in Jerusalem and Ashkelon," Feb. 26, 1996, http：//mfa. gov. il/MFA/ForeignPolicy/MFADocuments/Yearbook10/Pages/Address%20to%20the%20Knesset%20by%20Prime%20Minister%20Peres%20on. aspx.

[2] "Basic Guidelines of the Government of Israel," July 6, 1999, http：//mfa. gov. il/MFA/ForeignPolicy/MFADocuments/Yearbook13/Pages/2%20Basic%20guidelines%20of%20the%20Gove-rnment%20of%20Israel－%206. aspx.

[3] "Statement by Foreign Minister Levy at the Resumption of the Israel－PA Permanent Status Negotiations, Erez," Sep. 13, 1999, http：//mfa. gov. il/MFA/ForeignPolicy/MFADocuments/Yearbook13/Pages/36%20Statement%20by%20Foreign%20Minister%20Levy%20at%20the%20resum. aspx.

其是自杀式袭击、炮弹袭击，威胁到公民生命和财产安全，因此政府有义务保护其公民。其次，符合最后手段原则，该原则指的是争端如果可以不用军事手段、不造成伤亡就能解决，那么争端各方就有义务这么做。也就是只有其他手段都用尽并无效的情况下，使用军事手段才是正当的。以色列认为长期忍受哈马斯等恐怖活动组织的袭击，如从第二次巴勒斯坦起义到2008—2009年的"铸铅行动"，以色列已忍受了8年，军事手段已是最后手段。最后，胜利的可能性原则，即要有达到目标的合理理由，才可以开展军事行动。以色列实施的不对称的反恐战争，正是为了通过破坏敌人的武装基础设施，削弱其实施恐怖活动的能力，进而改善以色列的安全环境。

（3）以色列对军事行动反恐手段对称性的认识

一些专家认为哈马斯用火箭弹袭击造成的以色列人员伤亡非常少，但以色列采取的行动死亡的人却很多，这是不对称的应对手段，但以色列认为这种看法是不正确的。以色列的伤亡人数不能准确衡量火箭弹造成的威胁。对称也不是数字的比较，而是对军事手段所造成的附带伤害的正当性的评估。"首先，从法律角度，故意屠杀平民的行动不能和故意杀死哈马斯战斗人员相提并论。战争法规定，可以杀死任何数量的战斗人员以阻止他们对无辜平民的屠杀，即使只造成一个无辜平民被屠杀。其次，对称不能由被杀害的平民数量来衡量，而应该以所造成的危险来衡量。"[1]

总体上看，以色列对军事反恐方式的认同由来已久。从多个方面来看，以色列公众和政府都把反对恐怖主义视为一场战争而不是一个法律问题或一个只需要适当治安措施就可以解决的秩序问题。以色列把巴勒斯坦恐怖主义看作是一个关乎国家存亡的问题，看作是阿拉伯国家与以色列全面冲突的延伸。这一认知全面影响了以色

---

[1] Asa Kasher, "Analysis：A Moral Evaluation of the Gaza War," Feb. 7, 2010, http：//www.jpost.com/Israel/Analysis – A – moral – evaluation – of – the – Gaza – War.

列对恐怖主义的应对措施。"以色列产生这一认知的主要原因是：巴勒斯坦多个团体或组织公然宣称以消灭以色列为目标；从事实上看，巴以冲突的政治背景是阿以冲突；阿拉伯国家为巴勒斯坦团体或组织提供帮助。"①

2. 对其他军事反恐手段的认知

(1) 对"斩首行动"的认知

以色列认为"斩首行动"是合理有效的。第一，"斩首行动"的目标是有可能或已经实施恐怖活动的恐怖分子；第二，一些激进组织宣称其目标是消灭以色列，并对军民目标不加区别地随意发动袭击，因此最有效的就是实施先发制人策略以应对时间和地点都不能确定的潜在威胁；第三，虽然"斩首行动"目标范围有限，无法彻底消除某个恐怖活动组织及其构成的威胁，但可以对恐怖分子起到威慑作用；第四，"斩首行动"人员和物力投入与代价较少。

以色列特拉维夫大学教授阿萨·卡舍尔认为，以色列实施"斩首行动"的目标设定至关重要，可以阻止针对以色列的恐怖主义行动，以色列才会采取"斩首行动"，所以"斩首行动"不是惩罚行动，也不是威慑行动。为了威慑的杀戮有些等同于恐怖主义。"根据我们的原则，不允许单纯为威慑而杀戮。以色列杀死哈马斯领导人亚辛和兰提斯不是为了达到威慑的效果，而是因为他们对以色列人的生命造成了重大威胁。威慑只是一个副产品。"②

(2) 对封锁边境的认知

封锁边境主要是修筑隔离墙。针对有批评者把以色列修筑的隔离墙类同于"柏林墙"，以色列认为并非如此。第一，隔离墙不像"柏林墙"一样为了把德国人和德国人分开，以色列的安全隔离墙

---

① Ariel Merari, "Israel's Preparedness for High Consequence Terrorism," in Arnold M. Howitt and Robyn L. Pangi, eds., Countering Terrorism: Dimensions of Preparedness, The MIT Press, 2003, p. 349.

② Asa Kasher, "Analysis: A Moral Evaluation of the Gaza War," Feb. 7, 2010, http://www.jpost.com/Israel/Analysis-A-moral-evaluation-of-the-Gaza-War.

是把以色列人和巴勒斯坦人分开，给双方都提供了自由和安全空间。第二，以色列认为，其完全愿意和巴勒斯坦人生活在一起，以色列20%的人口就是阿拉伯人，但巴勒斯坦人不愿意和犹太人一起生活，并称约旦河西岸是非犹太人居住地。第三，隔离墙不是为了预防一方人员逃到另一方而建，而是为了把恐怖分子阻隔在以色列之外。第四，只有不到3%的大约16公里的很少一部分隔离墙确实是9米高的水泥墙，这是为了预防巴勒斯坦阻击手在卡基亚和图尔卡姆这些区域实施持枪袭击，因为这些区域是恐怖主义的滋生地，过去3年沿着横贯以色列的公路（这是国家的主要公路）发生过这样的事件。[1] 第五，以色列的最高法院对修筑安全隔离墙的裁决是"符合国际法的，基于以色列的安全需求，而不是政治考虑"，[2] "安全墙没有兼并巴勒斯坦领土，没有改变其法律地位，没有影响巴勒斯坦人的日常生活。它不是建立起一个边界线，边界是由以巴通过直接谈判决定的"，[3] 不过是出于使巴勒斯坦人更加便捷的原因，才要求以色列政府重新规划耶路撒冷附近的隔离墙。

（二）对综合反恐手段的认知

长期使用军事反恐手段并没有彻底解决恐怖主义问题，并引起国际社会对以色列的批评。以色列在坚持军事反恐手段的前提下，也逐渐配合和运用其他反恐手段。

综合反恐战略是指除了运用军事手段之外，还充分使用政治、外交、经济、文化等手段进行反恐行动。"以色列专家认为，恐怖主义的发生是一个长期、复杂的过程，只有从各个环节、各个方面做细致工作，才能有效根除，因此，仅仅消除那些从事恐怖活动的恐怖分子是远远不够的，还必须拆除恐怖分子的全部网络。以色列

---

[1] Mitchell Bard, "West Bank Security Fence: Background & Overview," http://www.jewishvirtuallibrary.org/jsource/Peace/fence.html.

[2] Mitchell Bard, "West Bank Security Fence: Background & Overview," http://www.jewishvirtuallibrary.org/jsource/Peace/fence.html.

[3] "Saving Lives – Israel's Security Fence," Nov. 26, 2003, https://www.gov.il/en/Departments/General/saving–lives–israel–s–security–fence.

的综合反恐战略有两个方面的政策内涵：一方面，重视采用军事打击以外的其他手段进行反恐斗争，如经济、文化、意识形态等手段，并发动普通民众参与反恐斗争……另一方面，积极推动反恐领域的国际合作。"① 以色列构筑的反恐体系，不仅包括其军事和安全部门，而是涵盖外交、司法、经济、交通运输、卫生医疗、宣传、文化教育、广大民众和志愿者等全社会在内的网络。

整体看，尽管外界认为以色列反恐手段过于严厉，对其持批评态度，但以色列认为其反恐手段是符合国际法的。2014年"护刃行动"后，以色列发布了一个总结报告，报告显示以色列在冲突中执行的措施符合国际法，尤其是符合对称性原则。对称性是一个特定的法律概念，绝不意味着只是对各方总的伤亡数字的一个对比。相反，需要通过审查在特定的事件中，与预期的军事优势相比，预计的伤亡人数是否是过度的，进而对各方的军事行动做出评判。不能依据袭击的结果来进行评判，而要依据一个理性的军事指挥人员在当时情景下凭借其可能得到的信息做出的决策来评判。此外，衡量预计的伤亡人数和预期的军事优势并不需要精确地预测后果或执行打击任务的精确性。②

三、反恐认知的特点

从以上以色列对反恐的认知可以看出其存在几个主要特点，即反恐对象扩大化、认知方式机制化、认知的连贯性和阶段性并存、反恐手段军事化。

（一）反恐对象扩大化

反恐对象扩大化指的是以色列反恐指导思想下所认定的恐怖活动组织及其成员范围扩大、数量增多。以色列反恐对象扩大化理论

---

① 潘光、王震：《以色列反恐战略研究》，《现代国际关系》2007年第8期。
② "Behind the Headlines: The 2014 Gaza Conflict: Factual and Legal Aspects", Jun. 15, 2015, https://www.gov.il/en/Departments/General/special－report－by－israel－the－2014－gaza－conflict－factual－and－legal－aspects.

基础是其对恐怖主义概念的界定只强调暴力性，导致现实中以色列把巴勒斯坦游击战、武装斗争等反抗形式都认定为恐怖活动，把这些组织和力量都认定为是恐怖活动组织或恐怖分子。这样的界定有利于把巴勒斯坦抵抗力量，尤其是激进组织的形象负面化，从而在打击抵抗时获得国内外在道义、精神和物质上的支持，也可以为以色列对其所使用的打击手段找到合理理由。但其负面效果也非常明显，即以色列认定的恐怖活动组织及其成员数量增多，规模扩大，反恐任务和压力增大。

（二）认知方式机制化

以色列反恐认知方式机制化特点也很突出。首先，以色列早在1948年就通过《条例》，将恐怖活动组织和恐怖活动组织成员的概念清晰界定，形成法律。此外，以色列还于2000年通过了《禁止洗钱法》，2002年通过了《非法战斗人员监禁法》，2005年通过了《禁止资助恐怖主义法》，2016年通过了《反恐法》等与反恐相关的专门法律。其次，还表现在以色列政府发布的文件中。以色列多届政府发布的政府基本政策方针或内阁公报中展示了各届政府对恐怖主义在国家安全战略中的地位、具体的恐怖主义威胁、反恐手段等的认识，成为各届政府反恐的指导性文件。

这些法律文件、政府文件都具有规定性的制度作用，不仅使政府和司法部门在认定恐怖活动组织及其成员时有法可依，而且使这一认知不因政党更迭、国内外环境变化而轻易发生改变，有利于各届政府以机制化形式统一反恐决策、情报和执行的各部门各级机关的反恐认知，形成打击恐怖主义的统一标准。但认知机制化也有一定弊端，例如一直沿用至今的1948年的《条例》中对恐怖主义相关概念的认知，这一概念强调恐怖主义的暴力性，忽视社会性、政治性等特点，随着国内外环境的变化，明显不再适用于现实情况和反恐需要，但由于认知方式机制化一直使用。即使2016年出台了《反恐法》，以列色反恐认知、反恐对象、反恐手段等依然变化不大。

(三) 认知的连贯性和阶段性并存

反恐认知的连贯性指的是以色列认为恐怖主义威胁国家安全这一认知从建国持续至今；阶段性指的是不同时期对反恐在国家安全战略中的地位认知不同，建国至20世纪90年代是从属地位，90年代至今是首要地位。第一阶段，关乎国家生存的与阿拉伯国家的战争这一传统安全因素是首要威胁，这种情况下，以色列只能把恐怖主义置于战争的背景下考虑。第二阶段，20世纪90年代，以色列划分了内环和外环两个同心圆环的战略格局，并评估这两个区域分别对以色列安全具有的危害和挑战。内环或第一环包括与以色列有共同边界的周边国家。外环或第二环指的是中东地区与以色列相距稍远的国家。20世纪90年代以色列安全最大的特点就是来自内环的威胁在减少，但以色列对来自外环威胁的担忧在上升。当然，这两环之间的安全威胁因素是相互联系的。[1] 认为来自内环的威胁减少，标志着以色列国家安全认知发生转变，即国家生存已初步得到保障，在此基础上，对恐怖主义和反恐的认知也发生变化，即恐怖主义威胁在国家安全战略中地位上升，已超过传统威胁占据首要地位。

认知的连贯性体现了恐怖主义对以色列国家安全威胁的长期性，也体现了以色列反恐的坚决性，有利于以色列形成长期一致的反恐政策，对恐怖分子形成威慑；认知的阶段性体现了以色列灵活适应国内外安全形势和恐怖主义发展状况，有利于对恐怖主义的发展做出针对性的政策安排。

(四) 反恐手段军事化

以色列对反恐手段的认知强调运用军事手段，这一特点与其对恐怖主义的认知有密切关系。以色列政府长期把恐怖主义看作战争或斗争，军队当然是应对战争或斗争的主要力量。恐怖主义自以色

---

[1] Efraim Inbar, "Israel's National Security: Issues and Challenges since the Yom Kippur War," Routledge, 2008, p. 107.

列建国就对其具有威胁，但那时以色列更主要的威胁是那些陈兵于边境的阿拉伯国家军队。以色列应对战争这一传统安全威胁之余，还将应对战争的方式拿来应对恐怖主义这一非传统安全威胁，这可以说是以色列反恐手段军事化、暴力化的根源。以色列多次声明，反恐中会动用一切可用的力量，包括国防军、警察、安全部门和区域防卫力量，并一贯以战争方式消灭恐怖主义，未来依然会这样做。1975年后，以色列将城市反恐作战任务交给边防警察与国家警察，但国防军依然承担重要的反恐任务。

如果说反恐手段军事化是以色列与阿拉伯国家在战争年代的认知选择和行动选择，那么在战争威胁消除和国家生存得到保障以后，就应当考察依然使用这种手段的适当性。"虽然以色列已经开始注意强调综合性反恐，但仍过于依赖军事手段，这就使其反恐斗争一直深陷'以暴易暴'的恶性循环。"① 以色列严苛的反恐措施——包括军事行动，"斩首行动"，修筑隔离屏障、隔离墙或隔离栅栏等。短期看来阻止了自杀式恐怖袭击，迫使大多数激进分子转入地下活动，并且导致他们花费更多的时间躲避追捕而不是继续从事恐怖活动。但是由于恐怖分子生活和活动都和普通民众在一起，旨在削弱恐怖分子活动能力的打击几乎不可避免地带来重大的平民伤亡。因此，长远来看，以色列严厉的策略，包括定点暗杀、旨在根除恐怖分子的先发制人的打击、对基础设施造成的破坏等常常会激起巴勒斯坦民怨，使他们不断参加哈马斯或伊斯兰"圣战"组织的招募，并支持这些组织的活动。"个人损失以及他们的'代表'遭受的象征性的侮辱引起的激愤都是有害的。"② 以色列对巴勒斯坦暴力的回应引发了更多的不满、屈辱和创伤，导致普通民众特别是激进分子复仇的欲望。

---

① 王震：《以色列反恐政策演变及其评价》，《江南社会学院学报》2008年第3期。
② Mia Bloom, "Dying to Kill: Motivations for Suicide Terrorism," in Ami Pedahzur, ed., Root Causes of Suicide Terrorism: The Globalization of Martyrdom, Routledge, 2006, pp. 31 – 32.

小　结

　　对恐怖主义及反恐的认知是各国制定和实施反恐政策的基础。以色列对恐怖主义相关概念、反恐对象、反恐在国家安全战略中的地位和反恐手段的认知构成以色列反恐战略的基础。其反恐认知具有反恐对象扩大化、认知方式机制化、认知的连贯性和阶段性并存、反恐手段军事化四个特点。以色列基于这些认知确立和调适其反恐的目标、手段等，这些认知一定程度上决定着以色列反恐战略的成败得失，对理解以色列反恐战略具有基础性意义。

第二章　以色列反恐战略的目标

以色列认为反恐在国家安全战略中先后处于从属地位和首要地位，反恐所处地位不同时，以色列反恐战略目标也是不同的。反恐处于从属地位时期，反恐对象主要是巴解组织及其主要政治派别，反恐目标从属于国家传统安全目标，即国家安全战略重点防范的军队等传统军事力量对国家生存的威胁，反恐也服务于这一目的。打击认定的主要恐怖活动组织，使其不会影响国家生存。20世纪90年代后，反恐逐渐上升到国家安全战略首位，不仅打击所认定的主要恐怖活动组织，保障国家和公民安全，为社会、经济发展创造良好环境，而且还成为国家安全战略中的重要部分并配合其他安全问题的解决，即维护巴以和平进程中的主动权，并打击地区敌对国家。

第一节　反恐在国家安全战略中居从属地位时的目标

1947年11月，联合国大会通过了《关于巴勒斯坦将来治理（分治计划）问题的决议》后，"巴勒斯坦人民以武装暴动的形式抵制该决议；阿拉伯国家联盟表示'决心为反对联合国分裂巴勒斯坦的决议而战'……分治决议最终触发了阿拉伯人和犹太人的全面对抗"。[①] 这种局面一直持续到大约20世纪80年代，战争和暴力活动

---

① 方连庆等主编：《国际关系史（战后卷）》，北京大学出版社2006年版，第119页。

也成了阿以双方这一时期面对的常态性问题。历经四次中东战争和1982年的黎巴嫩战争,阿拉伯国家并没有消灭以色列的存在,联合国分治决议中属于巴勒斯坦国的领土反而全部被以色列占领。随着屡次战争中的失败、失地、外部大国支持的减少、阿拉伯国家态度的分化等原因造成的实力对比的不对称,从20世纪60年代末开始,巴勒斯坦人民逐步改变与以色列的斗争方式。以色列认为这一时期的威胁主要来自周边阿拉伯国家和巴勒斯坦武装力量,尤其是周边阿拉伯国家对其生存产生威胁;认为巴勒斯坦武装力量是恐怖分子,威胁其安全与稳定,把与这些势力的斗争称为反恐战争。在生存受到威胁的情况下,反恐战争处于从属地位,反恐目标是应对具体的恐怖活动,使其不引发威胁到自身生存的战争,从而巩固国家生存。

一、打击巴勒斯坦解放组织及其主要政治派别

1975年7月7日,拉宾总理就7月4日在耶路撒冷发生的巴解组织袭击事件向议会陈述时说:"我们感到有必要在议会做这个简短的说明,以再次向全体国民清晰地表明以色列政府决心继续——甚至投入比以往更多的精力——在力之所及的范围内,通过发动对恐怖活动组织的预防、相持和惩治行动开展反恐行动。我们无法许诺反恐行动能快速地达到效果,但我们一定会开展持久的系列行动。我们知道不会出现毕其功于一役的奇迹,只有勇敢地、系统地进行繁杂的行动才能战胜恐怖主义。"[1]

以色列自建国伊始到20世纪90年代认定的反恐对象主要是巴解组织及其主要政治派别。1956年1月,第一个巴勒斯坦游击队组织——法塔赫首先开始武装反抗以色列占领。1964年,巴解组织成立。"巴解组织的诞生,激发了巴勒斯坦人民的革命热情,游击队

---

[1] "Statement in the Knesset by Prime Minister Rabin on the PLO Attack in Jerusalem," July 7, 1975, http://mfa.gov.il/MFA/ForeignPolicy/MFADocuments/Yearbook2/Pages/97%20Statement%20in%20the%20Knesset%20by%20Prime%20Minister%20Rabi.aspx.

纷纷成立。"① 1967 年第三次中东战争后，大批巴勒斯坦阿拉伯人参加了游击队。法塔赫、人阵、民阵等组织相继展开针对的以色列武装斗争，并逐步由孤立分散的斗争向联合统一发展。到 1970 年，巴勒斯坦武装力量迅速壮大。当时游击队组织发展到 40 多个，总计达 5 万人，它们以约旦为基地，遍布以色列边境，牵制着 7 万多以军。巴解组织的活动区域深入到以色列特拉维夫和一些重要港口、城市。但巴解组织内各组织因背景和处境不同，在如何实现民族权利问题，特别是斗争目标和方式上意见不一。斗争目标上，法塔赫等主流派暗示愿意承认以色列的存在，而以人阵为代表的激进派强调要清除犹太国。斗争方式上，主流派主张军事与政治手段并用。激进派强调单纯通过武装斗争，甚至是一些暗杀和劫持飞机的冒险恐怖活动。

  1968 年 3 月 21 日，以色列出动 1500 人的部队，包围了设在约旦河东岸卡拉玛难民营的法塔赫指挥部，企图将其一举消灭。阿拉法特率领大约 300 名法塔赫成员抵抗，最后在约旦部队支援下打退了以军。这次胜利鼓舞了巴勒斯坦人民的斗志，法塔赫规模因此快速扩张。1970 年 9 月，人阵把分属于英、德和瑞士的 4 架飞机劫持到约旦，导致巴解组织与约旦关系恶化。美国和以色列暗中协助约旦把巴解组织逐出约旦，使其失去了反以军事基地，其组织成员被迫转移到黎巴嫩境内活动。巴解组织总部也迁往黎巴嫩。

  巴解组织在黎巴嫩很快东山再起，并以此为新基地进行反抗以色列的斗争。1982 年 6 月，以色列对黎巴嫩发动了旨在摧毁巴解组织领导机构、消灭巴解组织抵抗力量的大规模军事行动。"巴解组织在黎巴嫩的武装基地被以军摧毁，1.25 万巴勒斯坦战士被迫撤离贝鲁特，分散到叙利亚、约旦、伊拉克、也门、利比亚、苏丹等阿拉伯国家。"② 巴解组织总部也远迁到突尼斯。至此，以色列通过屡

---

  ① 胡珍、高博：《巴勒斯坦解放组织：中东政治舞台上不可忽视的力量（上）》，《世界知识》1981 年第 16 期。
  ② 陆西亚：《巴勒斯坦解放组织的发展历史》，《国际资料信息》2002 年第 2 期。

次军事行动,使巴解组织失去了所有有效的作战基地和庇护所,几乎失去了进行大规模反以武装斗争的基础和条件。

1985年,以军借口有3名以色列人在塞浦路斯拉纳卡港被巴解组织暗杀,于10月1日突袭了设在突尼斯首都南郊的巴解组织总部。这次袭击的目的是消灭巴解组织的领导力量,并破坏当年2月21日签订的约巴协议。突袭后,时任以色列国防部部长拉宾在新闻发布会上解释突袭的原因时说:"长期以来,我们都知道恐怖活动组织(最主要的恐怖活动组织就是阿拉法特领导的巴解组织)致力于在以色列国内外任何有以色列国民或其他与以色列相关的目标的地方发动袭击。只要巴解组织或任何其他恐怖活动组织有不利以色列的行动,以色列都将奋起击之。""这次行动意在表明巴解组织成员无论匿身何处都不会逃脱惩罚。"[1] 10月21日,拉宾对议会做关于恐怖主义的讲话时说:"为了打击恐怖活动组织(主要是阿拉法特领导的巴解组织),以色列动员一切可以利用的力量,包括以色列国防军、警察、安全部门和地区防卫力量。"[2]

20世纪80年代后期,巴解组织逐渐改变其政策,尤其是1988年,巴解组织宣布愿意在联合国安理会242号和338号决议基础上,与以色列解决争端,寻求政治解决冲突问题。再加上以色列政策和内外国际环境的变化,以色列逐渐开始和巴解组织接触,虽然有时还指责其为恐怖活动组织提供帮助,但不再称其为恐怖活动组织了。

二、巩固国家生存

从建国到20世纪90年代,以色列周边大多数国家不承认其存

---

[1] "Press Conference Following Israel Air Force Attack on PLO Base in Tunis," Oct. 1, 1985, http://mfa.gov.il/MFA/ForeignPolicy/MFADocuments/Yearbook7/Pages/92%20Press%20Conference%20Following%20Israel%20Air%20Force%20Att.aspx.

[2] "Statement in the Knesset by Defense Minister Rabin on Terrorism," Oct. 21, 1985, http://mfa.gov.il/MFA/ForeignPolicy/MFADocuments/Yearbook7/Pages/101%20Statement%20in%20the%20Knesset%20by%20Defense%20Minister%20R.aspx.

在。"以色列政治军事宗旨的基本假设是：阿拉伯国家的核心目标是在任何可能的时候摧毁以色列，同时尽其所能扰乱和妨碍以色列的和平生活。"① 基于这一认识，这一时期以色列所做的一切都是围绕国家生存这一核心目标，反恐战略作为国家安全战略的一部分，也是为这一目标服务。

以色列之所以把反恐打击的主要对象确定为巴解组织及其主要政治派别，一方面是因为巴解组织中的一些激进组织确实实施了劫机、绑架、暗杀等恐怖活动与以色列作斗争，更重要的原因是随着巴解组织的发展壮大，先后在约旦、黎巴嫩建立了根据地，并以此为基地不断以游击战的形式进行反以斗争，威胁到以色列安全。1970年，巴解组织总兵力达5万人，遍布以色列边境，牵制以军兵力达7万人。以色列出于巩固国家安全目的，加大对巴解组织的征剿力度。1982年，以色列入侵黎巴嫩打击巴解组织后，在黎巴嫩南部建立了安全区，1985年，突袭位于突尼斯的巴解组织总部，都是出于巩固国家安全的目的：把巴解组织势力驱逐得尽可能远离以色列，尽可能削弱巴解组织的力量，尽可能巩固国家边境安全。

"自从巴勒斯坦意识到自身相对于以色列的弱势，他们就寻求在武装冲突中获得阿拉伯国家的帮助。巴勒斯坦的战略目标之一是激起以色列采取猛烈的军事手段，因为这可以造成危机，迫使一些阿拉伯国家采取相应军事行动。20世纪60年代，巴勒斯坦战略思想中的这一成分被命名为'引爆理论'。"② 另外，以色列明白，"如果某些阿拉伯国家和穆斯林社会进一步激进化，将会促使西方国家，尤其是欧洲一些国家与以色列保持一定的距离"。③ 所以，以色列在打击巴解组织时，出于巩固国家安全目的，注意对阿拉伯国

---

① Michael I. Handel, "Israel's Political – Military Doctrine," Harvard University Press, 1973, p. 64.

② Efraim Inbar, "Israel's National Security: Issues and Challenges since the Yom Kippur War," Routledge, 2008, p. 197.

③ Efraim Inbar, "Israel's National Security: Issues and Challenges since the Yom Kippur War," Routledge, 2008, p. 195.

家的分化利用，使打击其认定的恐怖活动组织的行动不扩大为与阿拉伯国家的战争。

第二节 反恐在国家安全战略中居首要地位时的目标

以色列著名反恐专家加纳认为，任何反恐政策都应该达到以下几个目标：消灭恐怖主义；把恐怖活动造成的损失最小化；预防恐怖活动的增长。① 但从现实中看，由于恐怖主义出现原因的复杂性，在其根源消除之前，消灭恐怖主义在中短期内几乎是不可能的。比较理想的结果是把其控制在一定范围内，也就是尽力达成第二、三个目标。其中第二个目标把恐怖主义造成的损失最小化，也意味着预防恐怖主义事件的扩大化，避免引发更大规模的冲突。第三个目标意味着预防恐怖袭击事件数量的增长或尽量通过预防性措施减少其发生的频率。20世纪90年代后，以色列国家地位得到越来越多阿拉伯国家的承认，再加上和平进程的展开，传统安全威胁下降，国家生存基本得到保障，反恐在以色列国家安全战略中上升到首要地位。以色列相应确立了这一时期的反恐目标：维护国民安全，把恐怖活动损失最小化；打击激进组织，预防恐怖活动的增长；维护巴以和平进程中的主动权；获得地区优势。其中前两个是反恐战略的直接目标，后两个是反恐战略的间接目标，也是国家安全战略的目标。

一、维护国民安全

恐怖主义对以色列国家安全、人民生活方方面面造成了严重的威胁。国家生存有保障后，以色列反恐最主要的目标自然是维护国

---

① Boaz Ganor, "The Counter – Terrorism Puzzle, A Guide for Decision Makers," Transaction Publishers, 2005, pp. 25 – 27.

民安全。2002年11月29日，以色列常驻联合国大使耶胡达·兰可莱在联合国大会上就以巴冲突发表演讲时指出："巴勒斯坦人诉诸恐怖主义的行为破坏了《奥斯陆协议》近几年带来的乐观情绪。这破坏了旨在达成永久解决方案而重启协商进程的反复努力，也迫使以色列政府将其国民安全提升至国家最高优先级别。"[①] 2003年2月以色列第30届政府的基本政策方针指出："新政府的首要目标是坚定地创造以色列的安全环境，促进地区稳定。政府将坚决与暴力和恐怖主义作斗争从而增加国家安全，给国民提供更加安全的个人环境。"[②]

国民安全包含内容比较广泛：迅速处理恐怖主义危机，把危机造成的危害最小化；迅速恢复人民正常生活环境和社会秩序；构建社会心理适应性，使受害者较快恢复身心健康，重启新的生活；维护社会整体稳定发展，创造良好的正常生活和工作环境等。

和平进程开始后，恐怖活动方式发生转变，主要采取自杀式炸弹袭击、火箭弹和炮弹袭击。以色列通过反恐维护国民安全的方式也发生转变，如从2000年开始部署反导系统、从2002年开始修筑隔离墙等。尽管其中一些方式颇具争议，如修筑隔离墙，但以色列依然坚持实施。

二、打击激进组织

20世纪90年代初，和平进程展开，观点温和的巴解组织代表巴勒斯坦与以色列推进和平进程，但80年代产生的杰哈德、哈马斯

---

① "Address of Permanent Representative to the UN, Ambassador Yehuda Lancry," at the General Assembly Plenary Meeting on the Israel‐Arab Conflict, Nov. 29, 2002, http://mfa.gov.il/MFA/ForeignPolicy/MFADocuments/Yearbook2002/Pages/Address%20of%20Ambas-sador%20Lancry%20at%20the%20General%20Assembly%20Plenary%20Meeting%2029-Nov-2002.aspx.

② "Basic Guidelines of the 30th Government of Israel," Feb. 28, 2003, http://mfa.gov.il/MFA/AboutIsrael/State/Government/Pages/Basic%20Guidelines%20of%20the%2030th%20Government%20of%20Israel.aspx.

等激进组织依然坚持不承认以色国的存在。以色列这一时期反恐对象主要是哈马斯、杰哈德、真主党等激进组织。由于以巴冲突的特性，完全消除恐怖活动并不是一个现实的目标，但可以把其影响降低到一个可以忍受的水平。[①] 因此以色列的目标并不是消灭激进组织，而是对其打击，即把其实施恐怖活动的能力和造成的危害控制在一定范围内。

1993年以巴正式签订《奥斯陆协议》，作为中东和平进程的历史里程碑和巴以和谈的基石，受到渴望和平的以巴民众和国际社会的普遍称赞。但却遭到以巴双方激进势力的强烈反对。在巴勒斯坦方面，巴解组织内部的激进组织指责阿拉法特背叛了巴勒斯坦人民的事业，人阵和民阵宣布退出巴解组织；哈马斯也明确反对巴以和解，声称要惩治阿拉法特。在以色列方面，利库德集团领袖内塔尼亚胡批评拉宾的妥协是绥靖之举，被占领土上的犹太定居者则称拉宾为卖国贼。其他一些犹太极端组织，如卡赫党、卡赫纳永生和埃亚尔等也一直采用暴力活动阻挠中东和平进程。另外，真主党等境外组织仍然坚持敌视以色列。

由于双方激进组织对和平进程的不满，一方面对巴以各自内部造成分裂，另一方面双方相互攻击，尤其是哈马斯、杰哈德和真主党在实力不对称的情况下运用自杀式炸弹袭击、火箭弹袭击等方式进行斗争，而以色列的镇压或报复往往又引发更多的恐怖袭击。

自20世纪90年代至今，以色列运用多种方式打击激进组织，每次行动之前，以色列都确定了明确的打击对象和目标。其中大规模的军事打击行动有：1996年的"愤怒的葡萄行动"、2002年的"防卫墙行动"、2008年的"铸铅行动"、2012年的"防务之柱行动"和2014年的"护刃行动"。

1996年"愤怒的葡萄行动"前夕，外交部部长佩雷斯在回答记

[①] Efraim Inbar, "Israel's National Security: Issues and Challenges since the Yom Kippur War," Routledge, 2008, p. 203.

者问时表示:"我认为我们国家和阿拉伯国家没有其他更好的选择,我们不能再互相射杀、憎恨了。"① 但在面对恐怖袭击事件不断发生之时,佩雷斯又表示:"直到这些疯子和暴徒得到适当的惩罚,否则我们是不会停止行动的。对我们来说,这不仅仅是胜利的问题,还是一个事涉正义的问题。所以,任何情况下,不管这场斗争多么漫长艰难,我们都要击败他们。"② 1996 年 4 月 14 日,以色列北方司令部司令列维发表关于"愤怒的葡萄行动"讲话时说:"因为数月以来,真主党一直断断续续地向以色列发射'喀秋莎'火箭弹,还对南黎巴嫩的居民进行炮击……我已经反复警告这种行为必须停止……我们在北部边境,甚至在贝鲁特和贝卡谷地对真主党目标实施反击。必须明确的是,我们的首要任务是尽可能地打击真主党和那些向以色列发射'喀秋莎'火箭弹的人。我们将持续行动直到达成目标,直到这些恐怖分子停止行动。"③ 2002 年 3 月,以色列国防军展开了"防卫墙行动",4 月初,沙龙在议会讲到行动的目标:"追击并抓捕恐怖分子,尤其是派遣他们的人,资助和支持他们的人;没收他们杀害以色列平民的武器;找到并摧毁他们的设施、爆炸品、实验室、兵工厂和秘密建筑。命令很清楚:瞄准并打击任何持有武器并与我军对抗之人,同时避免伤及平民。"④ 2012 年,以色列展开"防务之柱行动"时,国防部部长埃胡德·巴拉克宣称这次行动要达到四个目标:增加以色列对加沙的军事威慑能力;沉重

---

① "Reaction by Foreign Minister Peres to Bus Attack in Jerusalem," Aug. 21, 1995, http://mfa.gov.il/MFA/ForeignPolicy/MFADocuments/Yearbook10/Pages/Reaction%20by%20Foreign%20Minister%20Peres%20to%20bus%20attack%20i.aspx.

② "Address to the Knesset by Prime Minister Peres on Hamas Attacks in Jerusalem and Ashkelon," Feb. 26, 1996, http://mfa.gov.il/MFA/ForeignPolicy/MFADocuments/Yearbook10/Pages/Address%20to%20the%20Knesset%20by%20Prime%20Minister%20Peres%20on.aspx.

③ "Remarks by OC Northern Command Levin on Operation 'Grapes of Wrath'," Apr. 14, 1996, http://mfa.gov.il/MFA/ForeignPolicy/MFADocuments/Yearbook10/Pages/Remarks%20by%20OC%20Northern%20Command%20Levin%20on%20Operation.aspx.

④ "Israel's Wars & Operations: Operation Defensive Shield," http://www.jewishvirtuallibrary.org/jsource/History/defensiveshield.html.

打击哈马斯的火箭炮发射系统；沉重打击哈马斯和其他在加沙活动的恐怖活动组织；使以色列国土上的损失最小化。① 2014 年夏，以色列实施了"护刃行动"，目标就是阻止针对以色列平民的日常化的恐怖活动，阻止修筑通往以色列的地下通道，破坏哈马斯实施暴力活动的能力。

此外，以色列还采取"斩首行动"，杀死哈马斯、杰哈德、真主党等组织多名高级领导人。从以上以色列对激进组织的打击看，以色列打击激进组织主要是削弱其实施恐怖主义的能力，但在消除其动机方面效果有限。

同时，以色列还打击犹太恐怖活动组织，减少其对和平进程的破坏。1994 年，希伯伦惨案发生后，拉宾政府为缓和惨案造成的紧张局势，取缔保卫犹太人联盟、卡赫党和卡赫纳永生等极右组织，解除犹太人极端分子武装并限制其活动。

三、维护巴以和平进程中的主动权

巴以不断发生的恐怖主义事件，促使双方有远见的政治家开启了和平进程之路，但以色列希望通过多种途径维持其在和平进程中的主动权。反恐就是其维护主动权的手段之一。

首先，是将反恐和巴以和平进程联系在一起。1995 年 8 月 21 日，外交部部长佩雷斯就当天发生在耶路撒冷的汽车炸弹袭击答记者问时表示，以色列务必将两件事同时并举。一是坚决、持续、彻底地与恐怖行为作斗争。二是继续前行，在中东创设出异与往昔的局面，给人民带来和平。② 1996 年 4 月 22 日，佩雷斯总理在议会讲话时表示："反恐战争和追求和平是一枚硬币的两面。如果根除了

---

① "Operation Pillar of Defense: Background & Overview," http://www.jewishvirtuallibrary.org/background-and-overview-of-operation-pillar-of-defense.

② "Reaction by Foreign Minister Peres to Bus Attack in Jerusalem," Aug. 21, 1995, http://mfa.gov.il/MFA/ForeignPolicy/MFADocuments/Yearbook10/Pages/Reaction%20by%20Foreign%20Minister%20Peres%20to%20bus%20attack%20i.aspx.

恐怖主义，和平就会离我们更近。以色列会同时努力促进和平并与恐怖主义作斗争。"①

其次，要求巴解组织等温和势力打击激进组织。以色列还要求巴勒斯坦的温和派与之共同以打击恐怖主义之名打击激进组织。"我们致力于和平进程。下周将与约旦签署和平条约，任何反对和平的敌人都不能阻止我们这样做。只要巴勒斯坦方面证实他们有能力与恐怖主义——这些恐怖活动组织被约束在目前巴方控制的区域内，尤其是加沙和杰里科——作斗争，我们就遵守《奥斯陆协议》。"②"他们（哈马斯）在巴勒斯坦地区公开建设基础设施，他们在光天化日之下挥舞着武器为谋杀者举办纪念大会，他们在巴勒斯坦地区维持秘密的恐怖分子组织。这样严重的局面给巴勒斯坦权力机构构成了挑战。巴勒斯坦权力机构必须做出决定，即是否允许这个计划破坏和平、破坏巴以协定和伤害以色列的准军事组织在加沙获得立足之地，加沙是否还为巴勒斯坦警察——该地区唯一被授权可携带武器的组织——留有一席之地……巴勒斯坦权力机构必须做出决定：是解除恐怖分子的武装，还是冒着让他们危及巴勒斯坦权力机构权威的风险，巴勒斯坦权力机构必须按照我们双方协定中所规定的要求将那些违法者绳之以法。"③ 时任外交部部长佩雷斯的这番讲话明显是对巴勒斯坦权力机构施加压力，要求其对哈马斯等进行打击。

1995 年 4 月，以色列通缉的几个哈马斯武装成员被炸死。哈马

---

① "Statement to the Knesset by Prime Minister Peres on Operation 'Grapes of Wrath'," Apr. 22, 1996, http：//mfa. gov. il/MFA/ForeignPolicy/MFADocuments/Yearbook10/Pages/Statement%20to%20the%20Knesset%20by%20Prime%20Minister%20Peres%20o. aspx.

② "Remarks by Prime Minister Rabin on Israel Television Following an Attack on a Bus in Tel Aviv," Oct. 19, 1994, http：//mfa. gov. il/MFA/ForeignPolicy/MFADocuments/Yearbook9/Pages/239%20Remarks%20by%20Prime%20Minister%20Rabin%20on%20Israel%20Tele. aspx.

③ "Address to the Knesset by Prime Minister Peres on Hamas Attacks in Jerusalem and Ashkelon," Feb. 6, 1996, http：//mfa. gov. il/MFA/ForeignPolicy/MFADocuments/Yearbook10/Pages/Address%20to%20the%20Knesset%20by%20Prime%20Minister%20Peres%20on. aspx.

斯认为是以色列所为，接连实施了针对以色列的袭击。以色列要求巴勒斯坦自治当局打击极端势力。在以方高压下，阿拉法特做出了打击巴勒斯坦激进组织的决定，巴警察部队在加沙对哈马斯、杰哈德采取了大规模的搜捕和收缴武器行动，双方激烈交火，酿成巴勒斯坦内部严重冲突。1996年冬天，发生了一系列针对以色列的恐怖袭击，以色列遂要求巴勒斯坦权力机构进一步采取措施以遏制伊斯兰激进主义者的活动。以色列要求阿拉法特严厉打击哈马斯和杰哈德，确保定居点犹太人安全，尤其是把这作为向阿拉法特逐步移交领土管理权的一个条件。

最后，以色列要求巴温和势力打击激进组织，造成了巴内部分裂，从而有利于以色列主导巴以冲突和巴以和平进程。以色列在巴以关系中长期占据优势地位，并依此控制巴勒斯坦。以色列要求巴当局打击激进组织，这对巴解组织以及后来的巴勒斯坦权力机构是个两难问题。"进行严厉打击，将加深巴内部对立；不采取行动，则又会贻人口实，被以色列抓住把柄。"① 对巴勒斯坦来说，以色列施加的压力不断增加，导致巴勒斯坦权力机构和哈马斯、杰哈德这两个反对它的组织之间关系紧张。如果巴勒斯坦权力机构不能展示出对所辖领土的有效控制，那么，巴勒斯坦人和以色列人都将会质疑阿拉法特的管理能力。一个在政治上分裂的巴勒斯坦参与和平进程的能力受到严峻考验。对以色列来说，与巴勒斯坦温和势力是接触和谈判，对激进势力则是打击和镇压，造成并维持巴勒斯坦内部分裂，分化控制不同势力派别，有利于掌控巴勒斯坦局势，并作为和平进程的筹码，进而维护自身在巴以和平进程中的主动权。

四、获得地区优势

以色列一方面确定了打击恐怖主义、主导和平进程的目标，另一方面确定了通过反恐获得外部援助，并打击地区敌对国家，维持

---

① 朱威烈等：《中东反恐怖主义研究》，时事出版社2010年版，第70页。

地区优势的目标。通过反恐巩固地区优势地位,一是以反恐之名获得外部支持,同时发展军事势力,保持以色列武器性能、军事技术在地区的优势;二是打击地区恐怖活动组织和支持恐怖主义的力量,争取在该地区的战略优势地位。

首先,通过反恐获得美国的支持。以色列在反恐方面获得了美国全方位的支持,包括资金、技术以及更重要的政治支持。1998年10月31日,为了应对地区敌对势力获得弹道导弹和大规模杀伤性武器带来的威胁,并保持以色列武器性能上的优势,以美两国签署了《安全合作协定备忘录》,一致同意双方共同努力,达到两个目标:增强以色列防御和威慑能力;提升以美战略、军事和技术合作框架。

以色列以防御激进组织的火箭弹和炮弹袭击为借口,与美国共同研发并部署了多层级的导弹防御系统,美国为其提供了技术、实验场地和大部分的资金支持。现在以色列已建成可以防御短程、中程和远程导弹的多层级反导系统。可以拦截恐怖活动组织的火箭弹和炮弹袭击,更重要的是通过反导系统的部署,获得了可以防御其他敌对国家导弹袭击的不对称优势。美国的支持,使以色列获得了打击恐怖主义的强大支持力量,可以说是以色列维持地区优势地位的基础。

其次,确定并打击一些威胁力量。黎巴嫩、伊拉克、利比亚、叙利亚、伊朗在不同时期被以色列认定为"支持恐怖主义的国家",并以反恐为理由以不同方式对其实施打击。1982年,以色列入侵黎巴嫩,其理由是打击活动在黎巴嫩南部的巴解组织,但同时也打击了叙利亚和黎巴嫩,驱逐了叙利亚在黎巴嫩的两万驻军,并于战后在黎巴嫩南部设置了由以色列管理的安全区。1996年,以色列实施"愤怒的葡萄行动",打击了真主党,但同时再次打击了黎巴嫩和叙利亚。"'愤怒的葡萄行动'的目的是消耗真主党的行动能力,尤其是给黎巴嫩政府和其他相关各方施加更多的压力,叙利亚政府首当其冲，因为它有能力影响真主党的行动。"①

小　结

反恐首要的就是制定政策并严格执行、明确暴力的缘由、慑止更多的暴行发生、尽力抚慰受到创伤的公众。② 以色列依据不同时段反恐在国家安全战略中占居不同地位的认知制定了相应的反恐战略目标。反恐占据从属地位时期，反恐目标主要是打击巴解组织和巩固国家生存。这是因为，这一时期以色列国家战略中，国家生存这一传统安全问题占居首位，反恐也是为这一目标服务。20世纪90年代之后，反恐居国家战略首位，反恐目标是维护国民安全、打击激进组织、维护巴以和平进程中的主动权和保持地区优势。1995年，以色列外交部部长佩雷斯说："恐怖主义也是一场战争，我们正在与之战斗，但我们也为和平而战。因为我们希望这场战争结束的时候不仅获得军事上的胜利，也将获得政治上的胜利。"③ 维护国民安全和打击激进组织主要是军事胜利的目标；维护巴以和平进程中的主导权和维护地区优势不仅是军事上的胜利，同时也是以色列所期望的政治上的胜利。

---

① "Excerpts from an IDF Press Conference on Operation 'Grapes of Wrath'," Apr. 25, 1996, http://mfa.gov.il/MFA/ForeignPolicy/MFADocuments/Yearbook10/Pages/Excerpts%20from%20an%20IDF%20Press%20Conference%20on%20Operation.aspx.
② David J. Whittaker, "Terrorists and Terrorism in the Contemporary World," Routledge, 2004, p. 129.
③ "Reaction by Foreign Minister Peres to Bus Attack in Jerusalem," Aug. 21, 1995, http://mfa.gov.il/MFA/ForeignPolicy/MFADocuments/Yearbook10/Pages/Reaction%20by%20Foreign%20Minister%20Peres%20to%20bus%20attack%20i.aspx.

第三章 以色列反恐战略机制和手段

反恐机制，也可以被称为反恐体系，即构建分工明确的反恐机构，并以统一的理念和制度统筹协调机构间的合作。杰维斯认为，"在一个系统中，当变量的效用按照一定次序影响结果时，不仅相加不适宜，相乘也不适宜"，[1] 变量的效用取决于它们间的互动。肯尼思·华尔兹认为，"系统由结构和互动的单元构成"，"结构概念建立于这样一个事实基础之上，即以不同方式排列和组合的单元具有不同的行为方式，在互动中会产生不同的结果"。[2] 结合两者的认识，反恐系统的构建不仅需要有分工明确的单元，也需要单元间以有效方式排列从而合理统筹单元的行为方式，形成最佳的结构，产生最优效果。

第一节 反恐的战略机制

以色列在长期的反恐实践中构建了完整的反恐机制，主要包括决策、情报和执行机构。这三方面既分工明确，又有顶层的统筹协调，达到了部门专业化和一体化的统一。

---

[1] [美] 罗伯特·杰维斯著，李少军、杨少华、官志雄译：《系统效应：政治与社会生活中的复杂性》，上海世纪出版集团2008年版，第39页。
[2] [美] 肯尼思·华尔兹著，信强译：《国际政治理论》，上海世纪出版集团2008年版，第84—86页。

一、决策机构

以色列政治体制中，一院制议会（也称克奈塞特）是国家最高权力机构，拥有立法权，负责制定和修改国家法律，对重大政治问题表决，批准内阁成员任免并监督政府工作，选举总统、议长。政府则由议会中占多数席位的一个或几个政党联合组成。总统根据议会选举结果并在综合议会各党派意见基础上提名总理人选，授权组阁。总理由成功完成组阁者担任。根据以色列基本法之一的《基本法：政府》（2001年）[①] 中相关条款规定："政府是国家行政机构"，"政府借议会之信任而行使其权"，"政府集体对议会负责"，"政府由总理和各部长组成"。从而，总理组成和领导的内阁就是国家最高决策机关，议会对政府决策有监管、表决和审批的权力。在反恐事务上也是如此。

（一）主要决策机关——安全内阁

安全内阁也称国家安全事务部长委员会，是以色列内阁中的核心组成部分，由总理领导，负责规划和执行外交与防务政策。在危机时期，尤其是战时，安全内阁负责进行快速、高效的决策。安全内阁最初是在以色列中间党党内组织的论坛上由曾任以色列国防部部长和交通部部长的伊扎克·莫迪凯提出的。建议由相关领域的专家组成一个委员会，并由总理任命专人负责。随后，其又建议总理、代总理、副总理、国防部部长、外交部部长和财政部部长，再加上总参谋长、辛贝特[②]负责人和总理办公室军事秘书等定期召开例会。商讨特定议题时，其他相关领域的官员得到批准后也可参与。此机构不仅可以提供专业、客观的咨询意见，也可以评估形势、提供建议、监管和决定内阁与军队的决策。

---

① "Basic Law: The Government (2001)," http://knesset.gov.il/laws/special/eng/basic14_eng.htm.

② 辛贝特，以色列国家安全总局，是以色列情报安全系统中负责反间谍与国内安全机构。

2001年的《基本法：政府》以法律形式规定了安全内阁的组成，政府应下设一个部长委员会，委员包括总理（任委员会主席）、代总理、国防部部长、内务部部长、国内安全部部长和财政部部长。如果总理另有建议，在委员数量不超过内阁一半的情况下，政府可以增补一名委员会成员。关于国家安全事务部长委员会可处理的事务，《基本法：政府》规定：委员会可讨论外交、安全事务及其处理办法；委员会日程安排和待受邀参与会议的官员应由总理与主管部长磋商后决定；在做出任何决策之前，主管部长可以要求将在该委员会内讨论的事务移送到全体内阁会议上讨论和解决。这一要求在以下情况下无效，即如果总理与主管部长磋商后确认相关事项形势所迫亟待处理，抑或形势发展已证实该委员会决策之正确。

（二）决策监督和批准机关——外交与军事委员会

以色列议会下设多个常设委员会和特别委员会，常设委员会之一的外交与军事委员会负责处理国家外交、军事和安全事务，因此也是有关反恐决策的监督和批准机关。委员会之下又设分管立法，外交事务和公共外交，情报和机密部门，国防军人事部门，安全侦察、警戒和外勤安全，后方备战状态检查等领域的分委员会。另外，还可以由两个或两个以上的委员会根据人数对等原则就某一特定事务设置联合委员会，目前外交与军事委员会下设的有国防预算联合委员会、国防-法律联合委员会、窃听法联合委员会等。这些下设委员会或联合委员会可能随着国内外环境变化或优先事项变化而创设、调整或废除。

外交与军事委员会负责起草相关法律文件，也负责批准由各分委员会起草的法案，这些法案涉及内容广泛，包括防务、应急准备、应急人员征募、辛贝特特别行动、应急装备配备、后方部署和其他与安全和情报相关的事务。外交与军事委员会还负责处理重大的外交、国防和安全事务，包括监管总理办公室、外交部、国防部、国家安全委员会和公共安全与警察部等相关的政府部门，批准其预算。

下设的分管委员会直接承担外交与军事委员会的大部分事务，而外交和军事委员会则在总体上成为连接分委员会与最高防务决策者的中间一环。

因为外交、国防和情报等部门主要决策者——总理、外交部部长、国防部部长以及摩萨德、辛贝特和阿穆恩等机构的领导人——也要定期向外交与军事委员会递送其工作简报，再加上该委员会全体会议及其所处理事务通常属于机密，其分委员会的会议内容往往也属于最高机密，所以外交与军事委员会主席常被认为是安全机构和议会中最重要的人物之一。现任外交与军事委员会有9名委员和9名候补委员，主席是来自未来党的拉姆，拉姆有长期参与摩萨德、以色列军队等安全部门的经历。1976年，拉姆加入国防军，并任总参侦察营突击队指挥官、反恐处处长等职，1981年以上校军衔退役。1984年他加入摩萨德，2009—2011年任摩萨德副局长，2018年1月加入未来党，2019年4月起任议会蓝白党议员。①

二、情报机构

如果把决策称为政治、军事和反恐等活动的中心，信息交流和沟通则为决策的枢纽。信息和情报的获取、选择、储存、传送、分析和利用在反恐战略和行动中起着尤为重要的作用。以色列由于其所处环境，长期以来对情报工作尤为重视，创立了系统、高效的情报体系。

以色列的情报体系是由多个分工明确的机构构成，主要有以下三个机构：以色列情报和特殊使命局，即摩萨德，主要负责以色列国外的各种秘密活动；以色列国防军总参谋部情报局，即阿穆恩，主要负责搜集和分析国外军事情报；以色列国家安全总局，即辛贝特，主要负责国内安全和反间谍工作。此外，外交部和警察总局也

---

① Knesset Member Ram Ben Barak, https://main.knesset.gov.il/en/MK/APPS/mk/mk-personal-details/1022.

设有情报组织。这些机构主要从事情报工作，但不仅限于此。

（一）情报和特殊使命局——摩萨德

摩萨德组建于 1949 年 12 月 13 日，时任总理戴维·本-古里安建议成立一个中央协调机构以统筹阿穆恩、辛贝特和对外办公室政治处三个安全部门。1951 年 4 月 1 日，摩萨德经过重组，成为总理办公室直属机构，局长直接向总理汇报工作。首任局长是罗文·希洛，现任局长是 2021 年起任职的戴维·巴尔内亚。

摩萨德主要负责情报收集、秘密行动、反恐以及其他事务。下设 8 个部门，分别是情报搜集处、政治行动与联络处、行动计划与协调处、研究处、技术处、技术行动处、行政处和训练处。情报搜集处是其中最大的部门，在国外设有规模不一的联络站，重点负责获取、加工、整理情报，并由局长将重要信息直接呈送总理、安全内阁、外交与军方委员会等决策部门。政治行动与联络处主要负责监督并执行政治任务，与以色列盟国进行情报合作，与其他国家按关系疏密开展程度不等的相应合作。行动计划与协调处负责制定摩萨德日常行动计划，协调与其他情报部门间合作。研究处主要任务是分析和判断搜集到的情报，再综合整理以备局长呈送给总理、安全内阁、外交与军事委员会等决策机构。技术处负责研制、购买或用其他手段获得情报设备。技术行动处负责提供和利用高科技手段搜集、分析和处理情报。行政处主要负责全局人事、财政、后勤和安全保卫工作。训练处则负责为全局各类人员制订训练计划并监督实施，主要是对新招募人员进行情报技能训练，并为其他情报机构培训人员。

摩萨德虽与辛贝特和阿穆恩同属情报机构，但由于摩萨德局长是总理的首席情报顾问，再加上当初设置时便意在统筹其他情报部门，因此是以色列最重要的情报机构。

（二）国防军总参谋部情报局——阿穆恩

阿穆恩成立于 1948 年 6 月，是以色列国防军总参谋部专设的情报机构，主要负责获取、分析和判断周边国家军事情报，指导战区安全部队、地区司令部的情报机构、海空军情报部的工作，其下设四个处：情报处、情报分析处、对外联络处、战区安全和军事监控处。

情报处负责情报搜集工作，包括管理整个国家的情报信息，其下又分设多个分管搜集、行政、训练、组织、后勤、人事、研究和发展的科室。情报分析处负责分析和处理情报，并编写国家军事情报评估、部长军事情报每日报告和简报、年度《国家战争威胁》，以备总理、国防部部长、总参谋长和摩萨德局长等咨阅。对外联络处负责以色列国防军和其他国家军队之间的联络，下设对外情报联络室和武官工作室，分别管理外国驻以武官的日常活动，与有合作关系的国外军事情报机构联络。战区安全和军事监控处主要负责指导边境侦察部队对周边国家的渗透和情报搜集工作，监控边境军事动态，并负责边境的安全事务和军队内部的保卫和保密事务。

空军情报部隶属于空军参谋部，但在业务上受阿穆恩的指导，负责空中侦察和情报活动的计划、实施，掌握和了解阿拉伯国家的空军力量，并确定在战争时期应当打击的目标。它主要通过侦察机的空中照相和无线电技术进行情报搜集。从1999年起，空军情报部还负责协助管理以色列'地平线'系列卫星的空间军事用途计划，协同以色列航天部门部署和实施空间监视工作。[①]

与空军情报部一样，海军情报部也是在阿穆恩指导下的半独立机构，主要搜集和分析有关海区情况、外国尤其是阿拉伯国家的海军实力以及海上威胁的情报，下设4个部门：情报搜集处通过驻国外的海军武官、沿海的海军部队、社会船只来获得情报；目标处负责提供有关国家沿海目标，确定两栖登陆地点、海军陆战队或者特种部队可直接发动攻击的目标情报；生产处是海军情报部中最重要的部门，负责收集、分析、评估敌对国家海军的情报，它的情报来源是海军部队的无线电情报系统截获和破译的情报；安全处负责海

---

① 刘家祥、于洋：《以色列五大情报机构揭秘》，《国防科技》2006年第7期。

军内部的反情报活动，为海军司令部和各地的海军基地提供安全情报保障。①

(三) 国家安全总局——辛贝特

以色列国家安全总局成立于 1948 年，最初隶属于国防军，随后由总理办公室直接领导。成立之初主要负责国内安全事务，特别是监视被占领土上居民的反抗活动。在第一次中东战争结束之前，又增加了反间谍任务。

辛贝特下设 8 个部门：阿拉伯处、非阿拉伯处、安全保卫处、技术处、行动支援处、审讯和法律事务处、合作与计划处以及行政处。阿拉伯处主要负责反间谍、反恐怖主义、监控反政府的政治活动等，在全国及以色列所控制区域内划片设立分支机构；非阿拉伯处主要负责监视非阿拉伯国家情报机构的活动、境内犹太组织的活动以及移民的调查工作；安全保卫处主要负责国家领导人、政府机关、国防部门、重要的科学研究单位以及来访的外国首脑和外国使团等的保卫工作；技术处负责为局内各部门的监控、调查、保卫等工作提供技术装备和技术指导等；行动支援处为行动部门提供情报活动必要的协助工作，如电子干扰、航空支援等；审讯和法律事务处负责逮捕、审讯嫌疑分子；合作与计划处负责协调与其他情报机构间的合作，并为辛贝特内部和其他部门的反情报人员提供训练；行政处负责辛贝特的后勤、财务、通信、安全等日常事务。

三、执行机构

本书所称以色列反恐的执行机构指的是在具体的反恐行动中执行反恐决策机构命令的部门。广义上包括一切参与反恐的部门，如国防军、警察、外交、经济、文化教育、卫生医疗等部门。狭义上指国防军、警察等直接参与反恐具体行动的部门。本章主要使用狭义上的概念，但有时也包括卫生医疗等部门。

---

① 刘家祥、于洋：《以色列五大情报机构揭秘》，《国防科技》2006 年第 7 期。

（一） 以色列国防军

因为以色列长期将反恐定位为战争，所以以色列国防军在反恐中的重要作用不言而喻。以色列国防军安全目标是：捍卫以色列国家的主权和领土完整，威慑敌人，抑制威胁日常生活的各种类型的恐怖主义。其主要任务包括：执行和平协定；与巴勒斯坦权力机构合作确保约旦河西岸的整体安全；在国内外反恐战争中发挥带头作用；维持预防发生敌对行动的威慑能力。① 与恐怖主义作斗争是其基本任务之一。

以色列国防军正式成立于 1948 年 5 月 26 日，其前身是犹太民兵组织"哈加纳"。国防最高决策权和国防军的最高统帅权属于政府。国防部部长是国防系统的最高领导，总参谋部是军队的最高指挥机关，具体负责全军的作战指挥和军事训练。以色列国防军由陆军、海军和空军组成，现役部队 18 万人，国防预算多年保持在国内生产总值的 7%。实行普遍义务兵役制，以色列《兵役法》规定，一般年满 18 岁的青年必须在国防军中服役，服役期为男子 3 年、女子 2 年。

1975 年 7 月 7 日，拉宾总理就巴解组织在耶路撒冷实施袭击一事在议会讲话时说："我们要向以色列国防军、以色列警察及其他安全部门表达我们的敬意，还要为国民警卫队和所有公众在挫败和根除恐怖主义战争中的努力表达敬意。"② 1995 年 11 月 22 日发布的以色列政府基本政策方针中表明："政府将有力地打击恐怖和暴力行动。以色列国防军和安全力量在坚持遵守法律和人权的同时将最大限度地降低敌对行动的危害程度，维护以色列居民和所辖领土上居民的个人安全。"③ 1999 年 7 月 6 日发布的以色列政府基本政策

---

① "The State: Israel Defense Forces (IDF)," Aug. 29, 2021, https://www.gov.il/en/Departments/General/the-state-israel-defense-forces.

② "Statement in the Knesset by Prime Minister Rabin on the PLO Attack in Jerusalem," July 7, 1975, http://mfa.gov.il/MFA/ForeignPolicy/MFADocuments/Yearbook2/Pages/97%20Statement%20in%20the%20Knesset%20by%20Prime%20Minister%20Rabi.aspx.

③ "Basic Policy Guideline of the Israel Government," Nov. 22, 1995, http://mfa.gov.il/MFA/ForeignPolicy/MFADocuments/Yearbook10/Pages/Basic%20Policy%20Guidelines%20of%20the%20Israel%20Government.aspx.

方针中声明："政府将把以色列国防军建设成为以色列的防卫和威慑力量。"① 这些突出体现了以色列国防军在反恐中的首要地位。根据2016年《反恐法》，国防部在反恐中的权力又有了进一步的扩大。

国防军大规模参与的反恐行动一般是以色列实施的军事反恐行动，如2008年12月至2009年1月的"铸铅行动"、2012年11月14—21日的"防务之柱行动"、2014年7月8日的"护刃行动"等。但小规模的反恐行动，如解救人质、"斩首行动"等，需要执行能力更强的特种作战部队。在长期反恐斗争中，以色列成立了多个具有特殊职能的特种部队，其中国防军下设的特种部队在反恐中发挥了重要作用。据不完全统计，国防军下属特种部队主要有：13舰队、直升机载突击队、翠鸟突击队等。

1. 13舰队

13舰队成立于1948年，是由以色列海军精英组成的海军突击队，相当于美国海军的海豹突击队。13舰队最初的成员来自犹太民兵组织"哈加纳"的海军部队。

13舰队是以色列国防军中主要的特种部队之一，擅长海陆攻击、反恐、破坏、海事情报搜集、海上事故人质营救和登舰作战等。该组织几乎参加了以色列所有重大的战争和其他行动，被认为是以色列海军中最为机密的机构之一，它的存在一直到20世纪60年代才被公之于众。

13舰队在战争中承担的任务主要是高等机密的侦察、渗入敌方阵营、破坏敌方设施等。在20世纪80年代初的黎巴嫩战争中，该组织开展了数十次成功的行动，给真主党在人力物力上造成重大损失。在2000年第二次巴勒斯坦起义后的五年里，13舰队参与了多次打击巴勒斯坦武装组织在加沙和约旦河西岸的基础设施的地面行动，另外，其成员也参与了2002年"防卫墙行动"中的杰宁之战。

---

① "Basic Guidelines of the Government of Israel," July 6, 1999, http：//mfa. gov. il/MFA/ForeignPolicy/MFADocuments/Yearbook13/Pages/2％20Basic％20guidelines％20of％20the％20 Government％20of％20Israel－％206. aspx.

据以色列方面称，从 2000 年开始，13 舰队因其成功截获试图向恐怖分子运送武器的多艘船只而受到以色列国内广泛赞誉，这些船只装载了包括导弹在内的大量先进武器。2006 年，第二次黎巴嫩战争中，13 舰队参与了国防军实施的一次行动，突击队员奔袭数百公里深入敌后，袭击了真主党在泰尔市的据点，并杀死近 30 个真主党指挥员，其中一些是负责真主党导弹发射系统的指挥员。

2. 直升机载突击队

以色列国防军直升机载突击队也称为总参谋部 269 侦察营，堪称以色列最著名的突击队。这支直升机载突击队成立于 1957 年，几乎在以色列每次著名的反恐行动中都扮演了重要角色。它主要负责人质营救任务，在其成立后的几次阿以战争中，负责最危险的情报收集和侦察行动，还曾在敌后执行过其他重大行动。有时，直升机载突击队也和以色列其他特种部队展开联合行动，如 13 舰队、翠鸟突击队和 669 营救营等。

直升机载突击队还曾参加过 1968 年奇袭贝鲁特机场的"礼物行动"、1969 年夺取埃及雷达站的"雄鸡行动"、1972 年营救被劫持的比利时客机人质的"同位素行动"、1973 年在贝鲁特刺杀"黑色九月"成员的"青春之泉行动"、1976 年在乌干达营救被劫持的以色列人质的"霹雳行动"和第二次黎巴嫩战争期间的"巴勒贝克行动"等。

尽管直升机载突击队是个相对较小又保密的机构，却产生了多名政界和军界领导人，如现任总理的本杰明·内塔尼亚胡、前总理埃胡德·巴拉克、国防军总参谋长沙乌勒·莫法兹和摩西·亚阿隆、辛贝特局长艾维·狄希特、摩萨德局长丹尼·亚托姆和纳夫塔利·贝内特等。

3. 翠鸟突击队

翠鸟突击队隶属于以色列国防军空军，也称 5101 部队。翠鸟突击队与直升机载突击队和 13 舰队齐名，是以色列国防军几个重要的特种部队之一。翠鸟突击队成立于 1974 年，其任务是部署人员潜入战区和敌方区域执行特殊侦察任务，规划袭击区域或飞机场，同时进行空中交通管制和突击任务。除了几次重大的行动之外，外界对翠鸟突击队参与的行动所知甚少。翠鸟突击队参与过"摩西行动"和"所罗门行动",成功地把数千名犹太人从埃塞俄比亚空运到以色列。以色列国防军的第20任参谋长本尼·甘茨曾任翠鸟突击队队长并指挥了"所罗门行动"。第二次黎巴嫩战争期间,翠鸟突击队参加了"巴勒贝克行动",袭击了敌后数百英里之外的真主党在巴勒贝克的据点,并成功逮捕了多名真主党指挥官。

4. 其他以色列国防军特种部队

以色列国防军反游击战特种部队隶属于戈兰旅,擅长游击战和反游击战。外界广泛认为反游击战特种部队是应对来自黎巴嫩和叙利亚,尤其是来自真主党的威胁的首屈一指的进攻性力量。其成员要经受严格的训练,通常执行伪装战、突袭、夜航、反恐、空降和侦察等任务。通常部署在以色列北部边界前线,不过在需要的时候,也可以投入到约旦河西岸、加沙地带等任何地方的战斗。

217部队隶属于伞兵旅,擅长执行秘密行动和在约旦河西岸与加沙的反恐任务。它通常提供情报、支援、营救、医疗、撤离、狙击和爆破等服务,被称为是以色列反恐先锋队,也被认为是世界上最成功的反恐机构之一。

669搜索与救援队擅长搜索、营救、疏散,并为那些迫切需要即时医疗救护的人提供服务,配备有世界上最先进的直升机。1974年以色列空军的两架喷气机相撞,其中一名机组人员由于搜救行动失败而溺死,这起事故成了建立这支部队的重要原因。669搜索与救援队的成员要经过一年半的训练,在不断的技术磨练中成为熟练的营救员,能在诸如火灾之类各种极端环境中开展救援工作。

工程兵突击队是以色列国防军中开展专项行动的工程兵,擅长从事多种类型的战争,包括突击行动、定位和排除爆炸物、拆除炸弹和地雷、破坏海上目标以及清除障碍物等。近年来,工程兵突击队成功探寻到恐怖分子在加沙挖掘的用于走私武器的隧道,并拆除其中的爆炸物品,抓捕恐怖分子。

"精选"精英通讯旅成立于2005年,隶属于以色列国防军总参谋部C4I局信息技术处。可以为两栖部队、空军和机动部队提供包括指挥、管控、通信、计算机和情报在内的信息。下辖3个营，可以为以色列国防军开展行动，尤其是可为繁杂机密的行动提供通信服务，发挥着基础性作用。

以色列特种军犬部队是一个独立的专职训练军用警犬的机构，这些警犬可用来追踪、追捕特定的目标，也可以用于边境搜查，如可以搜查枪支弹药、隐藏的爆炸物、倒塌建筑物中的被困人员等。1974年，特种反恐怖军犬部队——7142部队成立，起初只是执行反恐任务，经过不断扩建，现已拥有武器连、攻击连、支援连、爆炸物品连和迫击小队五个分队。

阿尔卑斯营可将在特定区域所需专项防卫技能完美结合，比如在滑雪和乘坐雪地摩托车高速运行的同时准确射击的技能。该机构是唯一由志愿兵组成的预备役部队，他们通常在一些高级部门服役。一经证明拥有应对重大挑战的技能，这些士兵就要到条件恶劣的赫尔蒙山区成为预备役人员。阿尔卑斯营的创设目的是应对严寒山区的叙利亚敌人。

深度兵团成立于2011年12月，是一个联合特种行动部队，主要执行国外行动。深度兵团把多个精英突击队整合为一，由多个领域多种专长兵种组成，可应对多种专业需求的任务，包括反恐、反走私、防扩散及其他行动。深度兵团行动范围主要在非洲东北部到叙利亚和伊朗之间的区域。

反坦克导弹突击队是以色列国防军内部的一个最高机密的精英机构，其成员专长于操作以色列自制的"塔穆兹"型反坦克导弹，该导弹射程为25公里，速度为每秒220米。导弹由安装在装甲人员输送车上的炮塔发射，每车配备四名队员，包括一名队长、一名司机、两个导航员。士兵在操作导弹前要接受近12个月的专门训练，包括85公里的长途跋涉体能测试。

水下特种部队隶属于以色列海军，其成员需接受专门训练，可以执行几乎所有水下的复杂任务，如水下焊接、打捞深海下的沉船等，能下潜到 90 米深度，可与世界级的潜水员媲美。

以色列国防军的反恐职能也经历了一个不断完善的过程。20 世纪 80 年代中期以后，以色列国防军在非传统安全方面承担的责任越来越多。在这之前，针对以色列人员和财产的"低烈度"袭击尽管也很残忍，但在以色列战略中仅占边缘地位。在以色列国防军参谋部看来，由军队反击这类袭击，从好的方面说可以看作是应对传统阿拉伯军队之类的大型战争做准备的军事演习，从坏的方面说就是分散了国防军最重要的职责。"20 世纪 50 年代，以色列就有了这样的战略主次分类，并在此后的约 40 年内被奉为圭臬，以色列国防军的使命只是应对'根本性安全'问题，即大规模入侵之类的威胁。相比之下，反恐只是被看作重要性低得多的'暂时性安全'问题。到 20 世纪末，这样的优先顺序明显不合适了，'暂时性安全'问题不再被认为仅仅是在行动议程表上占主导地位的事先需要严密规划的战争的附属性问题了。相反，这类安全问题被视为他们职责之内的行动任务。"[①]

（二）预备役部队

以色列国家武装力量包括正规部队、预备役部队和准军事部队，其中预备役人员 45 万人，接近于正规部队的 3 倍，也在反恐中起着重要作用。

在以色列，服完义务兵役者一般转入指定的预备役部队，继续服预备役。预备役人员在服役期间，除执行作战任务和各种军事勤务外，还要接受训练，主要是熟悉新式武器的性能。预备役人员由总参谋部下属的人力部统一管理，在危机状态下，经过紧急集合、武装、开赴前线的动员程序后，预备役人员则可开展辅助行动。在危机状态下预备役配合常规部队发挥了重要作用。2002 年 3 月 27 日，以色列北部城市纳塔亚发生恶性爆炸袭击，政府立即决定对巴控区采取大规模军事报复行动。为了弥补兵力的不足，以色列议会外交

---

① Stuart A. Cohen, "Israel and its Army: From Cohesion to Confusion," Routledge, 2008, pp. 40 – 41.

与军事委员会于 2002 年 4 月 7 日经投票表决，决定授权国防军紧急征募 3.1 万名预备役人员，协同常规部队进入巴控区，执行打击巴激进势力的"防卫墙行动"。时任国防部部长本·埃利泽当天在内阁例会上指出："在对'恐怖主义基础设施'完成摧毁性打击之前，以军不会从目前所占领的约旦河西岸巴控区'一次性'完全撤出。"[1]

在 2014 年 7 月 8 日发起"护刃行动"后，2014 年 7 月 31 日，以色列国防军决定再次紧急征召 1.6 万名预备役士兵，加上之前征召人员，共计 8.6 万人。而这次行动主要是打击加沙地区的哈马斯武装。

（三）警察

以色列警察属公共安全部，其职责主要包括维护公共安全、维持社会秩序、预防和打击犯罪、协助政府贯彻执行有关治安方面的法律法规、指导公民采取预防性安全措施、保护居民安全等。"警察总局在危机管理中的主要作用是：在反恐行动中与国防军配合，执行边境安全检查、巡逻、排爆等任务。"[2] 其中，"维护公共安全首要的是预防和阻遏恐怖主义行动"。[3] 以色列警察分为普通警察和边防警察两大类。一些学者研究发现，以色列警察部门参与反恐事务大致分为以下三个阶段：第一阶段，接受反恐责任；第二阶段，在巴勒斯坦起义期间，以色列逐渐把反恐作为优先事项，处于同时应对反恐和打击刑事犯罪双重角色的过渡期；第三阶段，在巴勒斯坦起义期间，以色列持续协调并承担反恐和打击刑事犯罪的双重角色。[4]

从建国一直到 1975 年，以色列国内反恐行动一直由国防军承担。1967 年第三次中东战争后，巴勒斯坦激进组织在朱迪亚、撒玛

---

[1] 蒋国鹏、杜震：《以色列议会授权国防军紧急征召 3.1 万预备役人员》，新浪网，2002 年 4 月 7 日，https：//news.sina.com.cn/w/2002 - 04 - 07/2353538046.html。

[2] 中国现代国际关系研究所危机管理与对策研究中心编著：《国际危机管理概论》，时事出版社 2003 年版，第 153 页。

[3] "About," Jan. 31, 2012. http：//www.police.gov.il/English_contentPage.aspx.

[4] Tal Jonathan - Zamir & Gali Aviv, "How Has the Israel National Police Perceived Its Role in Counterterrorism and the Potential Outcomes? A Qualitative Analysis of Annual Police Reports," Police Practice and Research, Vol. 15, No. 2, 2014.

利亚、加沙和以色列一些城市内对军事和民用目标开展了一系列袭击活动。为了预防和阻遏恐怖活动，以色列警察和边防警察配合以色列国防军和监狱部门采取措施，并有效地瓦解了朱迪亚和撒玛利亚地区的一些恐怖活动组织。1973 年第四次中东战争后，一些以色列认定的恐怖活动组织在巴勒斯坦南部成立，并爆发了一系列针对以色列目标的袭击。尤其是 1974 年发生的"玛阿洛特惨案"，暴露了国防军各种特种部队缺乏反恐训练，更缺少反恐合作与协同意识。事后，以色列政府采纳了惨案调查小组建议，于 1975 年 1 月 26 日通过第 411 号决议，正式将城市反恐任务赋予边防警察与国家警察，从此以色列城市反恐行动队登上了历史舞台，[1] 并决定由警察承担国家的公共安全，从而赋予以色列警察双重身份：既承担传统治安任务角色，又处理国家内部安全事务。

为了配合身份和职能改变，以色列警察在组织上和结构上也做了一些调整：成立了行动处；成立了以色列国民警卫队；成立了国家排爆小分队；成立了专门与恐怖主义作斗争的中央特种警察部队；加强了以色列边防警察的部署和训练。

经过长期发展与完善，目前，以色列警种设置比较科学，职能分工明确。除分布在各地的普通警察外，还组建了边防警察部队、空中警察部队、警察谈判部队、警察排爆中心等专业反恐力量。[2] 与反恐有关的警察力量主要有以下几个。

1. 边防警察

边防警察成立于 1953 年，其主要行动范围随时间变化不断发展以适应国家安全需要。成立之初主要维护国家边境治安，后来曾参与战争，应对暴乱和起义。目前，边防警察主要是配合以色列警察行动，负责公共安全、恐怖活动、重大犯罪活动、暴乱、守卫敏感地域和保护乡村区域等多领域相关事务。

---

[1] 崔凤川、闫桂玲：《以色列城市反恐行动队》，《轻兵器》2003 年第 10 期。
[2] 李苏鸣：《以色列和印度警察部队反恐工作特点及启示》，《公安研究》2005 年第 11 期。

自成立以来，边防警察在组织结构上经历了诸多转变。现在，边防警察不再仅仅部署在国家边境地区，而是分布在全国各地。职责的扩大需要人员扩充，从刚成立时的几百名到2013年4月已增加到7500名，约占整个以色列警察队伍的三分之一。其组织结构也做了一些改进，如分区管理，组建警犬部队、爆破小组、侦查部队、防暴部队、反恐部队以及其他一些机密部门，其中反恐部队被认为是全世界此领域最优秀的部队之一。

2. 国民警卫队

1974年4月，在以色列国防军将国内安全责任转移给警察后，以色列政府通过了一项决议，要求成立国民警卫队，协同警察行动。国民警卫队是一个由来自全国各行业民众中的志愿者组成的草根组织，在警察领导下开展工作，这个组织随后的出色工作展现了以色列民众积极参与国家安全服务的热情和巨大作用。鉴于以色列警察和国民警卫队长期紧密的合作，1981年，以色列开展了一个试验性的试点项目，把国民警卫队整编为具有统一制服的组织。次年，警卫队开始执行巡逻、侦探、交通管制和预防犯罪等一些常规性的治安警务活动。1989年，议会通过的一项法案开始生效，其中规定警察在诸如保护公民的生命和财产安全的治安活动中可以征募警卫队员。20世纪90年代，国民警卫队一直是以色列最大的志愿者组织。1998年，以色列警察总监耶胡达·维尔克决定将国民警卫队并入以色列警察队伍。这项决定对志愿者是极大的鼓舞，促使他们更加积极地服务。

3. 中央特种警察部队["雅曼"（YAMAM）]

警察总局下设的"雅曼"特别小组，是专门打击恐怖主义的中央特种警察部队。根据长期反恐实践经验，"雅曼"设司令、副司令各一名，直接领导作战、情报、研发和后勤四个机构。"雅曼"主要分为两个作战分队，两分队又划编为突击、狙击、攀登、排爆和侦察五个小分队。"这种指挥保障扁平化、人员编成精干化、末端力量集成化的编制特点，使其具有很强的反应和处置能力。"[1]

"雅曼"下设的排爆小分队由警察和军队中经验丰富的人员组成，负责处理所有的恐怖爆炸装置，既有高超的排爆技术，也有先进的排爆工具，如世界一流的"哈伯"排爆机器人，能够代替人拆除可疑的爆炸装置。

以色列认为，自2000年初起，巴勒斯坦人的斗争和攻击行为演变成有组织、有规模、有杀伤力的"恐怖袭击"，即第二次巴勒斯坦起义。随后几年，以色列全国范围内发生数十起严重的恐怖主义事件，这些事件大多数是自杀式爆炸袭击，造成数百名以色列人丧生。在此期间，以色列警察和边防警察及志愿者多次在危机状态下展开行动，共同应对自杀式爆炸袭击。这类恐怖袭击在2002年"黑色三月"达到顶峰，在这个月的一系列袭击中共有105名平民被杀，26名战士受伤。尤其是在2002年3月27日，也就是当年犹太逾越节的第一个晚上，一名自杀式爆炸袭击者在纳塔尼亚的公园酒店引爆炸弹，造成当时正在庆祝节日的30名犹太平民被杀。作为反击，以色列国防军于2002年3月29日开展"防卫墙行动"，旨在摧毁朱迪亚和撒玛利亚地区的恐怖活动组织，确保以色列居民的安全。这期间，以色列警察积极行动，和其他安全部队紧密合作，发挥了重大作用，有效地减少了自杀式爆炸袭击。总体看，以色列警察部门在反恐中发挥了重要作用，但随着反恐工作的推进，警察部门反恐也面临经费不足、伤亡增加等问题。[2]

（四）三个主要执行机构的特点

1. 职能互为补充

三个主要执行机构的职能互为补充具有两方面的意义。一是以

---

[1] 李苏鸣：《以色列和印度警察部队反恐工作特点及启示》，《公安研究》2005年第11期。

[2] Tal Jonathan–Zamir & Gali Aviv, "How Has the Israel National Police Perceived Its Role in Counterterrorism and the Potential Outcomes? A Qualitative Analysis of Annual Police Reports," Police Practice and Research, Vol. 15, No. 2, 2014.

色列国防军、预备役部队和警察构成了以色列反恐执行机构的主要力量,从其各自的职能划分上,这三个机构可互为补充。以色列国防军主要负责国家整体安全、传统安全,在反恐中则主要负责大型的军事行动,控制整个军事反恐行动的发展动态,并负责涉外反恐军事行动;预备役部队则在大型军事反恐行动中起到补充和后备力量的作用,往往是在有地面作战任务时,配合国防军进行搜查、维持占领区治安等行动;警察则主要负责国内日常反恐事务。二是三个主要执行机构与其下设的各种特种部队在职能上互为补充。为了在现代热战中取得胜利需要拥有大量高技术的武器,包括航母、坦克、大炮、多用途战机和智能武器等,配备这些武器的军队组成的传统军队结构具有某些局限已得到军事家们的共识,这种军队结构在应对恐怖分子组成的小型网络结构造成的威胁时尤其显得不适应、不对称。因为军队的定位是应对传统战争这一最终目标。"在许多情况下,后勤供应不足意味着武装部队必须采取替代方法以达到军事目标。"[1] 因此,随着军事理论和实践的发展,在这种军队结构中设置一些机构,也就是特种部队,在战场上或任何可能的地方当传统部队力有未逮时可以改变军事战略部署。

2. 特种部队的个体专业性和总体全面性

以色列特种部队的个体专业性指的是国防军和警察中设立的各个特种部队具有各自特殊的技能、职能和专长,或者能在某种特殊环境下实施行动;总体全面性指的是这些特种部队整体上组成一个可以在任何非常规环境下展开反恐行动的体系,体现了以色列在设立特种部队时的整体规划和统筹安排,也体现了以色列反恐方面独到的实践经验。

3. 特种部队的灵活性

"所有这些特种部队具有相似的共同特征:和传统机构相比规

---

[1] Alastair Finlan, "Warfare by Other Means: Special Forces, Terrorism and Grand Strategy," in Thomas R. Mockaitis and Paul B. Rich, eds., Grand Strategy in the War against Terrorism, Frank Cass, 2003, p. 91.

模较小，都是士兵中公认的精英，有能力实施超出传统军事思想的行动。"① 这些特种部队在反恐行动中具有许多传统部队不及的优势。首先，他们超常的人员和武器装备可以提高反应速度和强度，给予恐怖分子出其不意的打击。其次，由于行动速度和效率的提高，特种部队自身伤亡较小，造成的附带损伤也较小。这对自身伤亡非常敏感的以色列民众来说非常重要，民众很少有反对在反恐中使用特种部队的。最后，由于其规模一般较小，部署灵活，有时在一些敏感的地域活动也不会对有关国家和对外关系造成较大影响。

四、机构间的协作

"反恐怖是一个系统工程，反恐怖体系包括与这一系统工程相关方面的诸多层面。国家反恐怖系统的层次主要有：武力反恐怖、强化反恐怖的情报和技术工作、法律正义和社会反恐怖（公平正义发展、汇合民众力量）、国际合作反恐怖、反恐怖斗争的理念。而这些层面由国家最高反恐怖枢纽统一协调而形成一个整体。"② 不同的反恐机构也有利益差别，之间可能存在争夺和竞争，因此反恐怖系统中的各个"单元"还需要适宜的协调才能高效运转。

为了保持反恐各机构间的协调，以色列还专门设立了协调这三个机构的部门和人员：以色列国家安全委员会反恐怖主义局和反恐特别顾问。"以色列的危机管理机制，是以与紧急状态相关的法令、法律为依据，以危机管理决策部门（总理、安全内阁）为核心，以国家安全委员会为国家安全事务最高决策机构，情报系统、军方（国防部、总参谋部及下属机构）等参谋和执行部门既分工负责又相互协作，发挥整体作用的综合性组织体系。"③ 其中国家安全委员

---

① Alastair Finlan, "Warfare by Other Means: Special Forces, Terrorism and Grand Strategy," in Thomas R. Mockaitis and Paul B. Rich, eds., Grand Strategy in the War against Terrorism, Frank Cass, 2003, p. 91.
② 张金平：《国际恐怖主义与反恐策略》，人民出版社2012年版，第162页。
③ 中国现代国际关系研究所危机管理与对策研究中心编著：《国际危机管理概论》，时事出版社2003年版，第141—142页。

会下属的反恐怖主义局和总理直接负责的反恐特别顾问在协调各机构行动间发挥着重要作用。

(一) 国家安全委员会反恐怖主义局及其职能

1. 国家安全委员会反恐怖主义局

1999 年,以色列国家安全委员会成立。2008 年以色列通过《国家安全法》,给予国家安全委员会法律保障,使其在以色列国家安全与外交事务中发挥重要作用,包括完善国家安全的顶层设计,增强国家安全事务决策的科学性,加强对反恐等危机事件的应对,促进国际安全合作等。

以色列国家安全委员会下设五个主要部门:战略事务部、外交政策部、安全政策部、反恐局和人力资源与后勤运营部。其中成立于 1996 年 3 月的反恐局是以色列政府从事反恐怖主义的核心机构,"其工作领域十分宽泛,包括情报搜集、国土安全、关键设施、经济安全、国际反恐合作等方面"[1]。

以色列国家安全委员会在反恐方面的作用主要有两点。一是从总体上来说,以色列国家安全委员会参与国家安全事务的顶层设计,为总理提供有关国家安全事务的咨询。"使以色列形成由最高决策层直接负责的战略机制,从全局上统筹国家安全事务,制定切实有效的国家安全战略。"[2] 二是负责协调和整合国防军总参谋部、外交部,以及摩萨德、辛贝特等多个负有反恐责任的国家安全决策、情报和执行机构。这些机构间存在信息共享不够、配合不力等现象,影响了反恐的效果。"在以色列国家安全委员会的整合下,反恐怖主义局负责全面协调和统一指挥全国的反恐怖行动。其主要职责是搜集、分析、评估情报信息,制定并实施反恐行动计划,处置国内外的各种恐怖威胁,并在各大有关部门之间进行协调,提高

---

[1] 艾仁贵:《以色列国家安全委员会在国家安全决策中的作用》,《国际安全研究》2014 年第 5 期。

[2] 艾仁贵:《以色列国家安全委员会在国家安全决策中的作用》,《国际安全研究》2014 年第 5 期。

应对恐怖威胁以及恐怖袭击的反应。此外，国家安全委员会还设立国家危机与紧急管理中心以应对各类突发事件。"[1]

2. 危机应对各阶段机构间协作

（1）预防阶段机构间协作

以色列建立了以反恐为中心的危机预防体系，在决策机构的领导下，由情报、研究咨询部门搜集有关恐怖主义及其活动的信息并提出可靠操作方案，由执行部门采取措施尽可能地预防恐怖主义者实施有效恐怖活动。

以色列政府一贯重视对恐怖主义及其活动进行全方面的研究，搜集相关信息并综合分析。决策机构统筹整合情报资源。包括摩萨德、阿穆恩、辛贝特、外交部政策计划与研究中心、国际反恐政策研究所以及各高等院校有关研究机构等情报和研究咨询机构定期向决策部门呈报或汇报有关信息。

各部门间也既分工又合作。辛贝特与国防军总参谋部等部门在某些问题上配合行动。例如，在对巴勒斯坦激进组织领导人采取"斩首行动"时，先是情报部门跟踪目标，派出情报人员深入巴勒斯坦内部，或者收买巴勒斯坦人为以色列情报部门服务，从而获得情报。然后由军方或警察单独或联合实施行动，清除或逮捕恐怖活动组织领导人。

（2）行动阶段机构间协作

一旦发生恐怖主义行动，危机管理的行动预案就会马上启动。内阁、总理办公室、国防部等政府各部门之间以及安全内阁召开紧急会议以统筹协调安排。在听取情报部门的汇报，对事态获得确切的了解后，及时制订相应行动计划，并安排执行部门迅速行动。

1976年6月，一架从以色列起飞的法国航班客机被恐怖分子劫持。时任以色列总理拉宾马上组织了一个包括国防部部长和交通部部

---

[1] 艾仁贵：《以色列国家安全委员会在国家安全决策中的作用》，《国际安全研究》2014年第5期。

长在内的紧急委员会，并要求国防部尽快制定出解决方案。以色列情报和特殊使命局很快提交了有关航班机组人员、乘客、劫机恐怖分子、飞机降落地点等的详细情况，为政府开展营救行动提供了重要依据。辛贝特的技术发展处则始终与被劫持的飞机保持无线电通信联络，密切跟踪劫机恐怖分子的动向。同时，国防部部长责成总参谋长成立由总参谋部情报局、野战侦察司令部总参侦察营、空军司令部作战处、海军突击队、步伞兵司令部反恐处等部门负责人组成的应急计划小组，设计了几种不同的营救方案。任命负责指挥全军联合特种部队作战的步伞兵司令为临时前敌总指挥，将严格筛选营救方案向国防部部长通报，最后交内阁审批。后勤方面，由总参后勤和医务部队准备了一个野战医院，由空军提供装载营救部队和野战医院的运输机。

若有重大恐怖袭击事件发生，警察部门、医院救护队、消防队等责任单位会马上赶到现场。一方面组织抢救和运送伤员，整理现场，另一方面由警方的排爆小分队对现场进行检查，排查可能存在的其他爆炸物。国防部部长则命令军队封锁巴勒斯坦被占领土，禁止巴勒斯坦人进入以色列境内，有时候还采取相应的军事报复行动，如进入巴自治区搜捕恐怖分子，并对窝藏、包庇恐怖分子的人员进行严厉惩处等。

（3）恢复阶段机构间协作

恐怖袭击之后，情报机构和行动机构在决策机构领导下迅速行动，妥善处理恐怖袭击事件造成的政治社会影响，一般会由外交部部长、国防部部长或总参谋部人力部的军方发言人通过媒体向外界发布消息，公布恐怖袭击事件以及反恐应对的事实情况，对在反恐时执行部门采取的行动做出说明和解释，安抚社会情绪，尽快平息恐怖活动给正常生产生活及社会秩序带来的负面影响。同时对人员伤亡以及经济、财产等方面的损失进行补救，慰问和抚恤受害者家属。

决策、情报和行动部门在恐怖主义事件结束后及时总结经验教训，改进和完善行动预案，弥补应对恐怖活动管理系统的不足。例如，1995年11月以色列总理拉宾遇刺后，以色列政府对辛贝特进行了全面整顿。

（二）反恐特别顾问

1972年，慕尼黑奥运会期间发生了针对以色列运动员的恐怖事件。为了调查此事、平息民众的情绪，以色列成立了一个调查委员会，调查中显示出反恐时在国内各部门之间和国际之间协调的重要性。随后，时任总理果尔达·梅厄任命了总理反恐特别顾问，负责协调以色列政府各部门间的反恐事务。第一任反恐特别顾问是当时即将退役的艾伦·亚里夫将军，他认为顾问的职责就是建议、协调、监督以色列反恐战略的制定、执行，协调包括以色列国防军、情报部门和外交部等在内的和反恐有关的各类机构。在调查慕尼黑恐怖事件中也显示在恐怖事件发生前、中、后国内多部门间协作的重要性，需要协作的部门包括情报部门（军事情报处、辛贝特、摩萨德）、政府部门（国防部、内务部、外交部、财政部、公安部、旅游事务部、教育部、司法部等）、安全和司法系统以及急救部门（警察、监狱系统）、媒体（包括社会媒体和网络公司）、其他相关部门（包括专家学者、社区领导、私人安保和技术公司、非营利组织）等。只有这些部门和人员间持续、充分的协调才能有效地反恐。①

梅厄总理在慕尼黑恐怖事件后设立了反恐协调办公室，自此一直到1999年，每任总理都会任命反恐顾问。反恐顾问一般都是安全部门的资深人员，并且和总理私交甚密。

---

① Boaz Ganor, "The Importance of Inter‐office Coordination in Counterterrorism: the Israeli Case Study," in Leanne Close, Daria Impiombato, eds., Counterterrorism Yearbook 2021, Australian Strategic Policy Institute, p. 114, https://www.jstor.org/stable/resrep31258.25?searchText = The + importance + of + inter – office + coordination + in + counterterrorism&searchUri = %2Faction%2FdoBasicSearch%3FQuery%3DThe%2Bimportance%2Bof%2Binter – office%2Bcoordination%2Bin%2Bcounterterrorism%26so%3Drel&ab_segments = 0%2SYC – 6427%2Ftest&refreqid = fastly – default%3A83487cb8abd6232be7838984d0ea331b&seq = 1. 2022 – 6 – 8.

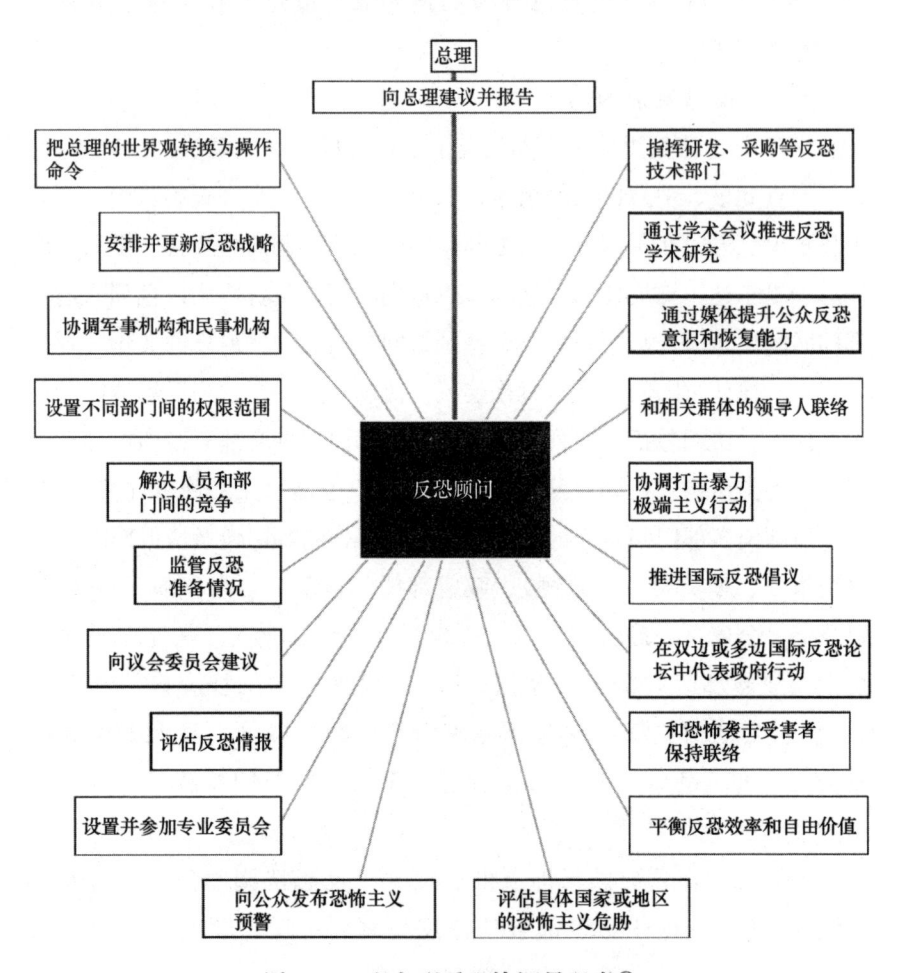

```
                                        总理
                              向总理建议并报告

把总理的世界观转换为操作                         指挥研发、采购等反恐
        命令                                  技术部门

   安排并更新反恐战略                          通过学术会议推进反恐
                                              学术研究

  协调军事机构和民事机构                       通过媒体提升公众反恐
                                             意识和恢复能力

  设置不同部门间的权限范围                     和相关群体的领导人联络

    解决人员和部                               协调打击暴力
    门间的竞争              反恐顾问           极端主义行动

      监管反恐
      准备情况                                 推进国际反恐倡议

    向议会委员会建议                           在双边或多边国际反恐论
                                             坛中代表政府行动

      评估反恐情报                             和恐怖袭击受害者
                                               保持联络

   设置并参加专业委员会                        平衡反恐效率和自由价值

        向公众发布恐怖主义          评估具体国家或地区
             预警                    的恐怖主义危胁
```

图 3-1 以色列反恐协调员职责①

1996 年为了应对自杀式恐怖袭击，尤其是哈马斯和杰哈德实施

---

① Boaz Ganor, "The Importance of Inter-office Coordination in Counterterrorism: the Israeli Case Study," in Leanne Close, Daria Impiombato, eds., Counterterrorism Yearbook 2021, Australian Strategic Policy Institute, p. 117, https://www.jstor.org/stable/resrep31258.25?searchText=The+importance+of+inter-office+coordination+in+counterterrorism&searchUri=%2Faction%2FdoBasicSearch%3FQuery%3DThe%2Bimportance%2Bof%2Binter-office%2Bcoordination%2Bin%2Bcounterterrorism%26so%3Drel&ab_segments=0%2FSYC-6427%2Ftest&refreqid=fastly-default%3A83487cb8abd6232be7838984d0ea331b&seq=1. 2022-6-8.

的袭击，以色列成立了反恐局。成立之初，该局和对总理办公室负责的反恐顾问是分开的，数月后，反恐局局长和反恐顾问就由梅厄·达甘一人兼任。达甘离任后，撤销了总理反恐顾问的职位，但是反恐协调员的职责依然保留，并由反恐局局长履行。2001年，反恐局由总理办公室转属于国家安全委员会。

第二节　反恐手段

以色列反恐决策、情报和执行机构组成的反恐机制在情报、军事、经济、法律、文化教育和网络等多方面采取多种反恐手段，比较有效地达成了反恐的目标。1996年，佩雷斯总理甚至表示："为了追捕恐怖分子、惩罚那些派遣他们的人、摧毁其组织，从来没有设置什么限制，将来也不会设置什么限制。"[1] 以色列反恐手段基本是"没限制"的，运用多种可以运用的手段反恐，其中最偏重的是军事反恐手段。

一、情报侦查

"情报在反恐中是第一位的，甚至从某种意义上讲是关键因素。它不仅是预警的工具，还是应对的必需助手。"[2] 情报工作是反恐怖斗争中不可或缺的一环，是反恐工作的前提条件，准确、及时的情报对预警、防范、打击恐怖主义都至关重要，因此以色列一贯注重反恐情报工作。

首先，以色列重视反恐情报机构建设。如前所述，以色列设置

---

[1] "Address to the Knesset by Prime Minister Peres on Hamas Attacks in Jerusalem and Ashkelon," Feb. 29, 1996, http：//mfa. gov. il/MFA/ForeignPolicy/MFADocuments/Yearbook10/Pages/Address% 20to% 20the% 20Knesset% 20by% 20Prime% 20Minister% 20Peres% 20on. aspx.

[2] Marc A. Celmer, "Terrorism, U. S. Strategy, and Regan Politics," Greenwood Publishing, 1987, p. 85, 转引自胡联合：《第三只眼看恐怖主义》，世界知识出版社2002年版，第297页。

了多个情报部门,最主要的有摩萨德、辛贝特、阿穆恩,此外,警察署、公安部、国防部、军队等部门中也相应设立专门的情报机关,互相配合补充,让以色列成为一个"情报大国"。

其次,重视反恐情报技术开发。反恐情报技术开发包括两方面,一方面是搜集情报的科技手段和工具的研发。摩萨德和辛贝特都设立了专门负责情报技术装备和技术指导的技术处,各式各样的情报技术及装备为搜集情报、分析情报、执行任务提供了保障。另一方面是对情报人员的技术培训。情报人员需要掌握多种搜集情报的技巧,在复杂环境下完成任务。以色列主要情报部门也都设立了人员培训机构。

再次,以色列重视国际情报合作,尤其是与美国的合作。以美两国拥有一套运行完善的国家反恐情报共享系统。根据以美两国签订的反恐合作协议,两国可互相分享有关恐怖分子和恐怖活动组织的信息与分析,包含对恐怖活动组织和恐怖分子的调查及资金流向信息,以及反恐专家的定期交流等。

最后,以色列情报侦查为决策和执行部门提供了保障。以色列情报机构以强大的情报工作能力很好地配合了决策和执行机构的行动。1973年4月9日,"青春之泉行动"中,以色列国防军直升机载突击队圆满完成既定任务,与前期成功的情报侦查是分不开的。行动前2个月,突击队总指挥埃胡德·巴拉克就获得了巴解组织主要成员的照片及其藏身地点的准确情报,甚至还获得了对方居住建筑的准确平面图。

在2008年12月至2009年1月的"铸铅行动"前,以色列进行了细致的情报收集工作。在此前半年,国防部部长巴拉克就命令所有以色列情报机构搜集哈马斯的各种目标的情报,制定目标数据库。数据库包括收集哈马斯的重要设施,加沙地带的道路、桥梁和电力设施等信息,在国防部核实后汇编成册,下发给各作战单位。空、海军在行动第一阶段的突袭中快速精准地炸毁了哈马斯总部、火箭炮发射器和"卡萨姆"火箭炮发射台、"格拉德"导弹储存库等重要目标。行动第二阶段，地面部队进入加沙地带时，每个部队都携带一份目标清单，清楚地标明恐怖分子的隐身地点、弹药库、地道入口等，为以色列快速有效地行动提供了可靠保障。

事实上，所有的反恐行动无一例外都需要在前期获得精准、有效的情报和信息。以色列通过精心构建的反恐情报网络，在海量的信息中尽可能搜集有用信息，寻找出任何有关恐怖活动的蛛丝马迹，从而捕捉到潜在的威胁。以色列有关情报的信条之一就是，在情报搜集上投入的越多，耗费在反恐安保措施的成本就越小，造成的社会危害和人员损失也越少。"以色列情报和安全机构属于全世界最佳之列，优秀的人才和先进的技术使他们具备了很强的战斗力；他们显示了非凡的综合、甄别和评估由其遍布全球的谍报人员、犹太团体等搜集的情报的能力。"[1]

二、军事反恐

"以色列公众和政府视恐怖主义为战争，而不是一个仅仅需要合适的政策措施就能解决的法律和秩序的问题，以色列关于巴勒斯坦恐怖主义的认知是，这是阿拉伯国家与这个犹太国家的全面斗争所引发的后果。这一认知影响了以色列如何回应恐怖主义的方方面面。"[2] 以色列公众和政府把恐怖主义视为战争的认知导致的后果，必然是强调采取军事手段应对恐怖主义，其军事打击手段主要有军事行动、"斩首行动"、构筑导弹防御系统和封锁边境等。

(一) 以色列实施的军事行动反恐

军事行动反恐指的是动用军队以战争方式进行的反恐手段。由于以色列认定恐怖主义的标准比较宽泛，反恐对象扩大化，认定的

---

[1] [美] 丹·拉维夫、[以] 约希·梅尔曼著，张海涛等译：《每个间谍都是王子——以色列情报全史》，中国社会科学出版社1992年版，第3页。

[2] Ariel Merari, "Israel's Preparedness for High Consequence Terrorism," in Arnold M. Howitt and Robyn L. Pangi, eds., Countering Terrorism: Dimensions of Preparedness, The MIT Press, 2003, p. 349.

恐怖分子和恐怖活动组织较多。"如今针对以色列国家和犹太民众的恐怖活动组织有 11 个，他们企图在以色列边界地区，在朱迪亚、撒玛利亚和加沙，在以色列国内外任何可能的场所展开行动。"① 应对如此大规模的恐怖分子，动用军队实施反恐军事行动就是必然的选择。为叙述方便，以色列大致把这类军事行动分为两类，一类是军队或预备役部队实施的规模较大的军事行动，一类是军队中的特种部队实施的规模相对较小的军事行动。

1. 军队或预备役部队实施的规模较大的军事行动

规模较大的军事行动有卡拉马战役、两次黎巴嫩战争、"防卫墙行动"、"铸铅行动"、"防务之柱行动"和"护刃行动"。

（1）卡拉马战役

1968 年 3 月，阿拉法特领导的法塔赫武装力量在约旦河流域发动了著名的卡拉马战役，重创了以色列军队，使法塔赫"声名远扬"，不但奠定了其在法塔赫的主导地位，而且振奋了整个阿拉伯世界的民族精神。此后，法塔赫力量快速成长。

（2）两次黎巴嫩战争

1982 年第一次黎巴嫩战争，以色列军队有打击和驱逐巴解组织的目标。2006 年第二次黎巴嫩战争，以色列与哈马斯和真主党爆发冲突。

（3）"防卫墙行动"

第二次巴勒斯坦起义初期，加沙和约旦河西岸发生了一系列恐怖袭击，2002 年 3 月被以色列称为"黑色三月"，几乎每隔一天就发生一起恐怖袭击事件。恐怖分子使用路边伏击、简易爆炸装置、自杀式炸弹袭击等方式展开袭击。3 月 27 日，在以色列海滨城市纳塔尼亚一家酒店约有 250 人参与的逾越节宴会上，发生了一起自杀式爆炸袭击，造成 30 人死亡，150 余人受伤，这成为以色列反击行

---

① "Statement in the Knesset by Defense Minister Rabin on Terrorism," Oct. 21, 1985, http://mfa.gov.il/MFA/ForeignPolicy/MFADocuments/Yearbook7/Pages/101%20Statement%20in%20the%20Knesset%20by%20Defense%20Minister%20R.aspx.

动的直接原因。

逾越节恐怖袭击后第二天，沙龙总理批准展开"防卫墙行动"，声称要打击行动实施者，让其付出代价。以色列国防军发布了1982年黎巴嫩战争以来最大规模的紧急召集令，召集超过2万名预备役士兵，陆、空军队也进入高级别警戒状态。为了重新夺回对约旦河西岸一些主要城市的控制，摧毁其中武装网络，以色列国防军对约旦河西岸拉马拉、图勒凯尔姆、盖勒吉利耶、伯利桓、杰宁和纳布卢斯及其他一些小城市实施了大规模的军事行动，并挨户搜查恐怖分子和武器。行动中共有30名以色列国防军士兵死亡，120余人受伤，大约250名巴勒斯坦人被杀，超过4200人被捕。

这次行动后，以色列国防军加强了在约旦河西岸的军事力量，增强了追踪和逮捕恐怖分子的能力，新设名为"幼狮旅"的步兵旅，专门处理在巴勒斯坦主要城市的军事行动。巴勒斯坦权力机构及其他一些国际媒体指责这次行动中以色列国防军对众多无辜平民实施屠杀。

（4）"铸铅行动"

以色列认为2006年以来，其南部城市一直遭受来自巴勒斯坦的武装组织，尤其是哈马斯火箭弹的袭击，这甚至已经成了一种日常性的威胁。为惩治哈马斯，摧毁其基础设施，削弱其发射火箭弹的能力，同时在加沙边界地区建立新的机制，防止哈马斯走私武器，以色列发起了"铸铅行动"。

以色列军队依据以色列情报机构收集的有关哈马斯的精准情报，有效地打击了对手。2009年1月17日，以色列内阁投票决定于18日凌晨开始实施单方面停火。但由于双方没有达成任何协议，哈马斯仍然发射火箭弹袭击了以色列。

（5）"防务之柱行动"

以色列自2005年从加沙单边撤离后，就不断遭受来自加沙的火箭弹和炮弹袭击，遂于2008年发起了"铸铅行动"。该行动削弱了哈马斯及其他组织实施袭击的能力。但自2011年开始，火箭弹袭击急剧增加，超过 1300 枚。这促使以色列空军在 2012 年 11 月 14 日实施"斩首行动"，杀死了哈马斯军事指挥官艾哈迈德·贾巴里，但火箭弹袭击仍然持续，为此以色列实施了"防务之柱行动"。以色列国防部部长埃胡德·巴拉克宣称这次行动要达到四个目标：增加以色列对加沙的军事威慑能力；沉重打击哈马斯的火箭炮发射系统；沉重打击哈马斯和其他在加沙活动的恐怖活动组织；使以色列国土上的损失最小化。11 月 21 日，以色列和哈马斯签订了停火协议。

（6）"护刃行动"

2014 年夏，3 名以色列少年和 1 名巴勒斯坦少年遇害，巴以局势再度紧张，哈马斯发射的火箭弹迅速增加，7 月 7 日和 8 日两天就发了 131 枚，以色列随即实施了"护刃行动"。以色列国防军的目标是阻止针对以色列平民的日常化的恐怖活动，阻止修筑通往以色列的地下通道，破坏哈马斯实施暴力活动的能力。虽然这次行动中以色列召集了数千名预备役士兵，但以色列并没有发动进入加沙的地面战争。

2. 特种部队实施的军事行动

（1）"礼物行动"

1968 年 7 月 22 日，恐怖分子劫持了以色列航空公司的一架由以色列飞往罗马的客机。当年 11 月 26 日，人阵两名成员在雅典机场对以色列航空公司一架即将起飞的飞机开火，造成一名以色列人死亡。当时人阵总部设在贝鲁特。为反击巴勒斯坦恐怖分子对以色列客机实施的数次恐怖活动，1968 年 12 月，以色列国防军对贝鲁特机场上属于阿拉伯航空公司的飞机实施了代号为"礼物行动"的突袭。突袭中，以色列国防军特种部队摧毁了多家阿拉伯航空公司所属的 14 架飞机，这次行动没有造成人员伤亡。

（2）"同位素行动"

"同位素行动"是以色列国防军特种部队针对被恐怖分子劫持的一架客机实施的行动，这是历史上首次成功的反劫持飞机的行动。

20世纪70年代初，巴勒斯坦一些武装组织发誓要报复1967年第三次中东战争失败带来的耻辱，开始在全世界实施一系列针对以色列平民的袭击，其中之一是劫持一架由维也纳飞往特拉维夫的客机。1972年5月8日，4名来自巴勒斯坦激进组织"黑色九月"的恐怖分子劫持了这架客机，客机迫降在特拉维夫外的洛德机场。

时任以色列安全部部长摩西·达扬在收到飞机机长悄悄发出的求救信号后，一边和恐怖分子展开谈判，一边开始计划展开营救行动。当时劫机者要求以色列释放关押的315名被判有罪的巴勒斯坦人。

5月9日，达扬指挥实施营救行动。以色列国防军直升机载突击队中的16名突击队员伪装成检修飞机的机师，分为五个行动小组，分别从五个位置突破进入飞机，击毙两名男性劫机者，俘获两名女性劫机者。这次行动虽然成功，但在当年秋天，"黑色九月"在慕尼黑又制造了一起恐怖袭击事件。这两起事件的直接组织者阿里·哈桑·萨拉马于1979年被以色列在贝鲁特炸死。"黑色九月"组织的领导人在数年后的"青春之泉行动"中被成功抓捕。以色列国防军直升机载突击队和其他一些特种部队也很快适应了恐怖分子新的战略战术。参与行动的16名队员中有4人后来成为了总理：埃胡德·巴拉克、本杰明·内塔尼亚胡、阿里尔·沙龙和希蒙·佩雷斯。

（3）"青春之泉行动"

1973年以色列国防军在贝鲁特实施的"青春之泉行动"，杀死了一些高级别的巴勒斯坦恐怖分子。

1970年9月17日，巴解组织被驱逐出约旦，转移到黎巴嫩，控制了黎巴嫩南部和西贝鲁特地区，并以此为基地对以色列实施行动。1972年秋天，"黑色九月"恐怖分子潜入慕尼黑奥运村杀死了11名以色列运动员，以色列国防军直升机载突击队和以色列立即组织行动，追杀参与这次行动的巴勒斯坦恐怖分子。1973年初，以色列情报显示其中一些恐怖分子在贝鲁特。

1973年2月，以色列国防军直升机载突击队总指挥埃胡德·巴拉克获得了"黑色九月"主要成员的照片及其藏身地点的准确情报，甚至还获得了其所居住建筑的准确的平面图。突击队成员伪装成游客，携带乌兹冲锋枪、轻武器、炸药等装备，分成三个行动小组，乘坐橡皮艇在黎巴嫩海岸登陆，然后由以色列的特工驾车接应抵达目的地。另有来自伞兵旅的一个单位和13舰队的队员，伞兵旅的队员主要负责位于六楼的人阵指挥部的劫机专家。行动上花费了30分钟，成功完成任务并安全撤退。

（4）恩德培营救行动

1976年6月27日，一架载客258名的法国喷气客机从以色列飞往法国，被恐怖分子劫持到乌干达的恩德培机场。劫机者释放了非犹太乘客，扣留105人作为人质，要求以色列释放53名被判为恐怖分子人员。

7月1日，这次任务的总指挥丹·肖姆龙准将（后担任以色列国防军总参谋长）向以色列国防军和国防部提交了行动计划，并在复制的恩德培机场的建筑中进行了演练。7月3日，行动人员起飞后，行动计划才提交给以色列内阁，内阁决定行动继续。行动进展顺利，击毙所有在场的恐怖分子和乌干达士兵，但一名以色列特种兵和2名人质死亡。整个行动持续了58分钟。

"如果没有以色列国防军——他们屡屡挫败恐怖分子的袭击——的戒备，将会有更多无辜者失去生命。"[1] 由于以色列面临反恐任务的艰巨性，国防军承担着主要的反恐任务，并发挥最为重要的反恐作用。

（二）"斩首行动"

以色列实施"斩首行动"手段早已有之，但相当长时期内从行动上和口头上都以秘密方式进行，从2000年开始，以色列开始公

---

[1] "Foreign Ministry Statement on the Struggle against Terrorism," Aug. 1, 1989, http://mfa.gov.il/MFA/ForeignPolicy/MFADocuments/Yearbook8/Pages/91%20Foreign%20Ministry%20Statement%20on%20the%20Struggle%20Agai.aspx.

开实施"斩首行动",杀死许多其认定的恐怖活动组织的领导人,打击了针对以色列的恐怖主义势力。因为这一反恐手段的直接、简洁和高效,美国、俄罗斯等国也在反恐中采用。

1. 以色列实施"斩首行动"的背景

"斩首行动"也常被称为定点清除。"以色列认为,定点清除就是在政府明确同意下,用有限的军事行动,打击危害以色列的特定目标。"[①]

2000年9月,利库德集团领导人沙龙强行进入阿克萨清真寺,引发了长达4年多的以巴冲突,即第二次巴勒斯坦起义。2001年3月,沙龙政府成立后采取强硬政策造成巴勒斯坦激进组织针对以色列的攻击和自杀性爆炸事件频发,以巴冲突不断升级。在这种情况下,以色列遂采取"斩首行动"对巴勒斯坦激进组织进行武力打击。打击的对象主要是以色列情报部门侦查到的蓄谋或正在筹划对以色列目标发动恐怖袭击者或曾经发动过恐怖袭击者。以色列设有一个专门的暗杀决策小组,成员包括总理、外交部部长、国防部部长、财政部部长、情报和特殊使命局局长5人,重大暗杀活动要经内阁批准,安全内阁负责最后确定斩首目标。

2. 以色列实施的"斩首行动"

据中新网统计,1973年到2000年,以色列共实施影响较大的"斩首行动"7起,被斩首者主要涉及巴解组织、真主党、杰哈德、哈马斯等组织成员。1995年10月26日,杰哈德领导人法特希·什卡奇在马耳他遇刺身亡。这次行动被视为以色列"斩首行动"史上最为成功的案例之一。一方面因为行动的干净利索,另一方面因为此后几年内,该组织一直没有明确的领导人,发展停滞,没再发动重大的恐怖袭击行动。1996年1月6日,哈马斯的制弹专家叶海亚·阿亚什在加沙被事先放在其手机中的炸药炸死。虽然"斩首行动"成功,但却引起了哈马斯在随后2个月内一系列自杀

---

① 张金平:《国际恐怖主义与反恐策略》,人民出版社2012年版,第222页。

式炸弹袭击的报复行动,造成大约60名以色列人死亡。

真主党、哈马斯等组织因为使用无人机攻击或监视以色列,其操作无人机的专家也遭到以色列"斩首行动"的袭击。真主党从1997年开始在黎巴嫩南部使用无人机系统监控以色列的边境动向,并给以色列造成一定损失。2013年12月,对真主党无人机系统计划的开展至关重要的一名成员被以色列"斩首"。2014年,以色列空军对哈马斯一名负责无人机和火箭弹研究计划的关键成员实施"斩首行动"。[1]

2000年第二次巴勒斯坦起义后,"斩首行动"骤然增多,仅2000年到2004年以色列实施的"斩首行动"就达15起,被斩首者主要涉及哈马斯、杰哈德和阿克萨烈士旅等组织成员。2002年7月,哈马斯下属武装组织卡桑旅的主要创始人萨拉赫·谢哈德在其加沙地带的住所内被以色列战机投下的一枚重磅炸弹炸死。2003年3月,另一名创始人易卜拉欣·穆卡达在加沙地带乘汽车行驶时,遭以军导弹袭击,当场死亡。影响最大的是2004年3月22日对哈马斯创立者、精神领袖亚辛的袭击,且在国际上引起很大争议。

"2007年5月20日,以色列安全内阁决定,以军将加大在加沙地带的军事打击力度,并可能对巴勒斯坦哈马斯和杰哈德中的高级官员实行'斩首行动'。"[2] 2012年11月,以色列军方宣布向加沙地带武装组织发起代号为"防务之柱行动"的大规模军事行动,在袭击中炸死哈马斯卡桑旅将领艾哈迈德·贾巴里,这是2008年底以色列对加沙地带发动"铸铅行动"以来,被以军斩首的哈马斯最高级别的领导人。

3. "斩首行动"的作用

有学者认为,"斩首行动"会产生多重后果,包括改变激进组

---

[1] Yaakov Lappin, "Hamas's Drone and Rocket Development Chief Killed in IAF Strike," Jerusalem Post, July 27, 2014, https://www.jpost.com/Operation-Protective-Edge/Hamass-drone-and-rocket-development-chief-killed-in-IAF-strike-369048.

[2] 张金平:《国际恐怖主义与反恐策略》,人民出版社2012年版,第225页。

织行动策略和削弱其组织能力，但也会激发这些组织的动员能力，增强其生存适应能力。哈马斯领导人亚辛和兰提斯被暗杀后，该组织动员能力一度增强。因为没有领导人、缺乏集中领导反而造成了暴力的大爆发。如果被实施"斩首行动"后一个激进组织开始变弱，也很难证明"斩首行动"和组织衰弱之间直接的因果关系。[①]

从实践上看，以色列实施的"斩首行动"效果是多重的。"斩首行动"被认为可以带来众多行动上的好处，包括可以在激进分子筹备行动阶段就着手破坏之；削弱激进组织的能力，使其长期不能恢复；迫使激进分子花费更多时间和资源自保。[②]

具体地说，第一，"斩首行动"的对象一般是激进组织的重要领导人，他们在各自的组织中既具有不可替代的组织力和号召力，也具有象征意义。他们的死亡，一方面使其成员在思想上陷入困惑，使其组织群龙无首，陷入失序状态，尤其是一些为激进组织提供理念引领的领导人被清除后，可能会挽救无数人的生命。另一方面，还会带来震慑作用，给予其继任者、组织内其他领导人和成员心理上的打击。第二，"斩首行动"使潜在目标对象在活动时不得不有所顾及和收敛，甚至会为了自保转入地下秘密活动，使这些组织运转减缓或停滞，没有或有较小的能力和机会再发动新的恐怖袭击。第三，相对地面入侵或空袭之类的战略手段，"斩首行动"造成的附带损伤也小得多，所需的人力物力规模也都是最小的，成效比最高。

在21世纪第一个十年，以色列的"斩首行动"政策和其他一些措施有效地减少了自杀式恐怖袭击，尤其是来自加沙的恐怖袭击。从战术角度看，这些行动精准地铲除了目标；从战略角度看，此政策在阻止袭击或者在减少自杀式袭击的死亡率方面发挥了关键

[①] Kenneth Yeo Yaoren, "Leadership Decapitation and the Impact on Terrorist Groups," Counter Terrorist Trends and Analyses, Vol. 11, No. 3, 2019.

[②] Karl P. Mueller, al., "Striking First: Preemptive and Preventive Attack in U. S. National Security Policy," Rand Corporation, 2006, p. 221.

作用。①

因为以上的效果和优势,所以以色列官方和民众对"斩首行动"基本是满意的。"在亚辛和兰提斯被杀后,以色列《国土报》的一项民意测验显示,以色列民众对继续'斩首行动'政策的支持率高达86%。"② 以色列官方对"斩首行动"也较为满意,"2004年1月,以色列情报部门发表一份报告,认为在过去的一年中,以色列运用定点清除手段,成功挫败了95%以上恐怖袭击事件的发生"。③ 并且表示将会继续对恐怖活动组织实施这一政策。因此,"斩首行动"是以色列反恐中倾向于优先采取的手段。

"斩首行动"也带来一定的潜在成本,主要包括可能危及情报来源和搜集情报手段,可能受到目标群体的报复,国家国际形象受损,消耗了本应用于敌对国家等更具战略威胁目标的情报资源。尤其是如果暗杀行动失败会对国家情报部门的声望造成严重伤害,降低威慑效力。如1997年9月25日,以色列摩萨德的两名人员在试图行刺哈马斯领导人卡勒德·米沙勒时被捕。这次失败的行动破坏了以色列与约旦和加拿大的关系,加强了哈马斯与以色列敌对势力的力量。在国内,反对党领袖和媒体机构呼吁总理和摩萨德领导人辞职。内塔尼亚胡把这次行动失败的主要原因归于当时的摩萨德领导人,命令其研究这次行动失败的原因,摩萨德领导人随后辞职。摩萨德一贯被认为是该地区最有能力的,但这次失败的"斩首行动"损害了其一贯的声誉。

综合权衡"斩首行动"利弊,很难说其就是对付激进组织的妙方,实践中必须与其他反恐手段配合使用。从国际合作打击"伊斯兰国"的行动也可以看出,"斩首行动"必须与反暴力极端化手段配合使用,"政策制定者和学者必须考虑如何把'斩首行动'和反

---

① Ophir Falk, "Measuring the Effectiveness of Israel's 'Targeted Killing' Campaign," Perspective on Terrorism, Vol. 9, No. 1, 2015.
② 张金平:《国际恐怖主义与反恐策略》,人民出版社2012年版,第225页。
③ 张金平:《国际恐怖主义与反恐策略》,人民出版社2012年版,第226页。

暴力极端化手段融合为一体化的反恐战略，以打击'伊斯兰国'活跃又有鼓动性的势头"。①

（三）构筑多层次导弹防御系统

由于以色列认定的恐怖活动组织有能力获得火箭弹和弹道导弹等武器，以色列在反恐中积极构筑多层次的导弹防御系统，包括先进的反导系统以及防空、防火箭弹和防导弹一体的防御能力，还有早期预警、消极防御和抗打击能力等。"以色列的威胁不是一些精确制导的武器，而是一些非常初级的火箭炮，这些武器不是中东的一些国家所拥有，而是非国家行为体所拥有。在过去20年间，以色列决策者们认为面临的新威胁是真主党和哈马斯这些能够很快获得火箭类武器的组织，而在过去，这些武器只有国家才会拥有。"② 以色列构筑的全方位、多层次的安全防卫网络包括"铁穹"防御系统、"大卫投石器"系统、"箭式"战区系统等。

1. "铁穹"防御系统

"铁穹"防御系统自2011年3月27日开始部署，目的是拦截和摧毁最大射程为70.81千米的短程导弹、火炮、迫击炮等，这是以色列构筑的导弹防御体系的第一层。每组系统由三个可移动的部分组成：电子雷达探测和跟踪装置、管理和控制系统和一个配备有约60枚导弹拦截器的箱式发射器。20世纪90年代，以黎巴嫩为基地的真主党向以色列北部居民区发射火箭弹，对当地居民构成严重威胁。大量价格低廉的火箭弹虽然命中率不高，但是造成了巨大的恐慌，并使得以色列传统的军事优势无用武之地。起初，以色列和美国共同开发了"鹦鹉螺"项目，即战术高能激光系统，但由于技术原因，该项目被废止。随后，以色列开始有了构筑自己短程反导系统的想法。2006年第二次黎巴嫩战争期间，真主党向以色列北部

---

① Paul Lushenko, "Reconsidering the Theory and Practice of High Value Targeting," Counter Terrorist Trends and Analyses, Vol. 7, No. 7, 2015.

② Jean‑Loup Samaan, "Another Brick in the Wall: The Israeli Experience in Missile Defense," Strategic Studies Institutes, US Army War College, 2015, p. 16.

发射了约 4000 枚火箭弹，其中绝大多数是短程的"喀秋莎"火箭弹。2000—2008 年，（主要是）哈马斯从加沙向以色列南部居民区发射了大约 8000 枚火箭弹和迫击炮弹，其中几乎所有的火箭弹都是使用走私到加沙的 122 毫米"格罗德"发射器发射的"卡萨姆"火箭弹。这些加快了以色列部署导弹防御系统的步伐。2007 年 2 月，国防部部长佩雷斯选择"铁穹"系统做为以色列应对短程火箭弹威胁的防御手段，自此，这项防御工程启动。

2009 年 3 月，以色列空军成立了一个新的反飞行器营，专职学习如何操作铁穹系统拦截来自加沙斯德洛特以及内盖夫西部地区的"卡萨姆"和"格拉德"火箭弹。2012 年 3 月 10 日，据《耶路撒冷邮报》报道，以色列空军的"铁穹"系统拦截了 27 枚从加沙发射的火箭弹，拦截率由 2011 年的 75% 提升到超过 90%。[①] 到 2014 年 10 月底，"铁穹"系统拦截了超过 1200 枚火箭弹。2014 年 10 月，"铁穹"系统的开发公司之一还公布了海军版的"铁穹"系统，用于保护远海和沿海的船只免遭弹道导弹和饱和攻击状态下发起的武器攻击。在 2014 年的"护刃行动"中，"铁穹"系统发挥作用，拦截了从加沙发射的 90% 的火箭弹。到 2014 年 8 月，以色列在全境部署的"铁穹"系统共拦截针对以色列目标的火箭弹和迫击炮弹 4594 枚，拦截成功率达到 90%。以色列声称最终要部署 15 组"铁穹"系统。

2. "大卫投石器"系统

以色列还开发了"大卫投石器"系统。此系统由以色列拉法尔高级防御系统公司和美国雷神公司研发，目标是拦截和摧毁射程为 101—298 公里的中远程火箭，拦截用的导弹是携带电子光学感应器和雷达目标的"斯塔纳"两级拦截器。该系统于 2012 年 11 月首次测试，2013 年 11 月进行了第二次拦截测试。"大卫投石器"系统是

---

① Yaakov Katz & Yaakov Lappin, "Iron Dome Ups its Interception Rate to over 90%," The Jerusalem Post, Mar. 10, 2012, http://www.jpost.com/Defense/Iron-Dome-ups-its-interception-rate-to-over-90-percent.

一个灵活的多用途武器系统，可以和战机、巡航导弹、弹道导弹和制导火箭等配合使用。"斯塔纳"拦截导弹可以从陆、海、空中发射，配备有双频段红外成像仪、射频导引头，其多级脉冲火箭发动机可适应全天候条件下作战。和"铁穹"系统在目标处于轨道最高端时拦截不同，"大卫投石器"系统在目标导弹射程末端进行拦截。如果说"铁穹"系统的主要目标是哈马斯、真主党等组织，"大卫"投石器系统的主要目标是以色列认定的具有危险力量的国家，目标武器是伊朗的 Fajr – 5 型和 BM – 25 型弹道导弹和制导火箭，叙利亚的 M – 600 和"宝石"超音速巡航导弹等。"大卫投石器"系统的定位处于拦截短程的"铁穹"系统和拦截远程的箭式系统之间。2015 年 4 月，美国国防部导弹防御局和以色列国防军一起再次对"大卫投石器"系统进行了测试，并宣称次年就可投入使用。2015 年 12 月 21 日，双方完成了对"大卫投石器"系统的最终测试，美方认为该系统在一系列的测试中达到预定标准，称该系统高效、快捷、精准。

3. "箭式"战区系统

以色列航空航天工业集团和美国波音公司研发的"箭式"战区系统专门应对远程弹道导弹。该系统由拦截器、早期预警雷达、指挥和控制中心以及发射器组成。以色列于 2000 年 10 月开始部署"箭 2"导弹系统，2008 年 8 月开始生产"箭 3"系统，2012 年 1 月对"箭 3"系统进行了首次测试。"箭 3"系统具有外大气层拦截器，可以在地球大气层外比例导航直接瞄准目标，因此可以预防核弹造成的危害。"箭式"战区系统可以使以色列拥有整个战区的弹道导弹防御能力，其命中率达到 99% 以上。1986 年以美签订谅解备忘录后就开始弹道导弹拦截系统计划。1988 年，该计划进入论证阶段，2000 年开始运行，以色列成为世界上第一个部署战区反弹道导弹防御系统的国家。目前，以色列已在特拉维夫、海法和哈代拉部署了三套"箭式"战区系统。

4. 其他反导系统

海湾战争期间，以色列还使用了"爱国者"导弹系统对付伊拉克发射的"飞毛腿"导弹,拦截成功率达到40%。但以色列政府对"爱国者"导弹系统并不满意,寻求改进该系统,目前已逐步用"大卫投石器"系统取代。改进型的"爱国者2"和"爱国者3"系统具有更为可靠和精准的拦截战机、战术弹道导弹、巡航导弹和无人飞行器的能力。2006年,以色列在海法部署了一套"爱国者"导弹系统以防御真主党的火箭弹,2012年又在北部部署了一套。2013年8月,以色列空军计划在加利利部署该系统以防御叙利亚的威胁。2015年5月,以色列从德国购买了四套"爱国者"导弹系统。另外,以色列还在开发"魔杖"系统,专门应对中程火箭弹。这两个系统互相补充,可以有效地改变以色列遭受恐怖主义威胁的局面。另有专家还支持诺斯罗普格鲁曼公司研发的"天空卫士"激光导弹防御系统,因为它的反应更为敏捷,可以弥补"铁穹"系统覆盖不到的斯德罗德地区和加利利上游地区的谢莫纳城。

目前对多层次导弹防御系统的效用褒贬不一。以色列国防军宣称其非常有效,"防务之柱行动"中拦截率达84%,"护刃行动"中达90%,[1] 有学者称其改变了"游戏规则""有惊人的效果",也有学者提出质疑,称其并没有达到以色列政府所宣扬的效果。总之,对"铁穹"系统的期望要实事求是,在未来的战争中,如果对其抱有不切实际的期望会对公民造成致命的伤害,使以色列付出高昂的政治成本。[2]

(四)封锁边境

由于以色列在几次中东战争中占领了根据联合国分治决议属于

---

[1] Ari Kattan, "Future Challenges for Israel's Iron Dome Rocket Defenses," Center for International & Security Studies, University Maryland, February 2018, p. 12, https://drum.lib.umd.edu/bitstream/handle/1903/20650/Kattan - Future%20Challenges%20for%20Israels%20Iron%20Dome%20Rocket%20Defenses%20021618.pdf?sequence=1&isAllowed=y.

[2] Ari Kattan, "Future Challenges for Israel's Iron Dome Rocket Defenses," Center for International & Security Studies, University Maryland, February 2018, p. 21, https://drum.lib.umd.edu/bitstream/handle/1903/20650/Kattan - Future%20Challenges%20for%20Israels%20Iron%20Dome%20Rocket%20Defenses%20021618.pdf?sequence=1&isAllowed=y.

巴勒斯坦的领土，再加上以色列的定居点政策，造成以色列和巴勒斯坦的边境状况十分复杂。巴勒斯坦激进组织从以色列建国开始就不断从边境对其实施袭击。边境恐怖主义在20世纪50—70年代一直是以色列"流血历史的组成部分"。[1] 因此，恐怖主义从边境的渗透是以色列防范的重点，防范措施主要是部署边防警察和修筑隔离墙。

以色列边防警察成立于1953年，成立之初主要维护国家边境治安，后来也曾参与战争，应对暴乱和起义。

表3-1 以色列修筑的主要的隔离墙[2]

隔离墙期段	施工路线	长度	完工时间
A段	塞勒姆—埃尔卡纳	约137公里	2003年7月底
B段	塞勒姆—贝特谢安	约80公里	2004年
C段	环绕耶路撒冷	计划约161公里，已建约274公里	2008年8月
D段	埃尔卡纳—奥弗	约150公里	不详

资料来源：http://www.jewishvirtuallibrary.org/jsource/Peace/fence.html。

修筑隔离墙。第二次巴勒斯坦起义期间，自杀式炸弹袭击和针对以色列平民的恐怖活动显著增加。2002年6月起，以色列计划并开始大体上沿1967年战争前以巴边界线修建长约700公里的隔离墙，其目的是将约旦河西岸与以色列彻底隔离开来，阻止巴勒斯坦激进组织成员渗透到以色列境内实施恐怖袭击。隔离墙建成后，整个约旦河西岸地区将被分割为3个区域。为了阻止真主党的渗透，2015年4月，以色列国防军又开始在北部与黎巴嫩的边界修筑约11

---

[1] "Statement in the Knesset by Defense Minister Rabin on Terrorism," Oct. 21, 1985, http://mfa.gov.il/MFA/ForeignPolicy/MFADocuments/Yearbook7/Pages/101%20Statement%20in%20the%20Knesset%20by%20Defense%20Minister%20R.aspx.

[2] 除了表中列出的隔离墙，以色列在多个城市内还修筑有隔离墙。

公里长的隔离墙。未来以色列还会继续实施隔离墙计划。2016 年 2 月，以色列内塔尼亚胡总理声称政府正准备计划把以色列用安全隔离墙完全环绕起来。①

修建隔离墙不仅严重限制巴勒斯坦人民的通行自由，阻碍了他们获得医疗、教育等基本社会服务的权利，增加运输成本，减少了就业机会，阻碍经济发展，还由于关键的水源被占领，造成环境、农业、生活用水问题。以色列认为，从约旦河西岸撤军并在此和加沙地带建立巴勒斯坦国将对以色列构成威胁，如果不在约旦河西岸，尤其是沿着约旦河部署以色列国防军，将会导致在此区域——距以色列腹地近在咫尺——创建一个和加沙一样的"恐怖主义实体"。②

以色列在 2002 年通过修筑安全隔离墙（巴勒斯坦人称之为"种族隔离墙"）成功地威慑了恐怖主义。隔离墙一直延伸到约旦河西岸境内深处，形成了一个非官方的边界，并设立了一系列检查点，给巴勒斯坦人的活动、未来领土的统一带来高昂成本，同时，也使得定居者在面对巴勒斯坦的怒火和发生在以色列境外的恐怖袭击时孤立无援。③ 以色列政府资助的定居点及其间的道路网已造成了严重的伤害，而隔离墙加重了这些伤害。④ 一些以色列军方人士和政府官员认为，控制约旦河谷带来的微小的安全利益比不上和巴

---

① "Netanyahu Unveils Plan to Surround all of Israel with Fence," Feb. 9, 2016, https://thecjn.ca/news/international/netanyahu-unveils-plan-to-surround-all-of-israel-with-fence.

② Gershon Hacohen, "The West Bank's Area C: Israel's Eastern Line of Defense," Begin-Sadat Center for Strategic Studies, Apr. 1, 2019, p. 48, https://www.jstor.org/stable/resrep24345.8? seq = 1.

③ Sara Yael Hirschhorn, "From Divine Sanction to Suburbanization: The Evolution of the Israeli Settler Movement and the Future of the Two-State Solution," Journal of South Asian and Middle Eastern Studies, Vol. 43, No. 3, Spring 2020.

④ "Israel's 'Separation Barrier' in the Occupied West Bank: Human Rights and International Humanitarian Law Consequences," A Human Rights Watch Briefing Paper, February 2004, http://reliefweb.int/report/occupied-palestinian-territory/israels-separation-barrier-occupied-west-bank-human-rights-and.

勒斯坦签订一个公平的永久的协定再加一个国际监管与合作协定所带来的战略利益。另外，隔离墙还延伸到部分国际公认的巴勒斯坦领土之上。以色列强行修建隔离墙遭到国际社会普遍谴责。2004年7月，海牙国际法庭宣布，以色列修建隔离墙违反国际法，应终止修建，并拆除已修好的部分。当年7月20日，联合国大会以压倒性多数通过决议，要求以色列执行海牙国际法庭的裁决。2006年12月，第61届联合国大会以压倒性多数通过决议，决定联合国就以色列修建隔离墙给巴勒斯坦方面所造成的损失建立登记册。

三、经济封锁

"资金是恐怖主义的生命线。"[①] 珍妮·希拉尔多和哈罗德·钦库纳斯认为，"新恐怖主义"的残忍性在持续增强——无论有多么无情，这实际上是恐怖分子行动所受限制在不断减少的合乎逻辑的结果，而行动所受限制减少的原因就是他们的筹资来源发生了变化。事实上，20世纪末期的恐怖主义……新就新在他们筹措必需资金的来源多样化、国家的重要性在不断下降、多种筹资策略中得到广泛的民众支持。[②] 今天的恐怖活动组织不仅可以采取传统恐怖活动组织通过诸如贩毒、走私、印假钞等各种非法渠道敛取大量财物的手段，并利用这些财物征募和训练成员、采购武器和装备等，还可以将新技术与传统方式结合起来，使资金的筹集、流通更加快捷简便。以色列政府也注重运用经济手段打击恐怖主义。

（一）设立经济反恐机构

2002年，以色列成立了禁止洗钱和恐怖融资管理局，这是一个

[①] Michael Chandler and Rohan Gunaratna, "Countering Terrorism: Can We Meet the Threat of Global Violence?" Reaktion Books Ltd., 2007, p. 150.

[②] Jeanne K. Giraldo and Harold A. Trinkunas, "The Political Economy of Terrorism Financing," in Jeanne K. Giraldo and Harold A. Trinkunas, eds., Terrorism Financing and State Responses, Stanford University Press, 2007, p. 7.

金融情报机构，按照反洗钱金融行动特别工作组①规定的反洗钱国际规则开展行动。该局与以色列警察、辛贝特和财政部门管理人员协调合作，并协助这些机构执行任务。该局主要任务是从不同国家和财政部门收集金融信息，并进行研究和分析，从这些原始信息中提取出有用的情报线索。有时也与国外金融情报机构合作，共同协助对那些涉及洗钱或为恐怖活动提供资助的可疑人员或组织进行侦查。以色列禁止洗钱和恐怖融资管理局是一个独立的情报机构，它采用了反洗钱金融行动特别工作组和埃格蒙特集团②推荐的收集和分析情报的组织模式。以色列禁止洗钱和恐怖融资管理局是一个没有调查权的行政机构，一方面是为了隐私权，另一方面是为了预防金融机构和其他人员参与洗钱活动。

2018年，以色列议会决定成立以色列国家反恐怖融资局，隶属于国防部。设立该局旨在统一和加强国家力量打击涉及到恐怖融资的恐怖活动组织和恐怖分子。以色列国家反恐怖融资局由国防部领导，主要是为了履行和执行2016年《反恐法》中规定的国防部部长的权责，包括对恐怖活动组织的认定，对和恐怖主义相关资产的扣押和没收。因为《反恐法》中授予国防部部长是唯一有权发布认定恐怖活动组织结果、查封和封锁命令的官员。以色列国家反恐怖融资局局长由国防部部长和总理磋商后任命，局长直接向国防部部长报告。③

（二）经济反恐立法

恐怖活动组织使用所有可用的方法从事洗钱活动，这样做出于

---

① 反洗钱金融行动特别工作组是西方七国于1989年在巴黎成立的政府间国际组织，其主要职责是研究洗钱的危害、预防洗钱并协调反洗钱国际行动，是目前世界上权威的国际反洗钱和反恐融资国际组织之一。其制定的反洗钱四十项建议和反恐融资九项特别建议是世界上反洗钱和反恐融资的最权威文件。

② 埃格蒙特集团是1995年由一些国家的金融情报机构在比利时布鲁塞尔的埃格蒙特 - 阿森伯格宫召开会议成立的一个非正式组织，其自身定位为一个各国金融情报机构的联合体，旨在加强各国反洗钱信息交流与合作。

③ "Source of Authority," https：//nbctf. mod. gov. il/en/aboutus/Pages/mandate. aspx.

多种原因，主要是为了掩盖资金的来源和用途，掩盖他们自身与资助者之间的联系。① 为打击恐怖活动组织通过洗钱筹措资金，以色列于 2000 年通过了《禁止洗钱法》，该法主要涉及预防、惩治、恢复和国际合作四个方面，旨在为打击严重的、有组织的犯罪提供保障，同时也体现了以色列努力履行反洗钱金融行动特别工作组规定的国际标准。

2005 年，以色列又通过了《禁止资助恐怖主义法》，这部法律的设立也是为了和其他致力于打击国际恐怖主义的国家保持一致，并且确保以色列国内立法和反洗钱金融行动特别工作组规定的国际标准保持一致。该法规定了为恐怖主义融资的相关罪行，也提供了与这些罪行作斗争的行政和司法手段，增强了打击能力。

以色列还补充修订了 1945 年的《英国紧急状态防务条例》和 1948 年的《条例》中规定的罪行。第一，恐怖活动的定义，此定义明确了为恐怖活动提供的财产报酬如果是可追溯的，也属于禁止的资助恐怖活动。第二，以色列有关当局可指认一组织为国际恐怖活动组织，即使此组织并没有实施针对以色列的活动。第三，某些刑事犯罪罪名：参与旨在促使、推进或资助恐怖活动的财产交易，或为恐怖活动提供物质报酬，或提供物质报酬以促使、推进或资助某个认定的或未认定的恐怖活动组织实施活动，此类罪行最高可处以 10 年监禁。参与有可能会促使、推进或资助恐怖活动的财产交易，或为恐怖活动提供物质奖酬——即使奖酬接受者并没有参与或无意于参与恐怖活动，参与恐怖分子进行的财产交易，或者这些财产是恐怖活动的直接报酬，或者是恐怖分子财产的直接收益，此类罪行最高可处以 7 年监禁。某人如果打算从事一项财产交易，如有合理的理由怀疑这些财产意在用于资助恐怖主义，但未能向有关当局汇报，此类罪行最高可处 1 年监禁。第四，规定有义务同时向以

---

① Yehuda Shaffer, "Analysis of Financial Intelligence and the Detection of Terror Financing," in Mark Last and Abraham Kandel, eds., Fighting Terror in Cyberspace, World Scientific Publishing Co. Pte. Ltd., 2005, p. 108.

色列警方和以色列禁止洗钱和恐怖融资管理局报告有关以上事项的信息。第五,《禁止资助恐怖主义法》规定了广泛的没收权力行使范围。定罪后,可依据本法第8—9节强制没收;定罪后,可没收罪犯资助给恐怖主义的财产,毫无疑义也包括那些已转移给其他人的财产;如果没有刑事诉讼程序的情况下可依据民事诉讼程序进行财产征收。

(三) 其他经济反恐措施

以色列国防部有时也对恐怖主义实施经济制裁。2008年,以色列国防部部长埃胡德·巴拉克就签署了有史以来涉及范围最广的一项命令,宣布禁止全球范围内36支基金会在以色列活动,因为它们是哈马斯在全球筹资网络的组成部分。①

根据巴以双方1994年签订的《巴黎经济议定书》,以色列负责对运往巴勒斯坦的物品征收关税并对在以色列工作的巴勒斯坦人征收个人所得税,定期将税款移交给巴方。这笔每年10多亿美元的款项约占巴勒斯坦政府运营预算的三分之二。② 对以色列来说,这是其应对巴勒斯坦恐怖主义问题的有利条件。第二次巴勒斯坦起义初期,以色列政府对巴勒斯坦权力机构实施财政制裁。2006年,哈马斯赢得大选主政时,以色列就联合美国为首的西方社会对其实施经济制裁,进行打压,巴勒斯坦一度陷入经济困境。哈马斯武装割据占领加沙后,以色列和埃及继续严格限制加沙口岸人员和货物进出,以色列还实施了包括切断电力、封闭边境等制裁手段。这些手段从经济上给恐怖活动组织以沉重打击。

---

① "Defense Minister Signs Order Banning Hamas – Affiliated Charitable Organizations," July 7, 2008, http://mfa.gov.il/MFA/PressRoom/2008/Pages/Defense%20Minister%20signs%20order%20banning%20Hamas – affiliated%20charitable%20organizations%207 – Jul – 2008.aspx.

② 《巴勒斯坦抗议以色列扣留部分代征税款》,新华网,2015年4月6日,http://news.xinhuanet.com/world/2015 – 04/06/c_1114878994.htm。

四、法律制裁

广义上讲,法律反恐包括所有与反恐相关的法律,如情报、经济方面法律中与反恐有关的部分都属于法律反恐的范畴。狭义上讲,法律反恐指制定专门的反恐法律。本节所指法律反恐手段从狭义上使用这一概念。以色列是较早制定和实施专门反恐法律的国家之一。以色列的反恐法律主要有1948年《条例》(已废止)、2000年《禁止洗钱法》、2003年《打击犯罪组织法》、2005年《禁止资助恐怖主义法》(已废止)、2016年《反恐法》。此外,还包括一些政令、规章等,这些政令、规章基本都涉及反洗钱和反恐怖融资方面。此处主要分析相关的反恐法律。

(一) 法律反恐概况

在建国前短暂时期内,以色列曾经以1945年《英国紧急状态防务条例》为基础开展反恐行动,并先后对这部条例进行了几次修订。当时,英国托管政府实施这部法规主要是为了处理巴勒斯坦不断恶化的安全状况。在这部法规中规定了军事法庭有权审理的一些犯罪行为,并且准许对一些和恐怖主义相关的犯罪活动采取强制性的惩罚措施。比如:这部条例中第58条规定:携带枪支或炸药者可判处死刑;第59条规定:在未授权的情况下生产或拥有武器或炸药可判处终身监禁;第60条规定:在未授权的情况下穿戴警察或军队制服可判处终身监禁;第86—91条规定:当局有权审查邮件、出版物、书籍等可能包含有危害国家安全、公共安全或公共秩序的言论;第108—110条规定:当局可以限制一个人的行动或者居住范围;第119条规定:军事长官可以命令没收和摧毁任何用于恐怖活动的房屋;第120条规定:可以没收任何与恐怖活动相关的个人财产;第124条规定:军事长官可以强制命令在任何区域内实行宵禁等。《英国紧急状态防务条例》第84条对"非法社团"的定义是提倡、煽动或鼓动通过暴力推翻政府的团体或那些针对政府或其雇员实施恐怖活动的团体。

1948年，以色列临时国家委员会制定了《条例》，其中对恐怖活动组织的定义是"有计划地使用或威胁使用暴力造成人员伤亡的团体"，恐怖活动组织的成员可以被判五年监禁，而其首领则可能被判20年监禁。《条例》第8款授权政府可宣布某些团体为恐怖活动组织，除非有证据表明并非如此。1986年，以色列政府依据此项条款宣布了包括巴解组织在内的21个巴勒斯坦起义团体为恐怖活动组织。2002年，以色列最高法院通过一部新的法律，允许对涉及暴力事件的巴勒斯坦人家属实施强制隔离。

2002年《非法战斗人员监禁法》中规定可以对直接或间接参加针对以色列的敌对活动的嫌疑分子，即那些"非法战斗人员"实施无限期拘押。该法属于对外国恐怖分子的专门立法，其在恐怖分子身份认定方面引入了一个新的概念，这一概念既没有刻意地规避国际公约，也没有过分剥夺恐怖分子所应享有的各项权利，它将作为非法战斗人员的恐怖分子归类于"平民"的一个子类，并承认了其在国际法和国内法上可享有的人身权利。[①]

2003年《打击犯罪组织法》主要涉及对犯罪组织的惩治，该法主要规定了没收其财产的惩治方式，还包括没收的程序、对没收的限制条件、救济措施、没收裁决的修正撤销和上诉等。

2016年《反恐法》是目前为止以色列最为系统全面的关于反恐的法律，自2016年11月1日生效，该法共八章101条，主要内容包括立法目的和主要概念解释，恐怖活动组织和恐怖分子的认定、惩治，关于扣押严重安全犯的特别条款，司法没收和行政没收，防范性命令和限制行动范围命令，法律修正和附则。

（二）法律反恐的实施和作用

与反恐相关的法律明确了反恐标准，规定和统一了反恐的对象、对恐怖分子和组织的打击方式和惩戒标准等。

[①] 崔寒玉：《反恐新事态下国家立法的路径分析》，《兰州大学学报（社会科学版）》2018年第5期。

1. 明确和统一了反恐法案

第一,相关法律中对恐怖主义相关概念进行了界定。法律中的相关规定,尤其是 2016 年《反恐法》中对恐怖活动组织、认定的恐怖活动组织、恐怖活动组织成员、恐怖活动、恐怖主义犯罪、严重恐怖主义犯罪、恐怖主义财产、恐怖活动组织财产等恐怖主义相关概念规定,使以色列决策、情报、执行部门都有明确的行动标准,再加上以色列反恐的全民性,也便于教育普通民众识别和参与反恐活动。事实上,包括已废止的 1948 年《条例》中也有对恐怖活动组织、恐怖活动组织成员等概念的规定。总体上看,以色列的法律对反恐对象有明确的界定,《条例》中对其规定是有计划地使用暴力或威胁使用暴力造成人员伤亡的团体或个人。这个界定只强调了恐怖主义的暴力性,忽略了国际社会对恐怖主义定义中普遍具有的政治性或社会性,因而以色列可以据此决定把针对以色列的袭击行为认定为恐怖主义行为,还是一般刑事犯罪等。

根据 2016 年《反恐法》,恐怖活动组织包含三类:第一类为有组织且持续存在的团伙,该团伙实施了恐怖活动或意在实施恐怖活动,包括为实施恐怖活动而参与训练或指导的团伙,也包括为了实施恐怖活动而参与和武器有关联的活动,或和武器交易有关的活动——无论该团伙是否依法被认定为恐怖活动组织。第二类为有组织且持续存在的团伙,直接或间接给第一类中的恐怖活动组织提供帮助的,或故意促成第一类中恐怖活动组织的活动,包括给其提供资助的,并能够以任何方式给第一类恐怖活动组织的活动提供实质性的、持续的帮助,或该团伙事实上隶属于第一类恐怖活动组织。第三类为在以色列境外被认定为恐怖活动组织的组织。[1]

恐怖活动组织成员指从属于恐怖活动组织的人员,包括积极参与恐怖活动的任何人员,或能够作为恐怖活动组织的代表或代理人

---

[1] "The Counter Terrorism Law, 5776 – 2016," https://www.gov.il/BlobFolder/dynamiccollectorresultitem/counter – terrorism – law – 2016 – english/he/legal – docs_counter_terrorism_law_2016_english.pdf.

行事的任何人员；向他人明确表示同意加入恐怖活动组织（他人有充足理由相信），并从属于恐怖活动组织的任何人或成为恐怖活动组织的代表或代理人的任何人。

第二，反恐法律中也明确了恐怖活动和支持恐怖主义的行为。1948年的《条例》第4条列举了六种支持行为：以书面或口头形式公开赞扬、同情或鼓励旨在造成或威胁造成人员伤亡的暴力行为；以书面或口头形式公开赞扬、同情或呼吁援助或支持恐怖活动组织；持有恐怖活动组织的宣传材料；为恐怖活动组织提供财物；为恐怖活动组织或其成员提供场所——不管此场所属于提供者或其他任何人，以供其定期地或在某个特定场合作为行动、集会、宣传或存储之所；为恐怖活动组织或其成员在实施行动时提供物品——不管此物品属于提供者或其他任何人。1980年对《条例》的修正案增加了一条：在公共场所做出表明对恐怖活动组织的认可或同情的举动，或者是通过挥舞旗帜、展示具有象征意义的标志或标语、在公众前唱歌或喊口号，或其他类似的明显地表示出前述的认可或同情之举的方式，使公众可以看到或听到他们表达出的认同或同情。1986年修订时又增加了一条：以色列的公民或居民蓄意地或在没有经过合法授权情况下在国内外接触某些组织的领导人物、这些组织的委员会或其他机构中的成员、或能代表这些组织的人物，而这些组织已由以色列政府根据《条例》第八部分宣布为恐怖活动组织。不过1993年再次修订时删除了1986年所加的这一条。这些法律中界定的支持恐怖主义的行为非常严厉，甚至把在公开场合口头上赞扬、认可、同情、鼓励恐怖主义的行为都列为支持恐怖主义行为，反映了以色列反恐的坚决态度，也有助于培养国民的反恐意识。

2016年《反恐法》规定了恐怖活动的定义。恐怖活动指的是实施或威胁实施构成犯罪的活动，并满足以下所有三个条件：一是实施恐怖活动有政治、宗教、民族主义的或思想意识方面的动机；二是实施恐怖活动意在诱发民众恐慌害怕，或意在强迫政府或其他政府机构，包括外国政府及其政府机构、国际组织，做或放弃做任何事情；三是实施或威胁实施下列任一事项，或造成有产生下列任一事项的事实上的风险的：(a) 严重伤害人身或其自由；(b) 严重损害公众健康或安全；(c) 严重的财产损失，同时有造成或意在造成前述 (a) 和 (b) 中损失的可能性的情形；(d) 严重损害与宗教相关的对象，包括圣地、圣陵和圣物；(e) 严重损害基础设施、制度或民生服务，或使服务中断，或严重损害到国家经济或环境。[1] 此外，2016 年《反恐法》中还规定了恐怖主义犯罪、严重恐怖主义犯罪的内涵。其中，恐怖主义犯罪指的是本法中规定的犯罪行为或违法的恐怖活动。严重恐怖主义犯罪包括下列行为：一是本法第 20 条、21 条、22 条 (b) 和 (c) 款、23 条、25 条、28 条、29 条、30 条或 31 条中所列犯罪活动；二是任何构成恐怖活动且（包括适用第三章第二节中的加重情节后）应受 5 年或 5 年以上监禁的犯罪行为。

第三，反恐法律还规定了对恐怖活动组织及其成员的认定。如《条例》第 8 条：如果政府通过官方公报中的通告宣布某个团体为恐怖活动组织，那么，在任何法律程序中，这个通告都可以作为此团体是恐怖活动组织的证据，除非另有其他相反的证据证明并非如此。第 9 条：如果有证据表明某人在 1948 年 5 月 14 日后的任何时候曾为某个恐怖活动组织的成员，此人就可认定为这个恐怖活动组织的成员，除非他能证明他已不再是其成员。如果某人身处之所被恐怖活动组织或其成员用作行动、集会或存储之所，此人应被认定为恐怖活动组织成员，除非当时他所处情形能够证实他不是恐怖活动组织成员。

2016 年《反恐法》中第二章规定了认定恐怖活动组织和恐怖分子的主体、程序、救济措施等。按照法律规定，只要国防部部长确信符合本法中恐怖活动组织定义的内容，即可通过政令形式依法认

---

[1] "The Counter Terrorism Law, 5776 – 2016," https：//www.gov.il/BlobFolder/dynamiccollectorresultitem/counter – terrorism – law – 2016 – english/he/legal – docs_counter_terrorism_law_2016_english.pdf.

定某团伙为恐怖活动组织。认定恐怖活动组织必须首先由以色列安全局局长或其他防卫机构的长官提出有充分证据的书面申请，然后由其本人将申请与本人意见书呈送国防部部长，并经总检察长批准。在书面申请中，防卫机构长官应详细陈述其立场所基于的信息和事实，以证实国防部部长确实应该认定其为恐怖活动组织。如果认为一个团伙以某恐怖活动组织的名义在以色列国内实施活动，防卫机构曾对其进行过警告，但该团伙依然实施活动，或者防卫机构长官相信仅是警告无法阻止其继续实施活动，这种情况下，防卫机构长官只需要呈送书面申请即可。在某些特定情形下，如果总理认为或经国防部部长要求，应该由部长委员会或政府来认定恐怖活动组织，也可由这些机构认定。认定过程主要有两个阶段：暂时认定；若在3个月内，没有上诉表示反对，则暂时认定成为永久认定。被认定的恐怖活动组织可向国防部部长提出对暂时认定或永久认定的保留意见或反对意见。此意见将由一名最高法院或地方法院的退休法官所领导的顾问委员会审核，委员会审核后，将其意见报送回国防部部长。

另外，国防部部长决定应该依法认定某组织为恐怖活动组织后，会发布命令，在暂时认定该组织为恐怖活动组织，与后续发布了正式认定或撤销了暂时认定期间，该暂时认定决议一直有效力。

2. 明确了对恐怖分子或组织及其支持行为的打击方式或惩戒标准

《条例》第4条列出了支持恐怖主义行为的同时，也规定了对其处理方式。"这些有上述行为的人犯有罪行，应该被判入狱，刑期不超过三年，或是接受不超过3000镑的罚金，或者两样并罚。"

《条例》第5条还规定了对恐怖活动组织财产的处理办法。"恐怖活动组织的所有财产，包括在本条例在政府公报中颁布之前所获得的财产，都应由地方法院裁定没收并上交国家。依据本款所没收之财产均需要附上由以色列国防军总参谋长或以色列总警监的书面决议。任何地方的财产——定期或是在某个特定场合供恐怖活动组织或其成员用做行动、集会、宣传或存储之所,还有任何恐怖主义成员拥有或掌控都应被视为恐怖活动组织的财产,除非另有其他相反证据证明并非如此。"

《条例》第15条规定了国防部部长在审判恐怖主义时的作用。"军事法庭依据本条例做出的每一项宣判都应呈送国防部部长,国防部部长可以批准该判决,还可以批准该判决并减轻处罚,也可以撤销该判决并宣告被告无罪释放,还可以撤销该判决并驳回重审,重审的军事法庭人员可以是原来的人员也可以不是。国防部部长在做出决定之前,应该听取一个可以胜任本条例要求的军事法庭主席职位但当前并不担任该职位的人士的意见。"1948年的《条例》还赋予国防部部长其他处理有关恐怖主义的权力,但在1980年第一次修订时,把某些权力转移给了司法部部长,如第23条原来是"国防部部长负责本条例的执行,并可以就关于执行中的任何问题制定章程",但在1980年修订时,将其中的"国防部部长"改为"司法部部长",标志着以色列反恐无论是在程序上还是实施上由原来的军方为主转向以司法部门为主,法治化不断完善。第16条规定了军事法庭审判恐怖主义裁决的效力。"军事法庭做出的判决和依据本条例确认后的判决是最终判决,不得再上诉至任何法院或特别法庭。"

2016年《反恐法》第三章规定了对恐怖活动的惩治。恐怖活动组织的领导人或管理人员,以及其他直接或间接全面参与指挥恐怖活动组织的人员,处25年有期徒刑。如果该组织曾实施谋杀罪行,上述人员应该并只能处以无期徒刑。管理恐怖活动组织活动的人员或参与指挥其活动的人员,处10年有期徒刑。如果涉及到刑事犯罪活动,处15年有期徒刑。恐怖活动组织的成员,处5年有期徒刑。恐怖活动组织的成员参与组织活动,或以该组织身份实施活动,或故意助成此活动,处7年有期徒刑。直接或间接为恐怖活动组织招募1个成员的人员,处7年有期徒刑。为恐怖活动组织提供服务或资源的人员,如果其活动可能有助于或促成该组织的活动,处5年有期徒刑，除非该人员能证明未意识到该组织是恐怖活动组织（此处的"意识到"包括怀疑该组织是恐怖活动组织，但没有核实）。

第24条：（a）从事活动以表明认同某恐怖活动组织，包括公开地以言语赞美、支持或同情，挥舞旗帜，展示或发布象征性标识，或展示、播放、发表标语或颂词，有以下情形之一的（公开认同某恐怖活动组织；依据本法第22条、23条、25条或29条，此类情形确有可能导致恐怖活动的实施或恐怖活动罪行），处3年有期徒刑。（b）有以下行为之一的，处5年有期徒刑：公开并直接宣称实施恐怖活动；公开赞美、同情、鼓励或支持恐怖活动，或认同该活动，若公布的内容或公布后的情形确有可能导致恐怖活动的实施。（c）有以下行为之一的，处2年有期徒刑：以传播为目的，持有（a）中所列举的出版物，显示明确认同某恐怖活动组织，或以传播为目的，持有（b）中所列举的出版物；为筹划、创作或传播前述出版物提供服务的。（d）就（a）或（b）中禁止的出版物，发表正确且公平的报道的不构成犯罪。（e）依据本条款所提起的诉讼必须由总检察长批准。

第25条规定了对支持恐怖活动的人员的惩处。为他人提供以下服务或资源，直接或间接地促成恐怖活动罪行；减轻恐怖活动罪行；有助于逃避该罪行应得的制裁的，处5年有期徒刑：为他人提供交通服务或休息、停留或隐藏的场所，或为他人提供资助以获得休息、停留或隐藏的场所；为他人提供资金、食物、衣物、信息、通信手段、文件资料、交通工具、汽油、地产、建筑，或任何其他资源的。

另外，《反恐法》第六章专门规定了对涉恐资产的没收，主要包括司法没收和行政没收两大类。如，第54条规定，若依本法第20条被判定有罪（领导恐怖活动组织罪），法院则可依公诉方请求，在对其惩处之外，并命令没收和其关联之恐怖活动组织之财产。第56条规定国防部部长可发布命令，暂时征收或禁止使用或禁止转移下列财产：一是据本法第4条、第6条或第11条认定的恐怖活动组织或恐怖人员的财产；或故意用于实施重大恐怖犯罪的财产——若国防部部长确信有必要阻止恐怖活动组织的活动，并削弱其达到目标的能力，或为了阻止重大的恐怖犯罪。二是和重大恐怖犯罪有关的财产，或直接用于实施重大恐怖犯罪的财产。三是实施重大恐怖犯罪而得的报酬或回报之财产，或用作此类报酬或奖赏的财产。四是在判决做出后，发现的其一和其三中提到的财产。

（三）法律反恐的特点

总体上看，以色列法律反恐具有预防为主攻防兼备、由强调军队反恐转向法治化、倡导全民反恐的特点。

1. 预防为主、攻防兼备

以色列是世界上最早颁布专门预防和打击恐怖主义法律的国家之一，而且是世界上少有的在法律名称中明确写入"预防"恐怖主义的国家之一。其他大多数国家与反恐相关的法律，其名称和内容一般重点都在于恐怖主义事件后的打击和惩治。以色列法律中规定的是一种预防思想，即通过法律规定的惩治手段威慑恐怖主义犯罪，同时也体现出积极预防思想，也可称之为进攻性思想，即通过先发制人的打击预防恐怖主义犯罪。

以2016年《反恐法》为例。该法第六章专门对如何预防恐怖主义进行了规定。如第69条规定，如果以色列的地方警察长官有充足的证据怀疑恐怖活动组织的活动，或者故意促成或支持该组织活动的行动，包括召开会议、行伍、集结、集会或训练等，如该行动正在发生或即将发生，该长官可发布命令预防此类活动发生（即恐怖活动预防令）。

以色列强调从法律上对恐怖主义的预防与其周边国际环境及其国家历史、地理特点紧密相关。首先，以色列国家周边存在着诸多与以色列有矛盾的势力，其中一些激进势力随时可能发动对以色列的袭击。从地理上看，这些激进势力在地域分布上不仅多围绕在以色列周边，有的区域还与以色列边境犬牙交错，这需要以色列积极采取预防措施以免激进势力因地利之便发动恐怖袭击。其次，犹太民族对其历史上遭受的灾难有深刻记忆，再加上以色列建国后几次对其国家生存构成威胁的中东战争和时有发生的冲突，使其对自身安全问题非常敏感，因而采取各种可用的预防和进攻方法反恐。法律反恐成为以色列积极构建的攻防兼备的反恐措施的重要组成部分之一。

2. 由强调军队反恐转向法治化

《条例》中多处强调国防军在反恐中的作用，在1980年第一次修订前尤其如此。1948年到1975年，以色列国内的反恐任务由国防军承担，因为这段时间内，以色列主要的安全战略目标是维护国家的生存，反恐从属于这一目标，反恐行动也成了国防军维护国家生存这一目标之外的次要任务，也就是说以色列主要是运用"传统"军事力量来对待属于"非传统"安全威胁的恐怖主义。

1975年后，以色列将城市反恐作战任务交给边防警察与国家警察，但国防军依然承担重要的反恐任务。以色列强调军队反恐的特点首先与以色列对恐怖主义的认知有密切关系。因为以色列政府长期把恐怖主义看作"战争"或"斗争"，军队当然是应对战争或斗争的主要力量。其次，以色列反恐任务繁重。客观上讲，以色列面临的恐怖袭击确实非常频繁。主观上讲，以色列依据自己的标准认定的恐怖主义时常有扩大化倾向，恐怖主义事件自然增多，反恐任务也相应加重，需要军队承担反恐任务。

1980年第一次修订后的《条例》中，把一些反恐权力转移给了司法部部长，标志着以色列反恐无论是在程序上还是在实施上由原来的军方为主转向以司法部门为主，反恐法治化不断完善，意识也不断增强。近年，以色列反恐军事行动增多，国家内部也一直不乏依法反恐的呼声。"与恐怖主义的斗争没有超出法律范围，而是依法进行的，使用的手段也都是民主国家的法律所许可的。不能因为我们反对的是恐怖主义，就可以有理由漠视公认的法律准则。这也是我们区别于恐怖分子之所在，他们的行为违犯、践踏了法律，但是在反恐斗争中，民主国家要在法律框架内依法行事。"① 事实上，反恐斗争就是守法的国家及其守法的公民与犯法者的斗争，因此，不仅是一国与其敌人的斗争，也是法律与其敌人的斗争。②

但从 2016 年《反恐法》中相关规定来看，以色列法治化反恐还是非常倚重军队力量。如在反恐中发挥重要作用的国家反恐怖融资局就设立在国防部；《反恐法》授权国防部部长是唯一的有权认定恐怖活动组织的官员，以色列安全局、摩萨德、警察局等防卫机构如果需要认定，都必须由其领导人先向国防部部长提出申请，阐明理由，并由以色列总检察长批准。认定公告同时由以色列国政府公报和上述国防部下属的国家反恐怖融资局网站发布。以此观之，以色列法治化反恐中，国防部作用举足轻重。

3. 倡导全民反恐

倡导全民参与反恐可以说是以色列反恐防御措施的基石，体现在《条例》中对民众的引导作用。

《条例》中关于划定恐怖活动组织行为和支持恐怖主义行为十分严苛，不过处罚却并不严厉，反应出《条例》对培养国民反恐意识的引导作用。恐怖活动虽然组织严密、复杂，并具有突发性，但其最终实施需要一个过程。在这个过程中，如果一个环节出了纰漏，就很有可能被发觉、揭穿，从而失败。这个长期、复杂的过程，如果仅有专门的反恐部门去执行，其工作量势必巨大且难以完成，但发动数以千万计的普通民众，就扩大了反恐的阵线。同时，《条例》中的内容有助于提高公民对恐怖活动的警惕性，增加应对突发事件的能力。

2016 年《反恐法》依然贯彻了倡导全民反恐思想。如第 26 条规定：任何人若获得信息，并察觉到确有可能发生严重恐怖活动犯

---

① Aharon Barak, "A Judge on Judging: The Role of a Supreme Court in a Democracy," Yale Law School Legal Scholarship Repository, 2002, p. 151.

② Aharon Barak, "A Judge on Judging: The Role of a Supreme Court in a Democracy," Yale Law School Legal Scholarship Repository, 2002, p. 152.

罪，或者该犯罪活动已经发生但尚可全部或部分阻止其后果，但并没有正确处置以阻止此罪行的实施、完成或后果，处3年有期徒刑。此种情形之下，尽早将其所知信息报告防卫部门才是正确的处置措施。该条款中"任何人"体现了《反恐法》的引导方向，即全体公民当此情形之下，都必须如此从事——尽早向相关部门报告，从而阻止恐怖活动的发生，或减缓其造成的后果。

以色列成功阻止了许多起恐怖主义炸弹袭击，其中多数得益于公众的警惕性。大多数被放置在诸如公共汽车站、超市、购物中心等公共场所的爆炸装置都是被公众发现，及时提醒警方并成功拆除。警察部门在电视或其他媒体上的公益广告宣传有助于培育并提升公众的警觉性。以色列公共场所的安检机制十分完善，无论商场、公园、车站或超市，大都会配备荷枪实弹的安保人员，通过者都要通过安检门进行全身扫描式检查，所携物品一般也要经过仔细检查。但是公众具有如此强烈反恐意识的主要原因还是在于《条例》对公民的引导，久而久之形成公众对反恐斗争的高度认同。

当然，以色列的反恐法律也存在一定问题。《条例》中对恐怖主义的定义只重视暴力性，没有考虑恐怖主义其他特性，容易造成以色列反恐扩大化。一方面，过于严厉的法律使报复性的恐怖活动增多，为反以色列力量招募成员、实施恐袭提供宣传的依据。另一方面，过于严厉的法律也会给自己国家民众带来诸多影响。"民主国家易于对恐怖事件过度反应，主要原因是政权依赖于民众的参与和影响，而民众对于恐怖事件又是敏感而脆弱的。"[1] 恐怖事件发生之后，民众有较强的意愿牺牲自由而换取安全。"但是一旦反恐政策忽视了公民自由，这些政策就不是最优的了，政府就会被恐怖活动组织玩弄于股掌之间。"[2] 2016年《反恐法》中对恐怖活动等相

---

[1] Kristopher K. Robinson, "Terror's True Nightmare? Reevaluating the Consequences of Terrorism on Democratic Governance," Terrorism and Political Violence, Vol. 22, No. 1, 2010.

[2] James M Lutz and Georgia Wralstad Ulmschneider, "Civil Liberties, National Security and U. S. Courts in Times of Terrorism," Perspective on Terrorism, Vol. 13, No. 6, 2019.

关定义体现了学界普遍接受的"政府性、暴力性、心理性"等属性，但现实中以色列反恐还是过重依赖军队参与反恐，招致国际社会广泛谴责。实施比较严格的反恐法律和反恐政策会对以色列国民和巴勒斯坦公民自由造成限制，长此以往也会导致国家吸引力降低、国民态度分化、政党势力分化等。

五、反恐教育

由于长期面临频发的恐怖活动，以色列还注重对民众开展反恐宣传教育，主要包括两方面：一是构建反恐教育体系，二是培育社会自我调适能力，重点应对恐怖主义造成的心理创伤。

（一）反恐教育体系

为应对时有发生的潜在的恐怖活动和其他危机，以色列构筑了系统全面的危机教育，主要包括忧患意识教育、危机应对技能教育、心理教育和反恐教育。[①] 忧患意识教育内容包括对犹太民族历史的记忆，对国家在地理、资源、国防安全等方面存在的劣势的认识，还包括在一些重大袭击活动的纪念日举行活动，使人们在缅怀受害者的同时，增强忧患和安全意识。危机应对技能教育指通过模拟危机情景训练人们在危机发生时如何自救与救人，注意危机发生时应注意的事项，掌握和运用处理危机的知识、技能，从而在面临真正的危机时可以处变不惊，增强有序有效抵御危机的能力。心理教育指危机事件不仅会带来物质和财产上的损失、人员伤亡，也会给人们造成严重的心理问题，长时间处于高压高危环境之下或危机爆发后，人们都可能产生恐惧、焦虑、烦躁、抑郁、愤怒等多种情绪化反应，进而可能引发社会问题。以色列注重在危机前、危机中、危机后预防和解决受影响人群的心理问题。危机前和危机中主要是增强心理调适能力、提高应激能力等，危机后主要是进行心理咨询和辅导，恢复心理创伤和正常生活工作状态。

[①] 王泽东、陈静：《以色列危机教育初探》，《世界教育信息》2009 年第 1 期。

反恐教育也属于危机教育的一种,并在前三种危机教育中都有体现。一是大力开展反恐方面的教学和科研。在各级各类学校都设有反恐方面的课程,有专门的教师讲授有关恐怖主义以及如何反恐等方面的知识,同时定期邀请知名的反恐专家进行反恐培训,传授包扎、人工呼吸等急救知识,并当堂示范演习。以色列的许多大学都设立了反恐研究院或反恐研究机构,例如,特拉维夫大学的反恐研究院主要从事生物武器方面的教学和研究。二是组织媒体就有关恐怖主义属性和现象等问题进行专题介绍和讨论,如就恐怖及恐怖主义的定义,恐怖活动与一般军事行动、游击战、犯罪行为的区别等理论问题进行探讨,厘清广大公民对这些问题的模糊认识,同时广泛宣传预防、避险、自救、互助、减灾等方面的常识。三是重视反恐教育的国际合作。以色列于1985年成立了国防军反恐学校,创办了反恐培训班,为世界许多国家提供防恐和反恐领域的人员培训,并向许多国家"出口"反恐专家。[1] 由于以色列在实践中积累了丰富的反恐经验,美国多次派出专家和行动人员到以色列学习。英国、印度及拉美等许多国家和地区也与以色列建立了反恐教育的合作关系。

事实上,注重从多角度出发针对不同身份的民众进行反恐教育对预防恐怖主义是有效的。2013年,一些学者对巴基斯坦、以色列、巴勒斯坦、爱尔兰和尼日利亚等国1023名受访者进行调查,研究发现由于妇女在家庭中的职责,她们更易于觉察到家庭成员激进化的端倪,认识到即将实施暴力行为的一些不寻常的行为或者信号,并改变其激进的思想状态。[2]

(二) 培育社会自我调适能力

社会自我调适能力或社会弹性指的是在遇到内外部变化时一个

---

[1] 王泽东、陈静:《以色列危机教育初探》,《世界教育信息》2009年第1期。

[2] "The Role of Women in Post – IS Jihadist Transformation and in Countering Extremism," in Serafettin Pektas & Johan Leman, eds., Militant Jihadism: Today and Tomorrow, Leuven University Press, 2019, p. 114.

社会依然能维持其自身功能和结构。表现在两个方面：对变化的调适程度；调适所需要付出的代价大小。以色列培育社会弹性的一个方法就是培育应对恐怖袭击的技巧，这对于未成年人来说特别重要。2000年10月，在第二次巴勒斯坦起义爆发后不久，以色列心理创伤治疗中心开展了一项校园计划，旨在帮助学生消除在拉马拉两名士兵惨遭杀害带来的心理影响。有三名心理专家给教师们举办了讲座，教给他们自我安抚、自我护理以及情绪管理的方法，从而形成应对机制，然后再由老师们把这些教给孩子们。同时，该中心还追踪观察并在两年后开展后续训练活动，建立一个应对模式，包括树立信念、情感表达渠道、参加组织寻找归属感的社会渠道、虚拟未来的想象渠道、调适心理过程的认知渠道和放松身心的身体渠道等。这些训练增强了人们的"适应性、移情能力、社会互助、归属感、控制感、成就感、信念和希望等"[1]，也有助于培育整个社会积极、乐观的情绪。

由于以色列儿童面临和接触持续日久的政治暴力，政府资助或鼓励了多种多样的针对儿童的心理干预措施。一种是二级干预，主要是培训一些治疗小队、家长、老师，然后再由他们帮助儿童应对危机的影响。另一种是一级干预——在对儿童造成心理伤害之前的干预，后者对公共健康尤其有效。

以色列政府采取行动处理民众面临的物质和心理环境，可以减少（恐怖主义）袭击带来的心理影响。以色列的应对显示受害者获得的帮助可能有益于他们的心理康复，减少恐怖活动带来的恐惧。这些应对措施包括制定出经过反复调适的心理干预方案，政府迅速消除可以使人回想起袭击事件的事物。[2] 首先，炸弹袭击事件一旦

---

[1] Ruth Pat‐Horencayk, "Terror in Jerusalem: Israelis Coping with 'Emergency Routine' in Daily Line," in Judy Kuriansky, ed., Terror in the Holy Land: Inside the Anguish of the Israeli‐Palestinian Conflict, Praeger Publishers, 2006, p. 70.

[2] Ben Sheppard, "The Psychology of Strategic Terrorism: Public and Government Responses to Attack," Routledge, 2009, p. 175.

发生，以色列国家保险协会（一个政府机构）负责恐怖主义事件造成的医疗和康复费用，联系重大袭击造成的伤亡人员，给幸存者提供心理疏导。所有接收（恐怖主义事件）受害者的医院会设立一个处理心理压力的单位，该单位确诊出很可能发展为急性应激障碍的受害者，让其在心理专科继续接受治疗。所有病人在出院前需要由一名心理健康专家对其进行检查。其次，设立有一个电话总机和数据中心，使公众可以获取所有参与营救恐怖主义受害者的医院信息，受害者的家人和朋友无需再分别联系各个医院。另外，精神急救协会招募志愿者提供电话服务，处理遭受恐惧、焦虑和不安的人打来的电话。恐怖袭击事件一发生，提供五种语言服务的电话热线就立即开通，并有心理健康部门的心理专家指导这些服务。再次，根据犹太律法，袭击事件发生后 24 小时之内，必须辩认清楚所有死者。此外，政府必须确保公众——尤其是恐怖主义事件发生地及其周围的居民——通过媒体了解事件的最新进展，包括事件的规模、伤亡人数、准确地描述袭击的范围和道路交通状况等信息，使公众清楚哪些道路可以通行，亲朋好友是否处于危险之中，从哪里可以得到建议和帮助。最后，以色列尝试减少恐怖主义事件心理影响的一个应对措施是政府部门迅速消除袭击造成的痕迹和能使人回想起袭击事件的物品。爆炸发生数小时之后，周围的建筑物及其窗户、电话亭等就修葺完毕，甚至毁坏的树木也会被重植。这会使公众包括受害者回到焕然一新的原地后，较快地遗忘袭击事件，摆脱其影响，重新开始生活。

（三）反恐教育的特点

以色列反恐教育有以下两个突出特点。一是反恐教育理论与实用并重。以色列既重视从理论层面对反恐案例的研究，也注重把相应的研究成果付诸实践，强调两者的结合。二是反恐教育的普遍性。因为恐怖活动的随机性和频发性，以色列反恐教育普及到了全国民众，包括对各个年龄段、各行业民众的应对技能训练、反恐演习、心理教育等。以学生为例，以色列小学生每年大约有 12 个小时到部队参加军训，中学生每周一节军训课。1991年海湾战争后，这些演习已经制度化。2001年，以色列出台了《在学校教授急救知识法》，要求所有学校在校师生熟知求救知识并能够应用。除了学校教育外，以色列还通过媒体、报栏、网络，散发心理科普知识宣传册等方式进行广泛的教育，全方位对全体国民进行应对恐怖主义的教育。以色列人的国防安全、个人安全教育和反恐意识，渗透到了国民生活的方方面面。

六、网络反恐

帕玛拉·L.格里塞特和苏·马汉对网络恐怖主义的定义是：利用电脑散布信息并瘫痪虚拟基础设施。[①] "因为网络时代指挥权和控制权的扁平化，使用网络不仅使恐怖分子更具灵活性、更安全，也为他们提供了更多的目标选择和袭击机会。"[②] 网络恐怖主义的危害在于可引发全国性乃至全球性的恐慌，并使政府瘫痪从而不能应对后续发生的危机。网络恐怖主义的形式有恐怖分子利用网络作为交流工具；获得关于潜在目标的信息或制造武器等技术信息；把网络作为宣传恐怖活动组织及其"事业"、召募人员等的平台；对网络本身以及与网络相关的基础设施的攻击等。

2017年，以色列议会通过了一项管理网络的法案，其中规定，如果存在包括赌博、毒品交易、煽动恐怖主义等网络非法行为，即使没有地方法院法官的判决，也可以封禁网站。随着网络时代的发展，反犹主义也出现了新的形式，在网络上煽动反犹反以情绪的"在线反犹主义"流行开来，这些反犹言论主要通过网络的方式得到快速的传播，对以色列国家造成负面影响。以色列2016年《反

[①] Pamala L. Griset & Sue Mahan, "Terrorism in Perspective," Thousand Oaks, California: Sage Publications, Inc., 2007, p. 227.

[②] Abraham R. Wagner, "Terrorism and the Internet: Use and Abuse," in Mark Last and Abraham Kandel, eds., Fighting Terror in Cyberspace, Singapore: World Scientific Publishing Co. Pte. Ltd., 2005, p. 7.

恐法》中加入了打击网络恐怖主义的条款，禁止通过因特网或社交媒体煽动恐怖主义。①

（一）网络情报机构

以色列面临的恐怖活动组织越来越多地使用基于网络的系统，并以此达到它们的政治目的。真主党、哈马斯、杰哈德和其他中东恐怖活动组织都采取多种方法利用网络获得资助，包括使用电子转账把现金转移到合法的银行账户供恐怖分子使用或资助众多的组织。资助的团体有伊斯兰教慈善机构、专业协会和其他类似机构如社会和教育工程、医院、孤儿院和其他人道主义机构。

以色列认识到反恐不只存在于现实生活中，虚拟的网络世界更是能否取得反恐胜利的关键。恐怖主义和宗教极端思想可以通过网络传播，让网络成为反恐新战场。以色列网络反恐也更多地注重"预防性反恐"，强化网络管控、侦察打击、技术反制、紧急反应等能力，有效地提高了威慑大规模恐怖袭击的可能性。

以色列情报机构在运用大数据反恐和军事打击行动中，一直走在世界前列。以色列国防军的8200部队相当于美国的国安局，是国防军中规模最大的独立军事单位，被情报专家认为是世界上最出色的网络情报部队之一。2010年，它曾用"震网"蠕虫病毒成功使伊朗的浓缩铀设施瘫痪。8200部队和辛贝特相互合作，通过搜集、监视阿拉伯国家的网络信息、社群网站、电话、视讯软件、图片、电子邮件、银行交易信息等，并通过电脑的精密计算、分析、对比追踪或预测恐怖分子的行动。8200部队的工作人员有针对性地监听约旦河西岸的巴勒斯坦特定人员，汇集获得的信息，初步判定后将有价值的资讯整理为情报线索，然后由分析员进行判断。判断过程中，在预防恐怖袭击时，必须准确判断出可疑的人员、袭击的时间和地点。一旦确定，以色列军方就采取先发制人的措施，根据这些情报追踪、逮捕恐怖分子。以色列采取的定点清除以及军事反

---

① 艾仁贵：《以色列的网络安全问题及其治理》，《国际安全研究》2017年第2期。

恐行动，有些就源自这套大数据分析技术。

（二）网络反恐合作

因为网络具有在全球范围内互连互通的特性，网络反恐合作一般都需要在全球范围内开展。以色列不仅在国内有完善的情报网络，在这方面还重视国际合作，特别是与美国的交流和合作。美以两国拥有一套完善的国家反恐情报共享系统。根据两国签订的反恐合作协议，两国可互相分享有关恐怖活动组织和恐怖分子的信息和分析结果，包括对恐怖活动组织和恐怖分子身份的调查、资金流向等；两国反恐专家也经常定期交流对恐怖事件和危机管理经验。2002 年，通过与美国合作，以色列成功关闭了哈马斯所属的"救济与发展圣地基金会"，该网站允许网民登录并使用信用卡或电子汇款等方式为其提供捐助。

随着网络恐怖主义的增多，以色列对网络恐怖主义的关注也越来越多。贝京－萨达特战略研究中心研究员建议以色列采取以下措施应对网络恐怖主义：通过制裁或起诉让对手付出代价；把网络安全视为维护国土安全事项和责任；为全国计算机网络创建一个全国性的"保护伞"；提升消费者安全意识；开发网络监测器、发展局域网等全局性反应；在全国范围内升级身份验证制度；增强政府网络管理水平；使用加密技术；加快培训网络安全专业人员；研发技术方案。[1]

小　结

以色列经过长期的反恐实践，构建了符合自身认知特点和现实需要的反恐战略机制和反恐手段。以色列反恐机制由决策机构、情报机构、执行机构及机构间的沟通协调组成。这些机构单独或联合

---

[1] Shay Shabtai, "Cybersecurity: Recommendations for President Trump, Implications for Israel," Begin-Sadat Center for Strategic Studies, Feb. 1, 2017, https://besacenter.org/cybersecurity-recommendations-president-trump-implications-israel/.

开展情报侦查、军事打击、经济封锁、法律制裁、宣传教育和网络打击等反恐行动。值得注意的是，以色列的反恐注重军事打击，采取的具体措施有军事行动、"斩首行动"、构筑多层次反导系统和封锁边境等。在以色列看来，这些手段是符合其需要的主客观选择。倚重军事手段，同时配合其他手段，以色列构筑了全方位的国内反恐网络，在此基础上，以色列也积极开展国际反恐合作。

第四章 以色列国际反恐合作

依据其认知,以色列制定了反恐战略的目标,构建了反恐战略机制,采取多种反恐手段,不仅利用国内资源,也积极利用国外资源,在政治、军事、经济、外交等领域合作反恐。由于国际反恐合作资料和信息的隐蔽性,本章阐述的重点是反恐国际政治合作。

第一节 国际政治合作

以色列反恐的国际政治合作指的是通过与其他国家的沟通交流,获得对其反恐政策的政治支持或声援等。因为以色列认定的恐怖活动组织或恐怖分子在一些国家,尤其是西亚、北非的一些国家看来并非如此,相反还是"反对以色列占领的解放者"或"反对以色列占领的斗士"。另外,国际社会对以色列反恐对象扩大化和偏重采取军事反恐手段也不尽认同,联合国等国际组织也多次出台决议批评以色列在占领区的打击行为。为了避免道义上的孤立,以色列广泛开展国际政治合作,包括在联合国宣讲所受恐怖主义之危害,争取广大国家的支持,并积极与美国、印度等国合作等。

一、在联合国争取政治支持

联合国是全球交往的重要舞台,也是以色列宣扬其所受恐怖主义危害、反恐指导思想和行动的重要场所。首先,促成和支持联合国达成有关反恐决议,尤其是打击与其相关的恐怖主义的决议或文件。2014年5月28日,以色列代表在联合国安理会上就反恐问题表示:"以色列高度重视联合国反恐机构的工作,赞赏反恐委员会执行局为协调反恐行动做出的不懈努力,反恐执行局在监控安理会1373号决议执行情况上做了出色的工作,以色列不折不扣地执行了该决议,该决议是联合国构建一个强有力的反恐体系的核心工作。"① 2014年11月19日,以色列代表在联合国安理会会议上就反恐陈述时表示:"以色列欢迎安理会2178号和2170号决议,前者主要是处理非本国战斗人员的威胁这一问题,后者主要是提高了削减资助恐怖主义的必要性。但这仅是第一步,我们必须创造性地、灵活地采取切实措施反击不断演变的恐怖主义威胁,以落实文件中的精神。"② 2016年2月12日,联合国大会召开第84届全体会议,讨论《联合国全球反恐战略》和《防止暴力极端主义行动计划》。以色列代表在会上表示:"我希望表达我对联大制定这些文件的赞赏,也对贵处办公人员的辛勤工作表达谢意,正是你们的辛勤付出才使这项决议一致通过,这所包含的意义影响深远。"③

以色列还特别关注女性在恐怖主义事件中所受的伤害:"妇女无疑是受恐怖主义和暴力极端主义伤害的最为弱势的群体之一。我们在最近媒体和报道中了解到有妇女被'伊斯兰国'和其他极端组织性虐待,被买卖当作性奴隶。妇女通常很容易成为恐怖主义的牺牲品,她们是反恐行动中潜在的关键力量。"④

其次,在联合国经常性宣讲以色列所受到的恐怖主义威胁,号

---

① "Amb David Roet Addresses UN Security Council on Counter–Terrorism," May 28, 2014, http://mfa.gov.il/MFA/InternatlOrgs/Speeches/Pages/Amb–Roet–addresses–UN–Security–Council–on–counter–terrorism–28–May–2014.aspx.

② "Israel Statement on Counterterrorism at the Security Council," Nov. 19, 2014, http://mfa.gov.il/MFA/InternatlOrgs/Speeches/Pages/Statement–on–Counterterrorism–at–the–Security–Council–19–Nov–2014.aspx.

③ "Israel's Statement on the UN Plan of Action to Prevent Violent Extremism," Feb. 12, 2016, http://mfa.gov.il/MFA/InternatlOrgs/Issues/Pages/Israel–statement–on–UN–Plan–of–Action–to–Prevent–Violent–Extremism–12–Feb–2016.aspx.

④ "Counsellor Shiloh at UN on Women and Counterterrorism," Sep. 9, 2015, http://mfa.gov.il/MFA/InternatlOrgs/Speeches/Pages/Counsellor–Shiloh–on–Women–and–Counterterrorism–9–Sep–2015.aspx.

召国际社会共同打击恐怖主义或支持以色列反恐。以色列把联合国作为向国际社会展示其所受恐怖主义危害的平台,以此引起国际社会、其他国家和人民的同情和支持。2014年,以色列常驻联合国代表安布·鲁埃在安理会有关国际和平与安全威胁讨论会上提出三点打击恐怖主义措施:第一,必须切断有组织犯罪网络的供应线,包括武器军火、资金和后勤等;第二,安理会必须处理那些支持恐怖主义的国家,因为有些国家支持、藏匿、资助、训练恐怖分子,并为其走私武器;第三,国际社会必须拓宽和加强对恐怖活动组织的制裁,包括采取更有效的措施让更多的恐怖分子受到法律的惩罚,有关机构机制必须冻结恐怖活动组织的资产,预防恐怖活动组织在联合国成员国境内活动。[①] "这些激进主义集团代表的是对《联合国宪章》中展现的自由和尊严的根本性威胁,但是联合国仍然没有为捍卫其建立之初的文件中设定的原则画下清晰的底线。像世界上许多国家一样,我们在以色列边境周围忍受这种失败政策带来的后果。"[②] "联合国安全理事会对联合国宪章原则和目的的承诺怎么衡量?要看安理会如何回应和平与安全受到的威胁,要看它是否回应这些威胁。当那些残暴的独裁者大规模屠杀他们的人民,那些狂热的组织用武力传播仇恨和偏狭,需要我们立即联合行动起来,共同抵制恐怖主义。"[③]

二、以美政治合作

以色列与美国的战略伙伴关系基于一个重要的原则:美国坚定

[①] "Amb Roet Addresses UN Secutity Council," Dec. 19, 2014, http://mfa.gov.il/MFA/InternatlOrgs/Speeches/Pages/Amb – Roet – addresses – UN – Security – Council – 19 – Dec – 2014. aspx.

[②] "Amb Roet Addresses Security Council Debate on the UN Charter," Feb. 15, 2016, http://mfa.gov.il/MFA/InternatlOrgs/Speeches/Pages/Amb – Roet – addresses – Security – Council – debate – on – the – UN – Charter – 15 – Feb – 2016. aspx.

[③] "Amb Roet Addresses Security Council Debate on the UN Charter," Feb. 15, 2016, http://mfa.gov.il/MFA/InternatlOrgs/Speeches/Pages/Amb – Roet – addresses – Security – Council – debate – on – the – UN – Charter – 15 – Feb – 2016. aspx.

地承诺维护以色列的安全，并决心使以色列谋求和平时面临的风险和代价降到最低。因此，美以两国的合作是全方位的，在反恐方面也是如此。

长期以来，美国给予以色列反恐方面全方位的支持：提供资金、技术、外交支持，尤其是在联合国等国际场合偏袒以色列，为此甚至不惜被指责为双重标准。美国驻联合国大使约翰·内格罗蓬特在2002年对安理会的一次闭门会议中说："如果任何谴责以色列的决议而不同时对恐怖主义进行普遍地谴责——他特别提到杰哈德、哈马斯和阿克萨烈士旅的名字，那么美国今后就会否决任何这样的决议。"[①] 美国也有几次投票谴责以色列[②]，但那是在以色列特别明显地违反国际法原则之后才这样做的。即使是这样，美国的批评也很温和，仅对以色列扰乱其战略安排或以色列过于强硬的立场表达不满。

1988年4月21日，以色列和美国签署了关于两国在政治、安全和经济方面合作的《安全合作协定备忘录》，明确了以色列做为美国重要的非北约盟友，表达了双方通过建立全面合作框架增进关系的愿望，再次确认了两国共同成立的联合政治军事小组、联合安全援助计划小组的功能及其重要性。1996年4月，两国签署了反恐合作协定，该协定深化了两国在反恐斗争中的合作，主要包括：共享信息和分析相关的恐怖分子和恐怖活动组织，交流处理恐怖主义事件及危机管理的经验，交流调查到的与恐怖主义相关的信息，交流涉及恐怖活动的资金转移的信息，引渡、起诉和其他法律机制，就地区和全球反恐行动等政策进行密切协商等方面。

---

① 这一立场变成了人们所知道的"内格罗蓬特主义"。参见 Michael J. Jordan, "Symbolic Fight for Israel at U.N.," Christian Science Monitor, December 8, 2003。转引自：[美] 约翰·J. 米尔斯海默、斯蒂芬·M. 沃尔特著，王传兴译：《以色列游说集团与美国对外政策》，上海世纪出版集团2009年版，第44页。

② 美国仅有的几次对谴责以色列投赞成票的：1953年，以色列对凯比亚村血腥攻击；1981年，以色列袭击伊拉克奥西拉克核反应堆；1990年以色列从被占领土上驱逐巴勒斯坦人；1996年，以色列在耶路撒冷阿克萨清真寺附近修建一条隧道。即使是1985年，以色列轰炸巴解组织位于突尼斯的总部这种明显侵犯国家主权的行为，美国也只投了弃权票。

为了增强反恐合作，两国还根据协定成立了联合反恐小组。联合反恐小组是一个定期磋商、发展和促进反恐合作计划的论坛，该小组由双方多个部门的代表组成，通常每年召开一次会议，也可应任何一方请求为应对特定事宜召开特别会议。2013年11月18—20日，来自美国国务院、财政部和司法部的代表团在白宫反恐主任玛丽·金里奇的带领下，在以色列与以色列外交部地区安全和反恐司司长沙伊·科恩为团长的代表团举行会议，双方就地区恐怖主义的最新进展情况展开讨论。

"9·11"恐怖袭击事件加快了美国和以色列的反恐合作，一方面美国因为遭到史无前例的恐怖袭击，迫切需要在某些方面向以色列学习反恐技术、经验，另一方面一部分美国人对以色列长期遭受的恐怖袭击突然之间感同身受。雪莱·霍维茨[1]表示："'9·11'使我们切身感受到以色列所经历的苦难，不仅是美国的犹太社团有这样的感受，美国人普遍也有这样的感受。"[2] 小布什政府采取了一些重要措施支持以色列反恐战争，同时，以色列也赞同小布什政府促进以巴和平的倡议。在以色列修建隔离墙问题上，美国也偏袒以色列。2004年7月，海牙国际法庭宣布，以色列修建隔离墙违反国际法，应终止修建，并拆除已修好的部分。当年7月20日，联合国大会以压倒性多数通过决议，要求以色列执行海牙国际法庭的裁决。但以色列政府认为，修建隔离墙是政治问题，不是法律问题，国际法院无权就此进行裁决，同时美国政府明确表示，国际法院的裁决没有法律效力。

以色列和美国在遏制伊朗等地区国家上，也有共同利益并长期进行合作。美国长期认为，伊朗仍然是世界上首要的"支持恐怖主义的国家"，一直支持对以色列的袭击，通过伊斯兰革命卫队和以

---

[1] 雪莱·霍维茨（Shelley Horwitz）是灾害志愿者组织（Voluntary Organizations Active in Disaster, VOAD）纽约分会的主席，也是犹太联合募捐协会（the United Jewish Appeal - Federation, UJA）纽约分会策划部总监。

[2] Leonard A. Cole, "Terror: How Israel has Coped and What America Can Learn," Indiana University Press, 2007, p. 163.

黎巴嫩为基地的真主党持续实施恐怖活动和扰乱地区的活动。① 在特朗普政府时期，美国政府形成了一种明显的"以色列优先"的中东政策。② 特朗普政府寻求广泛的支持以孤立伊朗，以色列长期以来也以此为目标。③ 美国战略与国际问题研究中心等智库也长期支持以色列，认为"哈马斯持续增强其军事基础和能力以支持针对以色列的恐怖主义"④。叙利亚危机期间，美国陆军军事学院研究人员指出，美国应该威慑伊朗，使其军队不敢过于靠近以色列边界，破坏伊朗在叙利亚的通信网络，预防伊朗和以色列大规模武装冲突，削弱其什叶派的代理人。⑤ 离岸平衡关注主要利益和潜在的地区霸权

---

① Anthony H. Cordesman, "Additional Global Trends in Terrorist Incidents and Casualties," in Report of "The Uncertain Trends in the 'Wars' on Terrorism: Challenges of State Terrorism, Insurgency and Other Key Problems," Center for Strategic and International Studies, 2018, https://www.jstor.org/stable/resrep22607.4? searchText = Additional + Global + Trends + in + Terrorist + Incidents + and + Casualties&searchUri = % 2Faction% 2FdoBasicSearch% 3FQuery% 3DAdditional% 2BGlobal% 2BTrends% 2Bin% 2BTerrorist% 2BIncidents% 2Band% 2BCasualties% 26so% 3Drel&ab_segments = 0% 2Fbasic_search_gsv2% 2Fcontrol&refreqid = fastly – default% 3A803b117fae7473733b018216b00a0d7f&seq = 1.

② 汪波、伍睿：《"以色列优先"与特朗普中东政策的内在逻辑》，《阿拉伯世界研究》2021年第3期。

③ Sumit Ganguly and M. Chris Mason, "An Unnatural Partnership? The Future of U.S. - India Strategic Cooperation," Strategic Studies Institute, US Aamy War College, May 2019, p. 61.

④ Anthony H. Cordesman, "Additional Global Trends in Terrorist Incidents and Casualties," in Report of "The Uncertain Trends in the 'Wars' on Terrorism: Challenges of State Terrorism, Insurgency and Other Key Problems," Center for Strategic and International Studies, 2018, https://www.jstor.org/stable/resrep22607.4? searchText = Additional + Global + Trends + in + Terrorist + Incidents + and + Casualties&searchUri = % 2Faction% 2FdoBasicSearch% 3FQuery% 3DAdditional% 2BGlobal% 2BTrends% 2Bin% 2BTerrorist% 2BIncidents% 2Band% 2BCasualties% 26so% 3Drel&ab_segments = 0% 2Fbasic_search_gsv2% 2Fcontrol&refreqid = fastly – default% 3A803b117fae7473733b018216b00a0d7f&seq = 1.

⑤ Robert J. Bunker and Alma Keshavarz, "A Policy Response to Islamic State Extremist Fighter Battlefield Migration," Strategic Studies Institute, US Army War College, 2020, https://www.jstor.org/stable/resrep26530? searchText = A + Policy + Response + to + Islamic + State + Extremist + Fighter + Battlefield + Migration&searchUri = % 2Faction% 2FdoBasicSearch% 3FQuery% 3DA% 2BPolicy% 2BResponse% 2Bto% 2BIslamic% 2BState% 2BExtremist% 2BFighter% 2BBattlefield% 2BMigration% 26so% 3Drel&ab_segments = 0% 2Fbasic_search_gsv2% 2Fcontrol&refreqid = fastly – default% 3A27eb126cc3127cf9b846a24d67d37600&seq = 1.

国，它假定即使没有美国的直接参与，其他国家可能也将会互相平衡。① 基于平衡伊朗等地区大国的考量，美国会在反恐等方面持续支持以色列。

三、与周边国家的政治合作

和平进程开始后，以色列积极推动与较温和国家开展合作，其中也包括反恐方面的合作。"如今，伊斯兰激进主义者对埃及、约旦和其他温和的阿拉伯国家也构成威胁，而不仅仅只对以色列构成威胁。"② 以色列宣扬哈马斯、杰哈德等与伊朗的联系和有可能对地区造成的危害，从而与周边国家合作。这一方面使以色列改善了国家安全环境，分化了反以色列国家势力，另一方面对恐怖分子形成震慑。

（一）与埃及的政治合作

以色列和埃及的关系对以色列来说至关重要。埃及是第一个与以色列建交的阿拉伯国家，再加上埃及在阿拉伯国家中举足轻重的地位，以埃关系对以色列与整个阿拉伯世界之间关系都会产生一定影响。以色列知道在处理加沙地区问题中，埃及具有特殊的、核心的地位。2021年12月9日，以色列外长拉皮德和埃及总统阿卜杜勒·法塔赫·塞西会谈时讨论了关于恐怖主义的问题，包括：伊朗企图获得军事核能力，持续对中东构成的威胁；加沙局势；处理恐怖主义实体以及地区不稳定问题；针对巴勒斯坦问题，以色列政府采取的增强巴勒斯坦权力机构权力的措施以及帮助其解决经济挑战。③

---

① Emma Ashford, "Rethinking America's Commitment to the Middle East," Strategic Studies Quarterly, Vol. 12, No. 1, 2018.
② "Statement by Prime Minister Rabin on the Removal of Hamas Activists," Dec. 20, 1992, http://mfa.gov.il/MFA/ForeignPolicy/MFADocuments/Yearbook9/Pages/44%20Statement%20by%20Prime%20Minister%20Rabin%20on%20the%20Remova.aspx.
③ "FM Lapid Meets with Egyptian President Abdel Fattah el-Sisi in Cairo," Dec. 9, 2021, https://www.gov.il/en/Departments/news/fm-lapid-meets-with-egyptian-president-abdel-fattah-el-sisi-9-december-2021.

(二) 与约旦的政治合作

1970年，因巴解组织与约旦交恶，约旦把巴解组织驱逐出境，当时约旦就利用了以色列提供的情报信息。1994年，以色列与约旦签订了和平协议。1999年，约旦与以色列、美国共同努力阻止哈马斯从约旦领土发动对以色列的袭击，并关闭了哈马斯在约旦的办公室，驱逐了该组织的四名重要领导人物。2022年，以色列国防部部长和约旦国王阿卜杜拉二世会见时强调了维持地区和平的重要性，以及与各种形式的恐怖主义进行斗争的重要性，尤其要有力地应对"伊斯兰国"，因为它和近期发生在以色列的恐怖袭击有关联。[1]

(三) 与土耳其的政治合作

20世纪90年代以色列和土耳其的关系取得积极进展。对以色列来说，这是自1977年埃及总统安瓦尔·萨达特访问耶路撒冷从而改变了阿以冲突面貌以来对以色列最有利的地缘政治演变。以土关系使该地区西方国家两个最牢固最强大的盟友携起手来。对两国来说，这也是它们反恐及其他共同利益汇合的结果。一是双方都希望遏制伊斯兰激进主义的影响。伊斯兰激进主义者要求摧毁以色列，并以恐怖主义方式威胁以色列政权的世俗性。另外，埃及、约旦和沙特等亲西方国家内激进组织势力上升，并企图动摇这些国家的政权，这使以色列和土耳其两国领导者非常担心。二是以色列和土耳其两国在这一时期还面临共同的敌人——叙利亚。它们认为叙利亚资助两国认定的恐怖活动组织，另外，叙利亚与两国在水资源问题和领土问题上也都存在争端。三是以色列和土耳其两国具有共同的战略利益，即尽可能减少大规模杀伤性武器和远程弹道导弹扩散到伊朗、伊拉克和叙利亚等国家。四是1996年以色列与土耳其签订了军事协定，之后两国在安全领域开展了许多合作以互相增强对方的军事能力。两国的战略伙伴关系具有重大的意义，因为它为

---

[1] "DM Gantz Meets with Jordanian King Abdullah II," Mar, 29, 2022, https://www.gov.il/en/Departments/news/dm‐gantz‐meets‐with‐jordanian‐king‐abdullah‐ii‐29‐mar‐2022.

中东创造了一种新的平衡格局。以色列和土耳其的联盟对中东和平进程也极为重要。

促使以色列和土耳其反恐政治合作的最主要的因素是两国都需要遏制伊斯兰激进主义在这一地区的影响，因为两国都希望土耳其的现代化和民主化模式在中东和中亚国家中获得更广泛的传播。

以色列也希望遏制伊斯兰主义在该地区的传播，因为极端主义者反对犹太国家的存在，并以恐怖主义方式袭击以色列。20世纪90年代，以色列认为伊斯兰激进主义者是其主要的威胁。到20世纪90年代末，伊斯兰激进主义渗透到了以色列阿拉伯人中，哈马斯成员也渗透进以色列国内的伊斯兰运动之中，甚至在1999—2000年参与了个别恐怖袭击活动。2000年8月，以色列安全部门开始调查这些人与阿富汗境内的本·拉登和"基地"组织之间的关系。"9·11"恐怖袭击事件后，这种担心尤为强烈。在这种情况下，以色列和土耳其两国都支持美国摧毁本·拉登领导的恐怖活动组织的努力。

但是，以色列和土耳其两国在反恐方面的合作并非一帆风顺。为了塑造土耳其在伊斯兰世界的领导地位，埃尔多安把自己描绘为"巴勒斯坦和耶路撒冷伊斯兰圣地的捍卫者"，[1] 并和哈马斯等激进组织建立了密切联系。埃尔多安认为，巴勒斯坦问题是一个重要问题，不仅关系到巴勒斯坦人，也关系到所有穆斯林和世界上每一个有良知的人。事实上，巴勒斯坦问题是该地区多个问题的症结所在。以色列政府很清楚其中的敏感性，但却不加自制地把自己和本地区的民众置于水深火热之中。在达武特奥卢任外长期间，土耳其转向中东，并与伊朗、伊拉克、叙利亚和海湾国家等恢复良好关系。这自然引发以色列不满，并导致一系列冲突事件，较著名的是2010年5月以色列以武力拦截驶往加沙的土耳其救援船"马尔马

---

[1] Ely Karmon and Michael Barak, "Erdogan's Turkey and the Palestinian Issue," Perspective on Terrorism, Vol. 12, No. 2, 2018.

拉"号，造成 9 名土耳其人死亡，两国关系一度陷入低谷。

（四）以色列与巴勒斯坦温和势力的反恐合作

从和平进程一开始，以色列就要求巴解组织共同遏制和打击巴勒斯坦激进势力。"我们要求阿拉法特运用其军队抓获那些曾组织过恐怖袭击的可疑分子。在与安全部门的官员协商后，我们制定了一个要求其进行哪些行动的清单，并呈送给巴勒斯坦权力机构负责安全的部门，对我们来说，是否遵从这些清单上的要求是检验他们是否信守承诺的最好标准。"①

以色列时不时批评巴勒斯坦权力机构反恐不力。2002 年 11 月 29 日，在第二次巴勒斯坦起义期间，以色列认为，"这两年多来，巴勒斯坦恐怖主义成了以色列人日常面对的事实，尽管阿拉法特主席或其代表偶尔会谴责一下某些恐怖活动，但这些领导人从没有照他们所说的去采取重大的行动"。②

要求巴解组织或巴勒斯坦权力机构打击恐怖主义对以色列有几方面的意义：一确实有助于反恐；二可造成巴勒斯坦事实上的分裂，有利于以色列控制巴勒斯坦局势；三可以分裂为借口，拖延领土、定居点等问题的解决，也可以拖延对巴勒斯坦国家地位的承认等。

"伊斯兰国"崛起后，其势力扩展到临近以色列的叙利亚南部地区，以色列为了避免受其影响，积极在周边建立缓冲区。"以色列和约旦支持较为温和的叙利亚南部阵线反对派联盟占据在叙利亚西南地区。把这个地区做为隔开伊朗伊斯兰革命卫队与以色列的缓

---

① "Address to the Knesset by Prime Minister Peres on Hamas Attacks in Jerusalem and Ashkelon," Feb. 26, 1996, http：//mfa. gov. il/MFA/ForeignPolicy/MFADocuments/Yearbook10/Pages/Address%20to%20the%20Knesset%20by%20Prime%20Minister%20Peres%20on. aspx.

② "Address of Permanent Representative to the UN, Ambassador Yehuda Lancry, at the General Assembly Plenary Meeting on the Israel – Arab Conflict," Nov. 29, 2002, http：//mfa. gov. il/MFA/ForeignPolicy/MFADocuments/Yearbook2002/Pages/Address%20of%20Ambassador%20Lancry%20at%20the%20General%20Assembly%20Plenary%20Meeting%2029 – Nov – 2002. aspx.

冲区，并且预防极端分子从约旦渗透进以色列。"① 以色列认为伊朗伊斯兰革命卫队增强在该地区的存在，支持什叶派民兵组织在叙利亚奎乃蒂拉省的存在，寻求挑战以色列在戈兰高地的控制能力。

以色列也尽力向加沙地区的民众进行宣传，期待加沙地区民众成为反对哈马斯的力量。"国际社会和加沙居民需要知道哈马斯恐怖主义是造成他们不能过正常生活的真正原因。"②

（五）以色列与阿联酋和巴林的合作

2020 年，以色列和阿联酋、巴林实现关系正常化。基于正常化协议，以色列将暂停对约旦河西岸部分领土宣示主权。以阿、以巴（林）关系正常化一方面有助于以色列和巴勒斯坦之间维持现状，尤其是以色列承诺冻结吞并巴勒斯坦土地，避免双方局势进一步恶化。阿联酋外长表示，与以关系正常化后，阿联酋支持巴勒斯坦事业的立场是坚定不移的，即支持建立一个以东耶路撒冷为首都的、独立的巴勒斯坦国。另一方面，以阿、以巴（林）关系正常化，进一步分化了阿拉伯国家、伊斯兰世界。因为在以色列和巴勒斯坦冲突三个关键问题——耶路撒冷归属问题、难民问题、定居点问题——都没有解决的情况下，以色列和部分阿拉伯国家关系正常化，客观上有默认以色列已占领土的可能性，牺牲了巴勒斯坦权利。因而受到巴勒斯坦、伊朗、土耳其等国的反对。哈马斯认为以阿、以巴（林）关系正常化是对巴勒斯坦人民权利的无视。

四、以印政治合作

冷战后，尤其是 1999 年后，以色列和印度在多个领域展开紧密

---

① Colin H. Kahl, Ilan Goldenberg & Nicholas A. Heras, "A Strategy for Ending The Syrian Civil War," Center for a New American Security, June 2017, https：//s3. us - east - 1. amazonaws. com/files. cnas. org/documents/CNASReport - Syria - Final. pdf? mtime = 20170607102853&focal = none.

② "FM Lapid Holds Professional Dialogue at the INSS," Dec. 23, 2021, https：// www. gov. il/en/Departments/news/fm - lapid - holds - professional - dialogue - at - the - inss - 23 - dec - 2021.

合作。目前，印度已成为以色列反恐国际政治合作国之一。不过从合作历史看，以色列与印度的合作明显受美国影响。

（一）以印政治合作

冷战中以色列属于西方阵营，而印度是不结盟政策的主要发起国之一，且明显地亲苏反美，在中东问题上批评以色列，所以冷战期间两国关系冷淡，到1992年关系才正常化。1992年，时任印度国防部部长沙拉德·帕瓦尔宣称两国在反恐领域开展合作。两国反恐合作包括交换有关恐怖活动组织筹资来源、招募模式、训练和行动等方面信息，比较两国的反恐理念和行动经验等。1999年1月，美国决定解除因为印度核试验而对其施加的制裁，这一决定去除了以印两国外交关系的一个重要障碍。

"9·11"恐怖袭击事件和反恐战争为两国合作创造了更有利的氛围。"9·11"恐怖袭击事件后，各国都把反恐合作提上战略议程中的优先地位，西方国家也更加重视以色列、印度两国的反恐合作。两国互相学习对方的边境安全管理经验。印度军事目标是发展可以快速将军事力量部署到敌人阵线后方并执行特定任务的能力。印度还考虑在陆军下设一支3万人的快速机动力量。2003年9月沙龙访问印度，这是以色列总理首次访问印度。这次备受瞩目的访问增进了两国高层间的互相了解，也促进了双边防务合作和贸易关系。2003年，印度与以色列军事工业公司达成了一项价值3000万美元的协议，购买3400支塔沃尔型突击步枪、200支加利尔型狙击步枪和一些激光测距仪（一种搜索和定位装置）。印度努力关闭边境上恐怖分子的渗入通道，因此需要边境监控装置，而以色列为了应对同样的边境问题，早就开发出了这种装置。以色列还为印度提供了战场上使用的便携式雷达，可以大范围内分类探测移动人体的感测器——一种手持式的热感应夜视装置。[①]

[①] Efraim Inbar, "Israel's National Security: Issues and Challenges since the Yom Kippur War," Routledge, 2008, p.181.

2012年1月，在印度对外事务部部长克里希纳访问以色列后，两国提升了反恐合作战略。克里希纳会见了以色列政府和国防部领导人，同意促进两国反恐合作。2014年9月28日，以色列总理内塔尼亚胡和印度总理莫迪首次会见，内塔尼亚胡表达了对伊朗核计划和伊斯兰激进主义思想在中东扩散的担忧。2015年7月，联合国人权理事会通过了加沙调查委员会的报告，41国投票赞成该报告的通过，印度是仅有的投了弃权票的五个国家之一，这被视为是印度首次反对联合国人权理事会所倡导的巴勒斯坦人的权益。印度还利用大量印裔犹太人增进两国关系。由此可见，以色列与印度的合作关系已达到新的高度。2016年1月，印度对外事务部部长斯瓦拉杰访问了以色列，并称印以关系积极全面的发展对印度政府具有最重要的意义。

美国以色列公共事务委员会、美国犹太委员会、国家安全事务犹太人协会、美国犹太代表大会等美国的犹太人组织也积极培育与印度以及在美国的印度游说组织的关系。长期的合作，使以印两国在美国的游说组织之间的关系非常友好。它们在许多国内外事务上观点一致，比如移民、反恐立法、支持亲以色列和亲印度的候选人等。在美国布什总统任期内，犹太、印度游说组织合作一致，促成布什批准了以色列出售给印度四架费尔康预警机的交易。2021年2月，以色列总理内塔尼亚胡会见印度总理莫迪时，莫迪强调印度致力于保护其国民安全，并继续与以色列合作共同打击恐怖主义。①

值得一提的是，以印双方的反恐政治合作还促成了它们与美国、土耳其等国的三边反恐合作。2003年5月，时任印度国家安全顾问布拉杰什·米什拉在访问美国时特别提出了建立印以美三国反恐联盟的建议。以印两国关系所具有的宽泛的地缘战略意义要超过它能

---

① "PM Netanyahu Speaks with Indian Prime Minister Narendra Modi," Feb. 1, 2021, https：//www.gov.il/en/Departments/news/pm-netanyahu-speaks-with-indian-prime-minister-narendra-modi-1-february-2021.

给予两国在各自地区的实际力量。① 以印美三边关系使三国可以在许多战略事务中合作，比如反恐、导弹防御和预防打击等。以印合作对美国领导的反恐战争也具有重要意义，这是美国支持以印关系的重要原因。这与美国涉入以土关系的原因有相似之处。

针对伊斯兰激进主义，以印两国都谋求与土耳其展开合作。土耳其也面对着国内外伊斯兰激进主义的威胁。20世纪90年代，土耳其和以色列在共同的地区利益的基础上建立了战略伙伴关系。土耳其对印度发展两国关系的提议则久拖不决。随着反恐斗争的严峻，土印两国开始在政治层面上不断接近。2003年9月，两国建立了一个联合工作组以开展反恐工作。

（二）以印政治合作原因

两国反恐政治合作出于对恐怖主义和其他安全问题的共同关注。首先，20世纪80年代末到21世纪初，大中东范围内的，尤其是各自内外一些伊斯兰激进主义派别是两国面临的共同威胁，这在一定程度上促成和巩固了两国合作。以色列与印度两国对沙特及其在伊斯兰激进主义传播中的作用有共同的担忧。②

首先，以色列认为阿拉伯国家存在的激进分子和伊朗一直威胁其安全。尽管以色列与巴基斯坦相距甚远，但以色列也严密关注巴基斯坦局势，尤其是巴基斯坦成为核国家之后。另外，因为危害到以色列利益，以色列也想降低沙特的国际影响力，并积极行动，鼓励美国对沙特施加压力以停止其对哈马斯和杰哈德等的资助。

其次，两国在它们各自的地区内都深陷漫长又复杂的种族和宗教冲突，并且都认为国际社会对它们施加了压力。两国都认为自己是各自地区受到孤立的国家，并受到来自邻国的恐怖主义威胁。两国都提出只要对手支持恐怖主义，就不会参加谈判，这也通常被其

---

① Efraim Inbar, "Israel's National Security: Issues and Challenges since the Yom Kippur War," Routledge, 2008, p.186.

② D. Gold, "Hatred's Kingdom: How Saudi Arabia Supports the New Global Terrorism," Regnery Publishing, 2003.

他国家指责为不必要的强硬。

五、以欧政治合作

欧洲是以色列重要贸易伙伴。2004年12月，以色列与欧盟签订了"欧洲近邻政策"协定。欧洲各国支持政治解决阿以冲突，积极参加和平进程。欧盟是中东问题"四方机制"代表之一。因此，以色列也注重和欧洲国家的反恐合作。

1986年，恐怖分子袭击了意大利客船，此后，意大利起诉了一批巴勒斯坦恐怖分子，并和以色列签订了反恐合作协定，这是以色列与欧洲主要国家签署的第一份有关反恐合作的协定。根据协定，两国重点在反恐信息交流和分析，打击国际恐怖主义、有组织犯罪等方面合作。协定规定两国建立一个反恐斗争合作、共同打击非法毒品交易及其他形式犯罪的双边委员会，该委员会由以色列警察总局局长和意大利内务部部长领导，成员包括来自各职能部门的代表、主管公共安全的高级官员和公共安全方面的专家。如有特殊需求，经双方同意，还可以邀请其他部门的官员加入委员会。协定中反恐方面合作具体内容有：有关恐怖活动组织及其活动和技术的信息交流；通过定期的专家交流，更新有关恐怖主义威胁的信息，以及反恐的技术和组织结构；交流空、海、铁路运输安全方面的经验技巧，不断改进在机场、港口和火车站所采取的安全标准，并在面临国际恐怖主义不同程度威胁时相应地遵守这些标准；在安全领域互相协助，包括设立在对方国家的公共机构的安全。协定还规定两国在反对其他形式犯罪方面的合作，包括在各自国家法律许可范围内定期交换有关多种形式的严重犯罪和有组织犯罪活动的信息和数据；警察部门的专家交流，以利于执行联合行动；共同采取措施预防黑钱流通等。

2008年12月—2009年1月，以色列实施的"铸铅行动"结束之际，总理奥尔默特会见了欧盟使团，包括英国首相布朗、法国总统萨科齐、德国总理默克尔、意大利总统贝卢斯科尼、西班牙首相萨帕特罗、捷克总理托波拉内克等，欧盟使团代表一致承诺帮助以色列阻止哈马斯在加沙重新武装，认同日常化地对以色列发射火箭弹是不可接受的。①

以色列为了赢得更多的反恐政治合作，在必要时也向其他国家施加外交压力。1980年3月14日，以色列外交部就奥地利授权巴解组织任命一名驻奥地利的官方代表一事发表声明：受外交部之命，摩西·萨松特使今晨拜见了奥地利代办彼得·威尔弗林先生并向他表达了以色列强烈抗议奥地利同意巴解组织向奥地利任命一名官方代表并承认巴解组织。

近年，欧洲恐怖袭击增多。以色列积极利用多种场合，向欧洲国家表达反恐合作愿望。2015年1月，以色列总理内塔尼亚胡赴法国参加反恐大游行，表达对恐怖主义行径的抗议。2015年底和2016年初，法国、比利时等国接连发生重大恐怖袭击事件，以色列表达了提供技术帮助和加强反恐情报合作的意愿。但欧洲国家与以色列反恐合作也有障碍，主要是因为欧洲一些国家在人权问题上批评以色列，认为以色列的反恐活动扩大化，造成了人道主义灾难，没有很好解决难民问题。

20世纪90年代初，以色列与多国建立了外交关系，以色列外交处境进一步缓和。拉宾曾在1992年说道："以色列不再是一个孤独地存在的民族了。"②拉宾强调他深信以色列生活在一个崭新的环境中："世界不再反对我们……那些从没向我们张开双臂的国家、那些谴责我们的国家、那些与我们发生战争的国家，现在都视我们为一个有价值的、值得尊敬的对象。"以此为契机，以色列在反恐上，也积极广泛地与美国、印度、土耳其、欧洲国家和周边国家等开展政治合作，同时在国际上宣传伊斯兰激进主义的危害、宣传自

---

① "Operation Cast Lead: Background & Overview," http://www.jewishvirtuallibrary.org/background-and-overview-of-operation-cast-lead.
② "Efraim Inbar, Israel's National Security: Issues and Challenges since the Yom Kippur War," Routledge, 2008, p.107.

己国家所遭受恐怖主义的威胁、打击恐怖主义目的和手段的正当性、呼吁国际社会的支持等。这使以色列获得了多国在物质上和道义上的反恐支持。

第二节 国际军事合作

以色列在反恐中注重和友好国家展开密切的军事合作。因为军事领域的重要性，和友好国家的军事合作具有一般合作所没有的特殊意义，不仅展现国家的反恐能力、国家间的友好关系，更是对恐怖分子的威慑和心理战。以色列军事反恐合作的主要国家是美国、印度等，主要合作项目有以美共同为以色列构建的用以反恐的多层级反导系统、联合反恐军演、恐怖主义危机事件的应急处理、培训反恐人员等。

一、联合研发多层级反导系统

为应对激进组织的火箭弹和炮弹袭击，以色列在美国帮助下研发并部署了多层级的反导系统。美国协助并参与到以色列"铁穹"系统、"大卫投石器"系统、"箭式"系统以及"爱国者"反导系统构成的全方位的防恐反导防御系统中，为以色列提供资金、技术和实验场地等广泛支持。

1988年5月24日，以色列同美国签署了《关于开发遥控飞行器系统的谅解备忘录》，表示双方将在研发遥控飞行器项目上开展合作，以改进双方的传统防务能力。1991年6月，两国签署了箭式导弹联合项目第二阶段试验协定。2007年2月，"铁穹"系统开始启动，但以色列只提供和承担了前两组"铁穹"系统的资金，后续安装的八组系统以及拦截导弹的费用都是由美国提供的。2010年5月，白宫宣布美国总统奥巴马将要求美国国会从2011年预算中划拨2.05亿美元以资助"铁穹"系统的生产和部署。2012年5月18日，美国众议院2013财年的国家防备授权法案，为"铁穹"系统提供6.8亿美元。2014年1月17日，美国总统奥巴马签署了2014财年综合拨款法案，该法案向以色列提供2.35亿美元以采购"铁穹"系统，以色列政府则同意在美国花费该款项的一半用于购买"铁穹"系统。尽管奥巴马政府一度因经费紧张不得不削减军费，但在本国捉襟见肘的情况下，依然向以色列"铁穹"系统提供了援助。

2014年7月，以色列宣布雷神公司是主要的美国合作伙伴，共同生产"铁穹"系统"塔米尔"拦截导弹的主要组件。2014年8月1日，美国国会又以395对8票的投票比率通过一项措施向以色列资助2.25亿美元，用于在以色列和哈马斯的冲突中补充购买"铁穹"系统的资金，又一次显示出美国对以色列反击哈马斯等的支持。美国参议院2014年发布的一份报告显示：自2011财年美国投入"铁穹"系统的资金总计超过10亿美元，并称经费委员会继续支持以色列的导弹防御计划，确保以色列实现导弹防御需要，保持以色列在质量上的军事优势。经费委员会注意到美国为实现这一目标，在共同生产"箭式"导弹、"大卫投石器"组件和从2014财年开始在共同生产"铁穹"系统上做出的长期的成功的努力。[①]
2014年12月，美国国会通过一项支出法案，该法案涉及政府到2015年9月的资金支出，共授权1.1万亿美元的支出经费，包括每年提供给以色列的军事援助31亿美元和另外给以色列专用于采购"铁穹"导弹防御系统的6.19亿美元，用于购买"铁穹"系统经费的55%需购买美国雷神公司生产的系统。该法案中还包括另外2.68亿美元款项，用于购买"箭式"系统和"大卫投石器"系统。以色列《环球报》报道说，这一揽子援助计划是历史上美国给予以色列的最大的军事援助之一。2015年财年的国防授权法案中，美国政府又授权向"铁穹"系统拨款3.51亿美元，用于采购更多的

[①] "Senate Report 113 – 211," July 17, 2014, https://www.gpo.gov/fdsys/pkg/CRPT – 113srpt211/html/CRPT – 113srpt211.htm.

"铁穹"拦截器，其中一部分款项要用于采购美国生产的拦截器。

2015年4月，美国国防部导弹防御局和以色列国防军一起成功地对"大卫投石器"系统再次进行测试，并称次年就可投入使用。2015年12月21日，双方完成了对"大卫投石器"系统最终的测试，美方认为该系统在一系列的测试中达到标准，并称该系统高效、快捷、精准。2016年2月23日，以色列和美国举行了两年来最大规模的代号为"杜松眼镜蛇"的反导演习，演习美国欧洲司令部和以色列国防军在遭到导弹攻击时的协同行动，演练内容包括计算机模拟以色列可能面临的威胁。该演习每两年举行一次。

以色列与美国的合作对双方都有好处，以色列获得的益处不言而喻，美国的付出也得到了丰厚回报。美国参与"箭2"系统可以极大地帮助美国发展自己的战区导弹防御系统，利用"箭式"导弹试验数据减少美国反导系统的风险，从"箭式"系统中吸取经验和教训，加速美国战区导弹防御系统和国家导弹防御系统的研制和部署等。美国对"铁穹"等反导系统的资助一方面是履行对盟友的承诺，另一方面做为交换，也对以色列提出技术转让等要求，并参与以色列"铁穹"系统的技术研发，美国认为既然对该系统进行了重大投入，就应该寻求一切机会和以色列共同生产"铁穹"系统。[1] 因此美国始终给予极大关注和全方位支持。

二、联合反恐演习和应急处理合作

联合反恐演习不仅可以检测反恐预案、技术的有效性，加强国家间反恐信息共享、技术交流，更重要的是展示强大的反恐能力和国家间反恐合作的信心和决心，对恐怖活动组织及其成员形成威慑。

2003年9月，以色列和印度特种部队确定了联合反恐军事演习

---

[1] "House Report 112 - 479: National Defense Authorization Act for Fiscal Year 2013," http://thomas.loc.gov/cgi - bin/cpquery/? &sid = cp112c6QGn&r _ n = hr479.112&dbname = cp112&&sel = TOC_437333&.

的最终计划。2008年9月7—10日,以色列陆军司令阿维·米兹拉希少将访问印度,其间两国达成了联合反恐演习计划。以色列陆军将派遣特种部队前往印度开展联合反恐演习,还将派遣教官对印度特种部队进行培训。通过演习可以促进双方战略、军事以及情报共享关系的发展。具体的演习项目包括:演练城市巷战、人质营救和深入敌后攻击,同时还模拟在克什米尔等山地地区的近距离战斗。驻扎在克什米尔地区的印度边防军所用的侦察和监视装备几乎全部来自以色列,包括夜视仪,自动地面传感器,手持红热成像仪,远程侦察、观测系统和战场侦察雷达等。以色列为印军配备的号称"侦察栅格"的系统是首次在南亚地区部署,这套系统被印军分点式部署在军事控制线附近,由高质量照相机、热传感照相机和远距离观测设备组成,可有效监控印巴边境地区的动向,尤其是恐怖分子的渗透行动。

2001年起,以美每两年举行一次代号为"杜松眼镜蛇"的军事演习。2016年2月22日,以色列与美军欧洲司令部举行两年一度的联合军演,这次演习主要测试两国导弹防御协作。以色列国防军"铁穹""大卫投石器""箭式"等导弹防御系统都在此次演习中得到使用和测试。

以色列在应急方面经验丰富,擅长为恐怖袭击和灾害受害者提供救济和支援。1998年美国驻肯尼亚大使馆发生爆炸后、1999年土耳其地震后、2001年印度地震后、2004年斯里兰卡海啸发生后以色列救援与医疗小组都曾受邀实施援助。2004年雅典奥运会之前,希腊政府邀请以色列安全专家帮助训练人员应对可能出现的恐怖袭击。2004年秋,在车臣分离主义武装分子袭击别斯兰学校后,俄罗斯外长拉夫罗夫也对以色列当时愿意提供帮助表达了谢意。法国、德国、新加坡、澳大利亚、中国和美国等国家也都在处理暴乱事件和有关反恐技术方面接受过以色列的建议。

联合反恐演习和应急合作不仅展现了以色列自身反恐能力,也体现了国家间反恐协作的有效性,更重要的是向恐怖分子及其组织展现了反恐合作的决心,从而形成有效威慑。

三、培训反恐人员

以色列在反恐方面积累了丰富的经验,为相关国家培训反恐人员也是国际反恐合作项目之一。

"9·11"恐怖袭击事件后,辛贝特帮助美国中央情报局、联邦调查局和美国警察局培训了大批反恐人员。培训的课程有如何处置人体炸弹、如何防止和减少恐怖袭击等。在2002年,以色列辛贝特曾向纽约警察局的一个代表团示范如何处置人体炸弹。2002年5月27日,来自美国佐治亚州的8名执法官员到以色列进行为期一周的培训并观摩以色列准军事边防警察部队的演示。时任以色列警察总局发言人吉尔·克雷曼曾说:"毫无疑问,我们之间的关系变得越来越紧密。世界上没有任何其他的执法机构能够像我们这样拥有一种西方司法体制范畴内对付恐怖主义的经验。"[1]

以色列与美国的治安、执法联合训练。2001年9月11日后,美国的恐怖主义预警成了常态,美国警察和执法官员学习和利用以色列在反恐和快速反应方面的专业知识。2002年,洛杉矶警察局派遣人员去以色列接受训练并学习有关大规模群众集会前的安全准备布置工作。2003年1月,来自美国华盛顿、芝加哥、堪萨斯城、波士顿和费城的33名高级执法人员前往以色列参加"全球恐怖主义时代下的执法工作会议",这次研习会帮助他们构建识别恐怖分子、在反恐斗争中筹募公众支持、恐怖袭击事件的后续处理等技能。警察身处反恐斗争的第一线,而以色列警察长期应对恐怖主义、震慑恐怖主义等全方位的反恐经验是吸引美国警察前往学习的主要原因。

2003年,美国国土安全部设立了一个国际事务特别办公室,负

---

[1] 蒋建平:《反恐怖:以色列比美国技高一筹——美屈尊向以讨教反恐经验》,《环球军事》2002年第12期。

责把以美安全工作人员间建立的关系制度化。2011年11月，一个包括警察指挥人员、安全专家和美国联邦调查局特工等美国高级执法官员组成的代表团与以色列反恐官员在以色列共同参加一个联合训练研习会。这个项目的议题有边境安全、危机中的媒体反应以及处理大规模伤亡人员、执行营救行动和在恐怖主义事件现场建立指挥控制系统的一般策略。2012年9月初，纽约警察局在以色列滨海城市卡法萨巴设立了一个警察指挥所，此举意在与以色列警方保持紧密的工作关系和日常联络。2013年9月，美国一些与墨西哥边境邻近的城市共同派遣了一个由防爆人员组成的特别小组到以色列学习如何处理非法移民和使用简易爆炸装置袭击的技巧和策略，训练的项目有和以色列国家警察防爆队一起进入加沙军事岗哨，参观以色列入境港学习港口安检技术等。2015年9月，15名美国安全局人员和警察局人员到以色列参加一个反恐训练课程，学习以色列对恐怖主义演化的认识以及以色列反恐战术战略等。

除了官方的合作培训，还有民间的合作。一些曾在以色列和美国情报部门工作的人员合作创办恐怖咨询公司。2002年1月，以色列退役特工希罗姆·德罗尔和两名同行与曾在美国海军陆战队和中央情报局工作过的人员一起在纽约建立起了一个咨询公司，专门向人们提供从大楼保安到训练游客如何防止被绑架或虐待方面的咨询服务。[①] 这类咨询公司的创办人有丰富的实践经验，并且来自不同的国家，因而对各国反恐方面的优势和不足有深刻的体验，能有的放矢地提出针对性、实效性很强的对策。

第三节　其他领域反恐合作

除了政治、军事方面的国际反恐合作，以色列还与国际社会在

---

① 蒋建平：《反恐怖：以色列比美国技高一筹——美屈尊向以讨教反恐经验》，《环球军事》2002年第12期。

经济、情报、法律、宣传、医疗卫生等领域开展全方位的合作。这些合作是对以色列反恐国际政治合作的细化和具体化，也是军事反恐合作的补充。

一、国际经济合作

以色列反恐中的国际经济合作主要包括两种途径，一是与相关国家合作，切断恐怖活动组织资金来源，二是从国际组织或其他国家获得反恐资金援助。

（一）切断恐怖活动组织资金来源

全球化的恐怖主义必须要有全球化的反恐手段加以应对，根除恐怖分子的非法筹资也需要如此。原来单个国家孤立的、短期的阻止恐怖分子获得资金的行动必须代之以长期的战略安排和干预方案。所谓的"电子战"，即更为复杂的安排需要银行、税务机关和执法机构联合行动。[1]

（二）反恐经济援助

犹太募捐联合协会纽约分会一直给以色列的社会服务项目提供资金支持，这些社会服务项目包括给恐怖主义受害者提供帮助等。由于以色列长期受到恐怖袭击，美国也遭受过恐怖袭击，犹太募捐联合协会纽约分会认识到应把这些社会服务项目中的专家建议进行整合，既可增强这些项目在以色列国内提供服务的能力，也有利于以美两国的专家交换信息。

1996年3月，以色列发生了一系列自杀式炸弹袭击，美国旋即在当年和次年两次为以色列各提供了0.5亿美元的紧急援助，主要用于购买反恐装备。直到1999年底，这笔专项资金才用了大约60%。30%的资金为边境站购买了检测装置，包括16个爆炸物检测系统，其中8个放在加沙的主要贸易通道卡尔尼边境站，其余8

---

[1] David J. Whittaker, "Terrorists and Terrorism in the Contemporary World," Routledge, 2004, pp. 133 – 134.

个放在约旦河西岸进出以色列的边境站。

(三) 和国际组织合作打击恐怖主义融资

2018 年，以色列加入了反洗钱金融行动特别工作组，成为其第 38 个成员。以色列加入该组织，使其"能够在全球反洗钱和打击恐怖融资行动中积极参与制定国际标准，提升其国际地位，增强其银行系统在全球的行动能力"①。以色列积极与该组织配合，尤其在反恐领域与该组织相关要求接轨。以色列禁止洗钱和恐怖融资管理局按照反洗钱金融行动特别工作组规定的反洗钱国际规则开展行动。

二、国际情报合作

情报合作是打击恐怖主义的重要内容。以色列注重和相关国家开展情报合作，并通过情报合作进一步发展更高层次的政治、军事合作。

首先，以色列和美国构建了情报合作渠道。美以情报合作始于 20 世纪 50 年代，冷战期间，以色列通过大量来自东欧、中东的犹太移民搜集情报，为美国掌握中东局势以及实施遏制苏联战略发挥了重要作用。冷战以后，美以情报合作重心向反恐转移。早在 20 世纪 80 年代中后期，摩萨德就认定本·拉登是对以色列的长期威胁，并开始在整个阿拉伯世界搜集有关本·拉登及与其有关的情报。1988 年，摩萨德首次向美国中情局提供了有关本·拉登的情报资料。鉴于以色列具有极高的情报合作价值，美国和以色列在反恐方面达成了专门合作协议，在防扩散领域也进一步加强了情报合作。②1982 年 12 月 10 日，以美两国签署了《安全和信息协定纲要》，规

---

① "Israel Joins the Financial Action Task Force Organization," Dec. 17, 2021, https://www.gov.il/en/Departments/General/israel – joins – the – financial – action – task – force – organization – 17 – december – 2018.

② 陈雪然：《冷战后美国与以色列情报合作初探》，《国际研究参考》2019 年第 7 期。

定了两国对信息的分级处理、交流时的保密措施等。1996年4月，两国签署了反恐合作协定，该协定深化了两国在反恐斗争中的合作，包括共享信息和分析相关的恐怖分子和恐怖活动组织，专家交流，交流处理恐怖主义事件及危机管理的经验，交流调查的与恐怖主义相关的信息，交流涉及恐怖活动的资金转移的信息，引渡、起诉和其他法律机制，就地区和全球反恐行动等政策进行密切协商，增强其他国家国家和地区的反恐能力等方面。为了增强反恐合作，两国还根据协定成立了联合反恐小组。联合反恐小组定期对获得的关于恐怖活动组织的材料和信息进行分析。

其次，以色列与印度共享情报合作。2001年，以印成立了反恐联合工作小组，并成功实现机制化。2008年11月，印度孟买发生了恐怖袭击，袭击者把以色列侨民作为优先目标之一，此后以印两国反恐合作加速。袭击事件发生后，以色列向印度派遣了反恐专家小组，帮助印度调查孟买恐怖主义事件，力图查明哪些国家支持了这起事件，恐怖分子使用哪个网站谋划行动，恐怖分子从哪里得到的指令以及他们在哪里接受的训练。2010年1月4日，以印两国的国家安全顾问讨论了反恐合作以及促进相关领域合作的办法。此前1个月，反恐联合工作小组商讨了提升双方合作，尤其是信息共享方面的合作。2013年2月20日，以印反恐联合工作小组第八次会议在印度召开，双方同意增进反恐领域的对话和合作，并讨论了地区和全球的恐怖主义威胁、国家反恐措施、预防向恐怖分子转移武器、在多边场合的合作以及2012年以色列大使车辆遇袭的教训。2014年7月，以印两国政府还签署了信息共享协定，共同应对地区伊斯兰激进主义。

最后，以色列还善于利用一些重大事件开展国际反恐情报合作。2015年巴黎恐怖袭击事件后，在欧洲国家纷纷加入打击叙利亚和伊拉克境内极端组织之际，以色列以情报合作为契机，与这些欧洲国家建立起更加紧密的合作关系。在巴黎恐怖袭击事件后不久，以色列总理内塔尼亚胡就表示以色列愿与法国开展情报合作；2015年巴黎气候峰会上，内塔尼亚胡与法国总统奥朗德、俄罗斯总统普京等领导人举行了会谈，谈论反恐合作问题，彰显以色列在该问题上与相关当事国展开合作的信心。

三、国际法律合作

1998年1月28日，以色列同美国签署了《刑事事件互相援助条约》，规定了两国在刑事事件方面互相援助的范围、中心机构、援助的限制、求援的形式和内容、费用、搜索和抓捕等合作事项。1998年10月31日，为了应对地区极端势力获得弹道导弹和大规模杀伤性武器扩散带来的威胁，并保持以色列武器性能上的优势，两国签署了《安全合作协定备忘录》，一致同意双方共同努力，达到两个目标：增强以色列防御和威慑能力，提升以美战略、军事和技术合作框架。

2007年2月，为了合作共同反击、规划、应对和减轻恐怖主义和其他严重犯罪的影响，以色列公共安全部部长阿维·迪克特和美国国土安全部部长迈克尔·切尔托夫签署了《国土安全互相谅解备忘录》，设定了两国在安全合作方面的目标，包括反恐合作，航空安全，紧急状态信息交换，遭遇爆炸时如何应对的研发、试验和评估等。具体合作的内容有航空安全，包括乘客和货物检查；分析人员的教育、训练和交换；研究、开发、测试和评估爆炸物检测技术和方法；交换有关应急预案、应对、恢复和减轻的信息；其他与国土安全相关的活动。

2008年5月29日，由于希望增加双方有关识别国土安全威胁和反击措施方面信息和人员的交流、技术标准开发方面的交流、操作程序和相关技术运用手段方面的交流，以色列与美国签署了《有关国土安全事务科技合作协定》。

2009年1月16日，为进一步巩固美国对以色列安全，尤其是边界安全的保证，维护和加强以色列威慑和捍卫自身安全不受任何威胁的能力，以美签署了《关于预防向恐怖主义团体提供武器和相关物品的谅解备忘录》。备忘录中再次确认了美国对以色列提供援助，加强安全、军事和信息情报方面的战略对话与合作，以应对和打击来自哈马斯的威胁，尤其是要阻止哈马斯和其他恐怖活动组织通过在地中海、亚丁湾、红海和东非的走私活动获得武器，从而增加其实施恐怖活动的能力。备忘录中还规定了美国参与行动的力量，包括美国中央司令部、美国欧洲司令部、美国非洲司令部、美国特别行动司令部等相关政府部门；以美军事合作的有关机制，包括以美联合反恐小组、年度军方对话、联合政治军事小组等。2010年11月24日，以美签署了《有关开发和使以色列民用航空安全基础设施现代化的技术援助合作的备忘录》。

四、国际医疗卫生合作

2002年在犹太募捐联合协会纽约分会的资金援助下，以色列的精神康复专家创立了以色列心理创伤康复联盟。这个康复联盟联合了十几家以色列相关组织，为那些服务于恐怖主义受害者的工作人员提供帮助，以减轻他们的心理压力。据估计，以色列有50万人患有恐怖主义带来的不同程度的心理创伤，以色列心理创伤康复联盟通过为数百名康复医生举办论坛帮助他们识别病人的压力症候。截至2006年，43个国内组织成为以色列心理创伤康复联盟的成员，还有其他60个组织参与了该联盟的多项活动。

通过多领域的国际反恐合作，以色列获得了物质和道义上的国际支持。首先，在联合国等国际场合宣扬恐怖主义对以色列造成的危害。为了改变反恐行动造成的误解，也为了获得反恐道义制高点，以色列积极开展外交活动，证明巴解组织、哈马斯、真主党等组织是和平的敌人。将自身描述成一个受到一群"酷爱暴力、痛恨犹太人"的国家或组织围攻的西方民主国家。这不仅使它易于获得美国的帮助，也有利于回应国内关于对巴勒斯坦采取的措施过于严厉的指责，有利于自己国家内部的团结。[1] 以色列成

---

[1] James F. Miskel, "The Palestinian Intifada: An Effective Strategy," World Policy Journal, Winter 2004–2005.

功地把自杀式袭击描绘成恐怖主义，并以此转移以色列和美国公众对以色列在占领地区的镇压措施的关注。①

其次，以色列借助约旦、印度、土耳其等国对地区伊斯兰激进主义的担忧，宣扬其可能造成的危害，从而促进反恐合作。"如今，伊斯兰激进主义者对埃及、约旦和其他温和的阿拉伯国家也构成威胁，而不仅仅只对我们构成威胁。"②

再次，政治、经济、法律、医疗卫生方面的国际反恐合作，促进了其他国家对以色列受到恐怖主义威胁现状的了解，一定程度上引发国际社会的同情和理解。这可以减少以色列反恐压力，降低外界对以色列反恐手段以及反恐扩大化所造成后果的关注。

第四节　国际反恐合作的特点

以色列国际反恐合作具有两方面特点。首先，广泛合作又坚持独立自主显示了以色列反恐利益至上原则；其次，以色列国际反恐合作构成了一个以以色列与美国合作为基础、以色列自身为中心的国际合作网络。

一、反恐利益至上原则

以色列在国际反恐合作中利益至上原则指的是当反恐目标与反恐手段冲突时，通常是目标优先，具体表现是：为了反恐利益，积极利用国际法和国际组织，甚至不惜违反国际法或对联合国等国际组织采取实用主义态度；为了反恐利益，既和最重要的友好国家——美国密切开展反恐合作，有时也不惜和美国产生矛盾。

---

① James F. Miskel, "The Palestinian Intifada: An Effective Strategy," World Policy Journal, Winter 2004–2005.

② "Statement by Prime Minister Rabin on the Removal of Hamas Activists," Dec. 20, 1992, http://mfa.gov.il/MFA/ForeignPolicy/MFADocuments/Yearbook9/Pages/44%20Statement%20by%20Prime%20Minister%20Rabin%20on%20the%20Remova.aspx.

首先，以色列对国际组织和国际法采取实用主义态度，当有利于其反恐行动时就用之，不利时则弃之。

以色列积极地把国际组织用作对外宣传其反恐正当性和合法性的舞台。以色列常驻联合国大使经常性地在联合国安理会有关会议或联合国大会上宣扬其反恐打击对象的危害性、打击手段的正当性。以色列在国际社会宣扬的观点就是不论恐怖分子的动机是什么，只看恐怖袭击造成的后果。这当然是在回避它自身对巴勒斯坦领土的占领问题、犹太定居点问题等，而这些问题恰是巴勒斯坦激进组织产生的根源之一。

当联合国的决议或国际法对其反恐行动不利时，以色列经常按照自身反恐利益行事。如1976年在乌干达的恩德培行动、1985年对位于突尼斯的巴解组织总部的空袭行动等，明显违背了国家主权原则，侵犯了其他国家的领土主权。联合国及其他国际组织对以色列在反恐行动中违反国际法或联合国有关决议的指责主要包括以下几个方面：使用武力占领巴勒斯坦的领土；在占领的领土上修建定居点、隔离墙、检查站等设施从而对巴勒斯坦的经济和社会发展造成破坏；反恐中侵犯人权等。

1996年12月13日，联合国大会通过了51/131号、51/133号、51/134号决议，要求以色列必须停止对巴勒斯坦领土和其他阿拉伯国家领土的占领或侵犯，并且停止对所占领土地上居民权利的侵犯。事实上联合国大会自从1970年起，每年都要通过类似的决议。但以色列至今仍有侵犯巴勒斯坦权利的行为。2002年"防卫墙行动"后，联合国安理会通过了1402号、1403号、1405号等决议；2008年"铸铅行动"后安理会通过了1860号决议；2014年"护刃行动"后安理会通过了2172号决议，这些决议或要求以色列撤军，或要求以色列停止侵犯巴勒斯坦权利的行为，或要求以色列停止扩大化的反恐军事行动，但大多数以色列都没有很好地遵守。

以色列对国际法和国际组织的实用主义态度和行为，从长远看对其彻底解决恐怖主义问题是不利的,并且也破坏了国家在国际社会中的形象。

其次,以色列虽然保持和美国的特殊关系,与美国建立全面的反恐合作关系,但有时也违背美国的要求行动。"以色列在被占领土上采取的镇压政策,进一步破坏了美国针对伊朗所作出的努力,这使得美国要获得阿拉伯国家的合作更加困难。"① 奥巴马任内,为了执行"重返亚洲"战略,在西亚北非主要采取和谈战略,目的是要促进巴以和谈和外交解决伊核问题,但以色列认为伊朗支持恐怖主义,并且很可能研发出核武器,因而主张用军事手段打击伊朗,这与美国在该地区的战略产生严重分歧。

二、构建国际反恐合作网络

以色列国际反恐合作充分考虑到了自身具有的优势和不足,并尽可能地通过国际合作利用国际资源发挥优势,弥补不足。其中,与美国的特殊关系是以色列反恐可利用的重要资源,是以色列国际反恐合作的基础。

(一)以美国际反恐合作为基础

虽然偶有摩擦,但以色列从美国获得的反恐帮助是全方位的。政治方面,长期以来,美国给予以色列反恐方面全方位的支持,尤其是在联合国投票中屡屡偏袒以色列,甚至产生了所谓"内格罗蓬特主义"。安全方面,1988 年 4 月 21 日,以色列与美国签署了关于两国在政治、安全和经济方面合作的《安全合作协定备忘录》。2003 年,美国国土安全部设立了一个国际事务特别办公室,负责把两国安全工作人员间建立的关系制度化。1996 年 4 月,以色列同美国签署了反恐合作协定,该协定深化了两国在情报、法律和技术等方面的反恐合作。根据协定,两国还成立了联合反恐小组,这是一

---

① [美]约翰·J. 米尔斯海默、斯蒂芬·M. 沃尔特著,王传兴译:《以色列游说集团与美国对外政策》,上海世纪出版集团 2009 年版,第 417 页。

个定期磋商、发展和促进反恐合作计划的论坛。法律方面，1998年1月28日，以色列与美国签署了《刑事事件互相援助条约》，规定了两国在刑事事件方面互相援助的范围、中心机构、援助的限制、求援的形式和内容、费用、搜索和抓捕等合作事项。2004年7月，海牙国际法庭宣布，以色列修建隔离墙违反国际法，应终止修建，并拆除已修好的部分，但美国政府明确表示，国际法院的裁决没有法律效力。军事和经济方面，两国共同联合研发多层级反导系统，美国为以色列的反导系统承担了大部分的费用，美国也得到以色列共享研发的技术，并且按协议，美国援助以色列的大笔费用中有一定比例需要从美国军工公司购买。2007年2月，以色列开始启动"铁穹"系统，但以色列只提供和承担了前两组"铁穹"系统的资金，以后又安装的八组系统以及拦截导弹的费用都是由美国提供的。

以美反恐合作，一方面如米尔斯海默和沃尔特所认为的，是美国犹太院外集团游说的结果，但实际也是两国反恐和战略利益一定程度上相符合的结果。美国通过支持以色列反恐，尤其是通过支持以色列打击地区有关国家介入该地区事务，保持在该地区的政治和军事存在。反恐战略属于国家大战略的一部分，每一个国家的反恐战略都服从于国家大战略。"通过对国际恐怖主义与国际反恐怖斗争问题的深入研究，可以发现一个令人深思的巧合现象：当前恐怖活动猖獗的地区，即所谓的'弧形地带'，不仅是反恐怖行动的主战场，也是大国争夺战略利益和战略资源的重点地区。这绝非简单的巧合，而是反映出当前国际反恐怖斗争与大国战略利益的重叠性。"① 美国通过与以色列的反恐合作，插手地区事务，恰恰实现了在该地区的战略利益。以色列获得美国的支持，不仅成为其打击恐怖主义的基础，甚至也是其国家生存和发展的基础。

---

① 杨晖：《反恐新论》，世界知识出版社2005年版，第257页。

(二) 以色列为中心的国际反恐合作网络

以色列经过多年经营，构建了以美国为基础和保障，以若干重点地区国家为支点的反恐网络。

美国在以色列反恐合作网络中占据基础和保障性作用。通过美国的影响力，以及共同的对伊斯兰激进主义的担忧等共同利益。以色列还和其他西方国家合作，使其在舆论上支持以色列。除了宣扬对伊斯兰社会的文化偏见，以色列与其在西方学界和智库的支持者试图"妖魔化"伊斯兰教，从而试图让更多的人"理解以色列的处境"。

2010年后，中东局势动荡，以色列尽力调整外交战略，通过"外围战略"、"东向"政策和地区国家合作，尽力将可能的恐怖主义威胁降到最低。"削弱穆斯林兄弟会和对付伊朗威胁的共识为以色列加强与沙特等温和派阿拉伯国家的关系提供了难得契机。近几年，中东地区政治态势的演展使得以色列与沙特、阿联酋等逊尼派国家基于共同的利益和挑战而进行合作的需要日益增大，双方尽力搁置历史上的仇怨，这些逊尼派国家开始考虑把以色列作为可能的盟友……（以色列）较为成功地避免了使自己成为遭受动荡的阿拉伯国家转嫁危机或发泄愤怒的对象，较好地将各种威胁阻挡在国门之外。"[①]

以色列也与澳大利亚等国家合作，2019年以色列外交部门和安全部门共同发起了一项活动，让更多的国家认定真主党为恐怖活动组织。2021年11月24日，澳大利亚认定真主党及其分支机构为恐怖活动组织。在此之前，美国、加拿大、欧盟、英国等已将哈马斯整体列为恐怖活动组织。以色列前外交部部长加比·阿什肯纳齐此前提到："我很高兴看到，在外交部和国防部的领导下，推动认定真主党为恐怖活动组织的多方努力硕果累累，该组织在全球范围内

---

① 谢立忱、崔晓娟：《"阿拉伯之春"后以色列外交的新动向》，《新疆社会科学》2017年第6期。

正在普遍被认定为恐怖活动组织，尤其是在拉丁美洲。"① 以色列还积极与科特迪瓦开展反恐合作和网络战合作。

以色列和南亚的印度、西亚的土耳其构建了双边反恐合作关系。不仅如此，还精心把双边的反恐合作，扩展为以印美、以印土三边反恐合作，以色列处于每一个反恐联盟之中，从而形成围绕以色列的国际反恐合作网络。以色列还和非洲联盟在预防极端恐怖主义传播等方面合作。

小　结

以色列在充分利用国内资源反恐的同时，积极构建国际反恐合作网络。以色列在政治、军事、情报、经济、法律和宣传等方面实施国际反恐合作。从合作的领域看，以色列与国际社会展开多方面的合作；重点是政治、军事和情报方面的反恐合作，从合作的对象看，以色列主要与美国、印度、土耳其以及约旦等地区国家展开合作。以色列的国际反恐合作不仅使其获得军事、资金、技术等物质方面的帮助，更重要的是获得了道义上的声援，增强了反恐行动的合法性。以色列在国际反恐合作中遵从自身反恐利益至上的原则，构建了以色列与美国合作为基础的国际反恐合作网络。

---

① "FM Ashkenazi Welcomes the Guatemalan Decision to Recognize Hezbollah as A Terrorist Organization," Oct. 23, 2020, https：//www.gov.il/en/Departments/news/fm - ashkenazi - welcomes - the - guatemalan - decision - to - recognize - hezbollah - as - a - terrorist - organization - 23 - october - 2020.

第五章 以色列反恐战略评估与启示

以色列基于自身对恐怖主义和反恐的认知，设定了反恐的目标，构建了反恐机制，利用自身可以支配的资源在国内国际开展反恐斗争。从对恐怖主义危机化解和应对上看，以色列反恐是比较成功的，基本实现了设定的反恐目标。但是从长远看，以色列反恐战略也有不容忽视的缺陷：过于强调军事等较为严苛的反恐手段使其国际形象受损；没有真正根除恐怖主义的根源，使其一直陷入与恐怖主义的斗争之中。

第一节 反恐战略特点

以色列反恐战略具有自身鲜明的特点：理念上先发制人、组织上协调有力、行动上重视技术。这些既是以色列在长期反恐实践中的宝贵经验，也是其反恐行动取得成效的关键。

一、理念上先发制人

以色列采取的反恐措施大致可分为三类：在安全威胁出现或者形成之前，主动消除构成威胁的潜在因素；构建一个严密有效的防御体系，使恐怖分子难以找到发动攻击的突破点；建立快速有效的反应机制，以便能够在第一时间内对任何暴力攻击做出快捷有力的反应，避免事态扩大。[1] 这三类可以分别称为重在采取先发制人的

---

[1] 潘光、王震：《以色列反恐战略研究》，《现代国际关系》2007 年第 8 期。

进攻性措施、旨在防御的预防性措施和意在报复的惩罚性措施等反恐战略。进攻性措施旨在破坏尚处在筹谋阶段的恐怖袭击；预防性措施旨在为恐怖分子实施袭击过程中制造阻碍；惩罚性措施旨在通过惩罚那些直接或间接参与恐怖主义的人从而慑止未来恐怖袭击事件的发生。[1] 科林斯坦把反恐活动分为五类：强制性的、先发制人的、说服性的、防御性的、长期性的。[2] 以色列反恐综合运用各种策略，但偏重的是先发制人的方式。

(一) 先发制人反恐行动的优点

从以色列反恐实践中采取的措施来看，以色列倾向于采取进攻性措施，也就是先发制人的反恐战略理念或指导思想。首先，先发制人的行动具有几个优点。进攻性战争可以使以色列掌控行动的地点、速度和持续时间；战争可以在敌方领土上而不是在以色列自己的领土上进行，预备役部队可以预先机动；可以在外部政治压力和内部经济压力没有增大之前就达到战争目标。因此，以色列的决策者已认识到先发制人打击的巨大优势。[3] 这些优点有助于以色列避免一些自身的限制，最重要的限制就是以色列国土面积狭小，缺少战略纵深。如果在恐怖事件发生后，特别是一些恐怖活动组织发动的大规模的恐怖事件，在发生时或发生后行动，往往需要付出沉重的代价。

尽管有的学者认为恐怖活动组织使用无人机袭击不会带来大的损伤。"总体上看，恐怖活动组织单纯使用远程控制的无人机系统目前所造成的威胁是有限的，其杀伤性较低或有限。尽管未来用于

---

[1] Karl P. Mueller, Jasen J. Castillo & Forrest E. Morgan et al., "Striking First: Preemptive and Preventive Attack in U. S. National Security Policy," Rand Corporation, 2006, pp. 220 – 221.

[2] Herminio Matos, "Offensive Countertrrorism – Targeted Killing in Eliminating Terrorist Targets: The Case of the USA and Israel," Janus. net e – journal of International Relations, Vol. 3, No. 2, 2012.

[3] Karl P. Mueller, Jasen J. Castillo & Forrest E. Morgan et al., "Striking First: Preemptive and Preventive Attack in U. S. National Security Policy," Rand Corporation, 2006, p. 190.

袭击的无人机可能会更新,也值得关注,甚至会扩大一些组织的知名度,但不会带来战略性的影响。"① 但是以色列为了防患于未然,依然采取措施削弱这些组织无人机技术的发展,甚至不惜对这些组织中负责无人机计划的关键人员多次采用争议较大的定点清除手段。

其次,从以色列面临的恐怖主义威胁考虑也有必要采取先发制人措施。以色列认为自己当前面临的恐怖主义威胁主要是哈马斯、杰哈德、真主党等的火箭弹和炮弹袭击,再加上这些组织成员的自杀式炸弹袭击。应对火箭弹和炮弹袭击一般来说有两种方法,一种即先发制人地炸毁其发射平台和发射装置,一种即启动反导防御系统进行拦截。从经济成本考虑,"铁穹"系统反导导弹一枚价值近7万美元,"大卫投石器"系统反导导弹一枚价值约100万美元,"箭3"反导导弹一枚更是高达300万美元。② 而哈马斯发射的火箭弹制作简单,价格低廉,仅从经济成本考虑简直是得不偿失。应对自杀式炸弹袭击,也只有先发制人的行动才有可能成功,因为袭击者随时有可能引爆自己身上的炸弹。因此,应对这两种袭击最好是采取先发制人措施。

最后,优先采取先发制人的打击,有助于对恐怖分子形成威慑。恐怖分子知道一旦其预谋采取行动,就可能受到先发制人的打击,从而有可能放弃行动。近年,"独狼"式恐怖事件增多,以色列有针对性地采取先发制人的措施。"由于社会网络和其他网站上的煽动不断增强,以色列安全局最近实施'高警备'措施以配合原有的系列反恐措施。采取这些措施是为了找出在多重社会网络中最有影

---

① Don Rassler, "Romotely Piloted Innovation: Terrorism, Drones and Supportive Technology," Combatting Terrorism Center at West Point, Oct. 2016, p. 48, https://ctc.westpoint.edu/wp-content/uploads/2016/10/Drones-Report.pdf.

② "Fact Sheets: Israel's Missile Defense System," http://www.jewishvirtuallibrary.org/jsource/talking/88_missiledefense.html.

响力的那些先发先动渠道。"① 一旦有人被认为是潜在的威胁,就会被警告或逮捕,以期破坏或阻止这些袭击。

(二) 先发制人措施的条件

先发制人措施有两个条件:一是针对目标的情报精准;二是选择合理的进攻时机。也就是说需要决策、情报、执行部门的高度配合。

情报精准才能知道对方行动的人员、时间、地点等信息。近年,哈马斯采取挖地道、把发射点设置在居民区等手段,进一步提高了反恐对情报准确性的要求。"因为现在的恐怖分子主要在城市居住和行动,(反恐行动)也必须适应这样的环境。这种争分夺秒的行动需要情报、地面部队、空军和特种部队一体化运作,以确保快速定位目标,并且不会对友军和非战斗人员造成附带损害。"② 以色列高效的情报和监控系统是其实施先发制人行动的有力保障。进攻时机合理,首先指进攻时间的准确性,有时可以实施先发制人的时机可能就是几秒钟。其次是进攻时机的选择既要给恐怖分子造成最大损失,又要掌握足够证据。否则行动失败,得不偿失,反而授对方以把柄,如果在国际上借机宣传,不但会破坏自身国际形象,而且会使自身能力声誉受损,甚至引起本国民众的不信任。

二、组织上协调有力

以色列反恐行动的组织协调表现在两个方面:一是反恐决策、情报、行动机构的协调;二是指恐怖主义危机现场处理的组织协调。

(一) 反恐怖主义各具体部门的职能划分

1. 危机现场处理时决策机构的职能

在劫持或绑架人质这类恐怖袭击事件发生后,以色列政府负责

---

① Simon Perry, Badi Hasisi and Gali Perry, "Lone Terrorists: A Study of Run – over Attacks in Israel," European Journal of Criminology, Vol. 16, No. 1, 2019.

② David Eshel, "Israel Air Force Transforms for 'War against Terror'," Military Technology 3, 2006, p. 25.

做出政治上的、战略性的决定。1976年,以色列航空公司的客机被劫持到乌干达的恩德培市,展现出当时以色列政府应对恐怖袭击的决策过程。

危机发生时,由以色列总理、国防部部长、总参谋长等组成的最高决策小组商讨应对策略,议会与政府随时保持信息互通。由总参谋长及其助理、军事情报局局长、国防部总司令及其特别助理组成的管理小组具体指挥行动。管理小组频繁会面磋商并处理情报事务、公众舆论、民防、与美国沟通、提供相应军事行动计划等。

对于重大爆炸案,甚至是劫持人质等持续时间较短的危机事件,一般由具体负责的执行部门根据情况灵活处理。虽然有些危机事件中以色列国防部部长偶尔也会亲临现场,但通常都是由现场具体负责的最高指控官做出决定,如该地区的指挥长或总参谋长。

2. 危机现场处理时执行机构的职能

1974年,以色列政府对军队和警察部门的职责范围进行划分,决定由警察部门负责处理以色列境内的恐怖主义事件,国防军负责处理的危机事件范围包括距离边境五公里之内、内格夫沙漠(除了其中的城市和乡镇)、以色列所管辖的领土。如果国防部部长宣布某一危机状态为有限的紧急状态,这种情况下就由军队接管处理危机的全部责任。如果宣布为紧急状态,则由军事部门采取行动以确保公共安全,并保障重要社会服务供应不受影响。在这种情况下,军事部门可强制让人们停留在防空掩体内,并执行由军事部门决定的防卫保护措施,也可关闭学校和其他公共服务部门及工作场所。按照法律,宣布紧急状态的公文必须尽快地通过广播、电视、报纸等媒体公诸于众。这个宣告最多有五天的有效期,在那之后,若要继续有效,则需要以色列议会的批准。

迄今为至,所有的劫持人质事件,包括那些发生在由警察部门管理的区域内的,都是由军方处理的。即使没有进入紧急状态的公告的情况下,也由军方处理。这一点虽有悖于正常的管理程序和安排,但一直这样执行。一方面是因为军方在处理这类事件上能力更胜一筹，另一方面是因为掌控军队的是国防部部长和总理。

警察部门有足够的能力对付惯常的恐怖袭击。但诸如使用大规模杀伤性武器之类的非传统恐怖袭击，警察部门可能就因为装备不足而无能为力。例如，如果没有接受过训练或缺少一些必要的装备，警察部门就无法检测和识别某些化学物质。以色列陆军国土司令部就是唯一可以处理这类非传统恐怖袭击的机构，因而负责这类事务。但从历史上看，处理使用大规模杀伤性武器的恐怖袭击事件的并不是只有以色列陆军国土司令部，因为它还高度依赖以色列国防军提供的其他军需物资。总参谋长和陆军总司令部很多情况下也直接处理这类事件。和平时期，以色列国防军可以提供这类军需物资，但战时就很可能另当别论了。

以色列总理办公室（1997—1999年）下设的打击恐怖总指挥部前司令员梅厄·达甘少将认为警察部门应该承担处理使用大规模杀伤性武器的恐怖袭击的责任，并认为如果为警察部门配备了所需的装备，他们就应该执行这一任务。1991年海湾战争后，预备役少将赫茨尔·沙菲尔认为当发生全面战争时，前线军事指挥繁忙就可能无暇顾及民事防务。因而建议建立一个国家防卫部门，从而把陆军国土司令部、消防队和其他救援部门整合起来。

陆军国土司令部全面负责预防并处理紧急状态下以色列境内包括所管辖区域内的事务。尽管陆军国土司令部隶属于以色列国防军，但其大部分预算并非来自国防军，而是直接由财政部拨付。陆军国土司令部设有一个国家司令部和北方、中部和南方三个地区司令部，地方司令部需要向国家司令部报告。在执行任务时，陆军国土司令部不是只靠自身的常备力量，而是要依赖广泛的国家战备系统。因此，陆军国土司令部可以获得全国的人力支持和装备储备。陆军国土司令部多数成员都是预备役士兵，在紧急状态下，可以迅速召集起来。同样，在需要时，他们也可以迅速获得特定的装备。在以色列，包括拖拉机、推土机、起重机等所有的重型机械装备都需要在军队登记，以备紧急时征用。公交公司也必须随时保持预留有足够数量的公交汽车,以备发生大规模伤亡性恐怖袭击时疏散受害者,同时可以把处理事件的部队运送到现场。行动所需要的产品研发上,陆军国土司令部依赖国防部特种设备研发机构,这些机构负责为以色列国防军和民众研发用于应对非传统战争的特种设备。

陆军国土司令部负责建立执行任务时的操作程序、规划和监督训练、监控应对恐怖袭击的组织部门的备战情况,包括医疗系统、市政管理、运输和电力供应等。

陆军国土司令部的备战主要有以下三个组织目标:一是创立一套在各机构间共同适用的术语,以备在应对恐怖袭击事件时可以统一用语。这个基本的步骤确保了来自不同组织部门的人员可以快速并且无障碍地互相理解和沟通。要达成这一目标,首先需要陆军国土司令部研发出标准的操作程序,并分发给所有参与处理恐怖袭击事件的组织部门,其次要通过在共同训练中使用和遵守。二是建立一个能顺利运行的中央指挥处,以在紧急状态下调控所有资源。三是划定危机处理各个阶段各组织部门的职责权限。

陆军国土司令部下设有一个常备状态的机构可以侦测、识别和排除化学武器物质。在人员较少的北方和南方司令部,也建立了一个规模较小但职能相同的机构。另外,陆军国土司令部还组建了民间小分队,队员经过训练并拥有可以侦测和识别有害化学物质或化学武器的装备,这个小分队属于环保部,并在需要时召之即来。像其他先遣部队一样,这些小分队也都配备有防毒面具和保护服。

陆军国土司令部还负责在发生使用大规模杀伤性武器的恐怖袭击时与民众沟通,并设有一个配备有心理专家的专职负责机构。法律规定,在紧急状态下,包括电视、广播和报纸在内的所有媒体都必须优先为军队提供服务,报道军方需要发布的信息。因为如果发生了使用大规模杀伤性武器的恐怖袭击,这类袭击必然具有重大影响,陆军国土司令部短时间内很可能无力回应国内外的广泛关注。这种情况下,陆军国土司令部很可能只能以通过在媒体上发布行动指令的方式与公众沟通,并指导受害区域民众的行动。

3. 危机现场处理时医疗体系的职能

以色列卫生部预制了在发生大规模伤亡情况下可轮流提供使用的医院列表。在紧急状态下，陆军国土司令部有权接管医院和其他医疗机构。在与卫生部和国防军军医队协商后，它可以决定如何有效地分配伤员就医。当发生恐怖袭击时，邻近事发现场的医院会得到通知，这些医院就会启动紧急状态程序。

陆军国土司令部的医疗队在事发现场会对伤员进行初步的验伤归类、净化等。医疗队的负责人监看那些需要接受进一步治疗的伤者及其疏散情况。其疏散工作可由民用、军用救护车共同进行。必要时，还可以使用紧急状态下征用的公共汽车。警察部门负责确保现场到医院的疏散通道的安全、通畅。伤者送达医院入口，医院医护人员就会对伤者情况进行评估分类。如果是受到化学武器的恐怖袭击受害者，且需要住院治疗的，首先会被送往消毒去污室进行净化处理，必须严格按照陆军国土司令部规定的程序进行治疗。需要接受长期治疗的，可转往当地的民用社区医院。

在对使用生物武器的恐怖袭击的准备工作中，最重要的是对生物武器导致的症状有高度警惕，并能随时展开治疗。公共卫生部会在全国范围内监控传染病的发病率，尤其是那些可能被用于生物武器的传染病。法律规定，医院必须及时上报这些传染病的发病情况。

按规定，如果发生使用生物武器的恐怖袭击，陆军国土司令部会派遣军队彻查受影响区域。军队人员需要逐户送适当的药品，并印发关于这种疾病的后续治疗的说明书。

4. 危机现场处理时媒体的职能

如果发生了恐怖袭击事件，以色列政府和媒体会共同为公众提供全面及时的信息，包括伤亡率、交通状况、咨询机构和医疗单位等。这些有效的沟通信息有助于让民众获得正确的感知，从而对面临的风险做出理性判断。再者，由于以色列经常受恐怖袭击，每次袭击后政府和媒体都会及时发布信息，这会让公众对威胁有直接的感知和切身的体会，从而培养公众对威胁的了解度，对威胁处理程序的熟悉度。

5. 危机现场处理时的操作程序

如果在城市地区发生了恐怖袭击事件，通常要首先报告警察部门，警察部门会立即将袭击报告按规定转达需要呈送的机构，包括国防军司令部行动处和陆军国土司令部。国防军司令部行动处先初步评估事件的性质及其影响范围，然后决定是否启动陆军国土司令部参与行动，同时调配其他必要的机构和资源。一经启动，陆军国土司令部先派遣先遣队到达现场，同时成立两个现场指挥所。一个是事发现场的内围指挥所，负责指挥营救行动，包括消防、侦测和识别化学武器物质、搜救受害者、搜查爆炸物并拆除爆炸装置、初步验伤分类、排除有害污染物、把伤员疏散到医院等。另一个是拥有对事件总体指挥权的外围指挥所，负责与其他组织部门联系，包括各级政府部门、军队司令部和警察总局、市政当局、医疗卫生部门和大众宣传媒体，另外还要负责封锁受害区域、调配进入现场的部队、把受害者分散送往医院等。

外围指挥所主要负责人来自陆军国土司令部，包括后勤、情报、发言人、法律顾问等，还有一些负责人来自其他机构和组织部门，也都在事件处理中发挥不同作用，包括：来自卫生部和救护部门的医疗卫生服务人员；消防员；专门管理疏散的机构；警察，负责封锁事故现场，确保运送营救部队、伤员、疏散人员的整个运输通道安全；市政管理民用工程设施部门，提供关于建筑规划、电话线路、电力供应、供水系统、加油站等信息；市政福利救济部门，负责给疏散人员分配临时住房，提供垫、毯、食物等日常必需品。来自各部门的营救人员还要与其各自原隶属部门保持不间断联系，并随时可直接连接原部门数据库和电脑系统。发生使用化学武器或大当量爆炸物的恐怖袭击事件时，需要启用上述指挥管理系统，而发生使用生物武器的恐怖袭击则需要启用不同的组织部门和程序，其程序一般较为简单，因为这类袭击与其他袭击有重要的不同之处——侦测袭击中使用的生物武器、辨别该生物的有关参数、处理这类事件一般所需周期都相当长。发生使用生物武器的恐怖袭击后,不需要设立内围指挥所,外围指挥所中许多机构也不需要。

三、行动上重视技术

由于恐怖活动组织的隐蔽性,恐怖活动的随机性、手段的多样性、技术含量的增加,反恐手段和反恐装备也需要不断与时俱进,以适应反恐行动中的需要。为加强反恐力量,以色列非常重视提高和创新反恐技术。

(一)行动技术

1996年7月31日,以色列政府决定引进一套智能管理系统,为进入国境的人员建立档案,从而改进边境管理状况。这个计划需要建立一个数字化系统,把所有的边境检测站联系起来,同时也把所有与边境管理相关的部门联系起来。与此相配套的一个计划是给警察巡逻车都配备数字化装备,数字化装备和中央数据库连接,可随时在终端查询数据库中记录相关嫌疑人的信息。美国为这两个项目提供了资金。另外一个项目是在港口安装可以检测大型集装箱的装置。

受"9·11"恐怖袭击事件的影响,以色列随后发明了针对巷战和减少平民伤亡的"陆战小分队集成系统""客运飞机反导系统"等。目前,以色列已有450多家非军事工业公司从事与反恐怖安全有关的技术开发和产品研制工作,这一数字还在增加。以色列的反恐怖技术较为领先,反恐安全类产品出口额超过10亿美元。以色列还设计出了最新反恐产品——反恐公共汽车,专防自杀式爆炸的新型公共汽车,技术来自于军用飞机,包含了弹道导弹技术、爆炸材料技术、电子感应技术等。[①]

第二次巴勒斯坦起义开始后,自杀式爆炸恐怖袭击不断增多,

[①] 张金平:《国际恐怖主义与反恐策略》,人民出版社2012年版,第55页。

辛贝特于2002年专门组建了一支包括情报人员和心理学家在内的反恐研究队伍，对俘获的自杀式袭击者进行分析和研究，试图寻找其心理和宗教根源，从而以非暴力方式制止恐怖主义。

"因为现在的恐怖分子主要在城市居住和行动，（反恐行动）也必须适应这样的环境。这种争分夺秒的行动需要情报、地面部队、空军和特种部队一体化运作，以确保快速定位目标，并且不会对友军和非战斗人员造成附带损害。为确保这种需要快速决策的行动，以色列国防军建立了'即时决策圈'，即安排各相关部门技术熟练且经验丰富的人员组成一个团队，他们熟悉现场，互相了解，可以选择行动方式、地点、情报机会和时间，创造性解决问题并不会造成不必要的伤害。"[1] 这种行动技术避免了逐级上报、贻误战机的官僚主义做法，增强了打击恐怖主义的效率和准确性。另外，2003年开始，在沙龙总理的支持下，摩萨德开始了新一轮调整，在原来以收集情报为主的基础上，增加了执行反恐特种作战任务的功能。这一功能的扩展进一步加强了以色列的反恐机制，使之能有效应对第二次巴勒斯坦起义以来恐怖主义的新变化和行动的新方式。

以色列国防军有一所反恐学校，即707部队，外军特种部队队员也经常到此学习。反恐学校成立于1985年，学校设在以军米特坎亚当秘密基地，配备专用射击模拟训练场和反恐实地模拟训练场。射击模拟训练场运用仿真技术，设置各种射击情节，主要用于手枪射击训练。

（二）装备技术

以色列提高反恐的科技含量，研制生产了一系列世界一流水平的反恐装备。第一是爆炸物探测技术。恐怖分子利用爆炸物进行袭击是最常用的手段，以色列激光探测系统有限公司研制出一种爆炸物侦测仪，可以探测出爆炸物或伪装成其他物品的爆炸物。第二是

---

[1] David Eshel, "Israel Air Force Transforms for 'War against Terror'," Military Technology 3, 2006, p. 25.

图像监视系统技术，包括红外夜视技术、图像处理技术、远距离探测技术、便携式 X 射线雷达观测仪与 X 射线成像仪、数据分析与报警技术等，以色列修筑的隔离墙以及重点建筑物内就配备了这类系统。另外，以色列还开发了电子信号拦截处理系统，可以对付用电子信号进行遥控的炸弹。第三是身份鉴定技术，包括指纹鉴定技术、体型特征识别技术、证件测伪仪等。第四是生物反恐技术。目前，恐怖活动组织运用生物技术的袭击还很少，但以色列已积极研制防范生化武器的技术。第五是数据处理技术，如根据身份鉴定技术获取的各种数据，已运用在出入境口岸管理、常驻人口登记和检查方面。此外，还有一些可用于特定场合的高科技装备和技术：拐角侦测系统，可以在拐角处观察、锁定目标，而不会暴露自己；无人驾驶巡逻车，配备有指挥、控制、通信、计算机和情报中心；可疑分子探测系统，该系统可以依据公认的心理学指数与实践证明有效的思考方法对有关安全问题进行综合分析、识别可疑人员等。

"9·11"恐怖袭击事件之后，以色列军工企业和军民兼营企业加快了与反恐有关技术的研发，一些公司研制了针对巷战和减少平民伤亡的"陆战小分队集成系统"，以色列飞机工业公司研制了"客运飞机反导系统"等。

以色列已投入运营的反恐公共汽车可说是反恐方面之集大成者。该汽车可自动检测到距离汽车约 1 米远的恐怖分子身上携带的危险品，车内的遥感器会发出警告。针对有些自杀式炸弹袭击者从后门上车的情况，新型汽车还设计了一个只能下不能上的后门，由 14 个小横栏构成，左右各 7 个，横栏只能朝外开，却无法向内推进。

以色列反恐战略具有先发制人的理念、协调有力的组织和重视技术的行动这些鲜明的特点，这些特点一定程度上决定着以色列反恐战略的得失。

第二节　反恐战略效果

以色列对恐怖主义和反恐的认知、设定的反恐目标、主要采取的反恐手段都在一定程度上决定着以色列反恐战略效果,它们既是以色列反恐战略成功的根本,也蕴涵着其必然的"失"。

一、反恐目标基本实现

评估反恐策略或战略的有效性主要取决于决定并推进其宣告之反恐措施的决策者设定的目标。① 以色列反恐战略目标在不同领导人时期是不同的。20世纪90年代初以色列不同的反恐战略目标基本都得以实现。"由于以巴冲突的特性,完全消除恐怖活动并不是一个现实的目标,但可以把其影响降低到一个可以忍受的水平。"②

(一) 化解和预防恐怖袭击事件

首先,以色列成功地实施行动,应对了多起恐怖袭击事件,包括1972年的"同位素行动"、1973年的"青春之泉行动"、1976年的恩德培营救行动等。这些行动或是成功地营救了被劫持的人质或是定点清除被以色列认定为恐怖活动组织的成员,不仅较为成功地应对了恐怖主义危机,而且沉重地打击了恐怖活动组织及其成员的意志。

其次,以色列预防了众多恐怖主义事件的发生。这表现在以色列通过先发制人的打击、"斩首行动"、构建导弹防御体系、封锁边境等行动或其他综合性手段事先破坏了恐怖分子的计划,避免了人员伤亡和财产损失。以真主党为例,自2012年7月,真主党在保加利亚布尔加斯针对到达当地机场的一辆公交车上的以色列游客实施

---

① Ophir Falk, "Measuring the Effectiveness of Israel's 'Targeted Killing' Campaign," Perspective on Terrorism, Vol. 9, No. 1, 2015.

② Efraim Inbar, "Israel's National Security: Issues and Challenges since the Yom Kippur War," Routledge, 2008, p. 203.

爆炸后，真主党虽然不断策划，但却再没有成功地实施过一次国际恐怖袭击。以色列执法部门和情报机关成功地拦截了真主党在玻利维亚、加拿大、塞浦路斯、尼日利亚、秘鲁、泰国、英国和美国等全球范围内的多次计划和筹备行动。[1]

2000年10月至2004年6月，正值第二次巴勒斯坦起义期间，恐怖主义事件频发。约4年间，恐怖袭击事件实施成功的共134起，被阻止的共395起。[2] 辛贝特称，2015年8月，该局共阻止了17起针对以色列平民的袭击，2015年1—7月，共阻止了约111起恐怖袭击。2019年，辛贝特阻止了10起自杀式炸弹袭击。[3]

以构筑的反导系统为例，2012年"防务之柱行动"期间，哈马斯向以色列发射了共超过1500枚"卡萨姆""格拉德"和"法杰尔"火箭弹，以色列使用"铁穹"系统成功拦截了超过420枚，还首次成功地在雅法和特拉维夫上空拦截了导弹。[4]

由于以色列成功的反恐行动和技术，虽然恐怖主义事件发生率相对世界其他地区仍然较高，但恐怖主义事件中牺牲的人数除了刚建国时期和两次巴勒斯坦起义时期，一直保持在较低水平。以色列建国至2014年，在恐怖主义事件中伤亡总人数为3084人。"以色列成立以来，在整个1999年还是第一次没有一名平民遇袭身亡。"[5] 根据以色列外交网站数据，自1860年至2021年4月，以色列在恐怖袭击和保卫以色列领土的战争中共死亡27086人，其中战争中死

---

[1] Matthew Levitt, "Breaking Hezbollah's 'Golden Rule': An Inside Look at the Modus Operandi of Hezbollah's Islamic Jihad Organization," Perspective on Terrorism, Vol. 14, No. 4, 2020.

[2] "Terrorism against Israel: Successful vs. Thwarted Attacks," http://www.jewishvirtuallibrary.org/jsource/Terrorism/thwartgraph.html.

[3] "Terrorism: Suicide Attacks," https://www.jewishvirtuallibrary.org/suicide-terrorism.

[4] "The Iron Dome Missile Defense System," http://www.jewishvirtuallibrary.org/the-iron-dome.

[5] 不同的统计标准，结果也不同，此数据可为评估以色列反恐的成效提供参考。此数据见：Stuart A. Cohen, "Israel and its Army: From Cohesion to Confusion," Routledge, 2008, p.85。

亡人数为 23928 人，平民死亡人员为 3158 人。① 虽然没有明确说明，平民死亡人员主要应为在恐怖事件中死亡的人员。相比战争中死亡人数，死于恐怖事件的人员数量相对是较少的。和美国相比，美国仅"9·11"恐怖袭击事件中伤亡人数就接近 3000 人，因此这不能不说是以色列反恐的成功。

（二）维护了稳定发展环境

频繁的恐怖主义事件，并没有导致以色列社会的混乱或动荡。相反，以色列创造和维护了稳定发展环境。"总体经济实力较强，竞争力居世界前列。以色列高新技术产业发展举世瞩目，特别是在电子、通信、计算机软件、医疗器械、生物技术工程、农业以及航空等方面拥有先进的技术和优势……旅游业在经济中占重要地位，是外汇的主要来源之一。以色列幅员虽小，但有独特的旅游胜地和众多的名胜古迹，每年吸引数以百万计的游客游览观光。"②

（三）有效打击和震慑恐怖活动组织及其成员

20 世纪 90 年代前，以色列认定巴解组织为恐怖活动组织，多次对其进行军事打击。在 1967 年巴勒斯坦被占领后，巴解组织被迫退入约旦。1985 年，以军发动突袭，打击了辗转到突尼斯的巴解组织总部。这些行动有力地配合了当时的以色列国家安全目标，巩固了以色列国家的生存。20 世纪 90 年代后，以色列通过多种手段有效打击和震慑了其认定的恐怖活动组织及其成员。1989 年，以色列宣布哈马斯为非法组织，并将其精神领袖亚辛逮捕入狱。通过与美国、欧盟、澳大利亚等的国际合作，美国和欧盟也在"9·11"恐怖袭击事件后先后宣布哈马斯为恐怖活动组织，并冻结其财产，澳大利亚随后也冻结了哈马斯领导人的财产。和平进程开始后，一

---

① "Israel Marks Memorial Day 2021 for the Fallen Soldiers and Victims of Terrorism", Apr. 13, 2021, https://www.gov.il/en/Departments/General/memorial-day-2021-13-april-2021.

② 《以色列概况》, http://news.xinhuanet.com/ziliao/2002-06/18/content_445930_2.htm。

方面由于哈马斯策略的改变,一方面由于以色列的持续打击,1996年3月,哈马斯宣布将放弃暴力活动,在自治区内只进行政治斗争。这相比哈马斯一贯的行动原则,已是飞跃性的进展。2007年6月,哈马斯用武力夺取了对加沙地带的控制权。哈马斯全面控制加沙后,以色列对加沙地带进行全面封锁,给哈马斯经济和武器进口方面都造成巨大困难。另外,2002—2014年,以色列先后发起"防卫墙行动""铸铅行动""防务之柱行动""护刃行动",四次军事行动给哈马斯和杰哈德以重创,破坏了其火箭弹发射装置,削弱了其袭击能力,加强以对约旦河西岸部分地区的控制。以色列实施的先发制人的措施,如"斩首行动"等,不仅使一些组织发展一度停滞,而且迫使其大部分活动转入地下,活动能力大受限制。

(四) 打击了地区敌对国家

第一次黎巴嫩战争期间,以色列的军事行动不仅重创了巴解组织,也打击了黎巴嫩。20世纪90年代后,以色列认为该地区有危胁的国家主要有伊拉克、叙利亚和伊朗。以色列以它们"支持恐怖主义"为名,联合美国或其他国家共同打击这些国家。2003年的伊拉克战争,基本上除去了来自伊拉克的威胁。2011年叙利亚陷入动荡和内部分裂,叙利亚自顾不暇,也无力再威胁以色列。目前,以色列认为地区"支持恐怖主义"的国家主要是伊朗。首先,以色列与美国合作,在"9·11"恐怖袭击事件后,美国发动全球反恐战争,把伊朗列在"支持国际恐怖主义国家"的黑名单之首,称伊朗为"邪恶轴心"。从地缘政治上看,目前,美国和以色列已经在事实上形成了对伊朗的包围态势,这导致伊朗地缘安全环境的恶化,同时也使伊朗国内保守派势力进一步加强。这又导致伊朗核问题的出现。对伊朗可能拥有核武器的忧虑让以色列人倍感焦虑,以色列官员和军事将领一方面多次在公开场合呼吁国际社会向伊朗施加政治和经济压力,并且暗示如果国际社会施压无效,将单方面采取武力措施。另一方面,在国际社会宣扬伊朗支持恐怖主义,给真主党和哈马斯提供用于恐怖活动的资金和武器,使伊朗背负"支持恐怖主义"的道义压力。

二、配合国家整体安全战略

反恐战略是以色列国家整体安全战略的一部分，以色列利用反恐战略打击恐怖主义的同时，还谋求运用反恐战略促进国家整体安全战略的实施，并取得一定的效果。这包括谋求以巴和平进程的主导权和谋求在地区的战略优势和主导地位。

（一）通过反恐战略谋求以巴冲突解决和和平进程中的主导权

首先，以色列反恐战略对巴勒斯坦不同政治势力采取不同手段，尽可能地打击激进势力，包括哈马斯、杰哈德等。

其次，有条件接触巴勒斯坦温和势力，并要求其参与反恐，这主要是针对巴解组织，尤其是法塔赫。以色列一方面与巴勒斯坦温和势力展开和平进程，另一方面又设置条件，要求或施压法塔赫共同打击巴勒斯坦激进组织。1996年10月25日《政府新闻办公室列出巴解组织违反〈奥斯陆协议〉情况》中提出："根据协议附件第22条的规定中以巴双方增进互相理解的承诺和打击恐怖主义的承诺，巴勒斯坦权力机构有义务限制煽动暴力事件。然而，巴勒斯坦权力机构主席阿拉法特却屡次呼吁针对以色列的'圣战'，赞颂叶海亚·阿亚什等有名的恐怖分子，并鼓励针对以色列的暴力活动。"[①] 1997年8月10日的《和平进程政府公报》中表示："以色列的立场十分清楚：除非巴勒斯坦权力机构采取严厉措施打击其管辖地的恐怖主义，否则和平进程就无法推进……需要强调的是，如果巴勒斯坦权力机构在处理安全问题上没有实质性的改变，政治进程就无法推进。总理强调，以色列无法接受这种局面：由于巴勒斯坦权力机构不履行其义务，不打击恐怖分子据以行动的基地，从而导致在巴勒斯坦权力机构管辖区内或邻近以色列的地区存在恐怖分

---

① "Government Press Office List of PLO Violations of the Oslo Agreement," Oct. 25, 1996, http://mfa.gov.il/MFA/ForeignPolicy/MFADocuments/Yearbook11/Pages/31%20Government%20Press%20Office%20list%20of%20PLO%20violations.aspx.

子的基地和容忍恐怖分子避难的场所。为了推进和平进程，巴勒斯坦权力机构必须处理恐怖主义问题。"[1] 1997年8月14日，内塔尼亚胡总理在国家防务学院演讲时表示："如果巴勒斯坦权力机构打算挽救和平，它就应该立即对恐怖主义进行控制……我本人，以及国防部部长和整个内阁都希望继续和平进程，但是如果巴勒斯坦权力机构不能按照《奥斯陆协议》中的承诺摧毁恐怖主义基础设施，解散其组织，引渡以色列通缉的犯下谋杀罪行的恐怖分子，停止经常性的煽动和焚烧以色列国旗之类的示威活动，停止官方对杀人犯的美化行动，教育人们接受和平并承认以色列的合法性，我们就无法进行和平进程。"[2] 内塔尼亚胡还提出"以安全换和平"，把消除恐怖主义作为和平进程的前提条件之一，对巴温和势力施压，并拖延巴以问题的解决。

最后，在前两方面的基础上，即一方面打击激进势力，同时与巴温和势力展开和平进程，并要求巴勒斯坦权力机构打击恐怖主义，可以达到三方面效果：第一，抑制恐怖主义，同时有限度地增强巴内部温和派力量；第二，如果和平进程停滞，可以推卸责任；第三，造成巴内部分裂，削弱巴勒斯坦力量，以色列可以控制巴内部权力结构，进而控制和平进程。在有需要的时候，可以以巴温和势力打击恐怖主义为借口，采取相应政策。这样的效果是明显的，2007年6月，哈马斯和法塔赫在加沙地带爆发大规模冲突，哈马斯用武力夺取了对加沙地带的控制权，造成了事实上巴勒斯坦的分裂局面，从而为以色列承认巴勒斯坦国家身份设置了新的障碍。本来，巴以冲突中巴方就不占优势，再加上巴勒斯坦力量的分裂和削弱，以色列自然掌握了在巴以冲突与和平谈判中的主动权。

---

[1] "Goverement Communique on the Peace Process," Aug. 10, 1997, http：//mfa. gov. il/MFA/ForeignPolicy/MFADocuments/Yearbook11/Pages/135% 20Government% 20communique% 20on% 20the% 20peace% 20process - % 2010. aspx.

[2] "Address by Prime Minister Netanyahu at the National Defense College," Aug. 14, 1997, http：//mfa. gov. il/MFA/ForeignPolicy/MFADocuments/Yearbook11/Pages/138% 20Address% 20by% 20Prime% 20Minister% 20Netanyahu% 20at% 20the% 20Nat. aspx.

(二) 通过反恐战略谋求地区优势

建国后，经过四次中东战争，以色列不仅确立了国家的生存，而且确立了在地区的优势地位。从军事技术上看，以色列军事实力在整个西亚北非地区占据首位，并且是该地区唯一的核国家。以色列具有强烈动机保持这种军事优势和地区优势。20世纪80年代以后，随着与周边部分国家关系逐渐缓和，大规模战争的方式对双方来说都不合适宜。以色列遂谋求通过反恐打击那些依然对以色列具有潜在威胁的国家，进而保持地区优势。

首先，和平进程开始后，以色列大体上把周边国家分为两类，一类是可以纳入和平进程的国家，另一类是继续敌视以色列，采取其他方式，继续与之对抗的国家。所以，1987年12月20日，以色列在《关于起义的内阁声明》中表明：必须继续把与恐怖主义、暴乱的斗争和政治进程两者区分开来。[1] 1995年8月21日，以色列外交部部长佩雷斯表示："即使值此艰难时刻，我们也坚定地同时推进这两个进程，同时以不同的方式既与恐怖势力作斗争，也构建和平。因为某种程度上，这两者互为促进，并行不悖。"[2] 2004年4月26日，沙龙在写给犹太人大流散社团第56个独立纪念日大会的贺信中表示："这三年半以来针对我国的恐怖战争没有使我们情绪低落，没有熄灭我们追求和平的渴望。今天，我们依然坚定地致力于消除针对以色列的恐怖主义威胁，同时也不遗余力地寻求和平。"[3] 这些清晰表明了以色列两手兼顾的政策方针。

其次，宣扬那些继续敌视以色列的国家与恐怖主义的联系以及

---

[1] "Cabinet Statement on the Uprising," Dec. 20, 1987, http://mfa.gov.il/MFA/ForeignPolicy/MFADocuments/Yearbook7/Pages/307%20Cabinet%20Statement%20on%20the%20Uprising-%2020%20December.aspx.

[2] "Reaction by Foreign Minister Peres to Bus Attack in Jerusalem," Aug. 21, 1995, http://mfa.gov.il/MFA/ForeignPolicy/MFADocuments/Yearbook10/Pages/Reaction%20by%20Foreign%20Minister%20Peres%20to%20bus%20attack%20i.aspx.

[3] "Message of Prime Minister Ariel Sharon to the Jewish Communities of the Diaspora on the Occasion of Israel's 56th Independence Day," in Yearbook 2004 of Israel, 2012, p. 87.

支持或实施恐怖主义的行为。1996年4月22日，佩雷斯总理在议会就"愤怒的葡萄行动"进行说明时表示，许多国家和组织，为了破坏和平进程，联合在一起，有时还协调行动。①

再次，呼吁国际社会关注以色列安全问题，以打击支持恐怖主义行为为名打击敌对国家。以色列在国际社会宣扬地区敌对国家"支持恐怖活动组织"及其行为的同时，呼吁共同打击或制裁这些国家，或是呼吁支持以色列打击这些国家。

"我们不能容忍邻近我们人口中心的区域出现一个配备着重型装备或非传统武器的强大军队的强国或组织。我们也不会允许伊朗、伊拉克和叙利亚这些国家组织一个联盟。我们决不能容许某个怀有敌意的国家控制我们的领空和水源。"② "虽然我保证不了以后不会再发生袭击，但以色列的安全部门和情报部门，再加上我们的人民群众，定会不遗余力地铲除恐怖分子的阴谋。"③

20世纪80年代末到21世纪初，随着和平进程不断取得进展、国际体系中有利于以色列的一些变化，尤其是美国单极霸权的确立及其对以色列的长期支持，以色列的战略环境有了很大的改善。但21世纪以来伊朗核问题逐渐突出，让以色列对其国家生存状况深感担忧与焦虑。因而近年来，以色列在多个国际场合呼吁制裁伊朗，甚至扬言要对伊朗核设施进行先发制人的打击。

最后，通过反恐增强自身防御和进攻力量，巩固在中东战略优势。以色列指责地区敌对国家支持恐怖主义，但实际上也是以色列对来自敌对国家传统威胁的忧虑。"目前中东一个突出的特点是一

---

① "Statement to the Knesset by Prime Minister Peres on Operation 'Grapes of Wrath'," Apr. 22, 1996, http://mfa.gov.il/MFA/ForeignPolicy/MFADocuments/Yearbook10/Pages/Statement%20to%20the%20Knesset%20by%20Prime%20Minister%20Peres%20o.aspx.

② "Address by Prime Minitster Netanyahu at the National Defense College," Aug. 14, 1997, http://mfa.gov.il/MFA/ForeignPolicy/MFADocuments/Yearbook11/Pages/138%20Address%20by%20Prime%20Minister%20Netanyahu%20at%20the%20Nat.aspx.

③ "Statement to the Knesset by Prime Minister Peres on Operation 'Grapes of Wrath'," Apr. 22, 1996, http://mfa.gov.il/MFA/ForeignPolicy/MFADocuments/Yearbook10/Pages/Statement%20to%20the%20Knesset%20by%20Prime%20Minister%20Peres%20o.aspx.

些阿拉伯国家正使用传统和非传统武力构建一个针对以色列的包围圈。另外,伊朗和伊拉克这些国家的大规模杀伤性武器更凸显出领土和战略纵深对国家安全的重要性,对以色列来说,尤其如此。因为这些国家不仅有大规模的地面部队,还配备和部署有远程弹道导弹。①

以色列通过防范恐怖活动组织的导弹袭击,构建了多层级的反导防御体系,这当然也是出于防范敌对国家潜在的导弹攻击,增强自身防御能力的战略安排。以色列在海湾战争时期就部署了美国的"爱国者"导弹,但由于未能全部拦截伊拉克发射的"飞毛腿"导弹,开始研发全新的反导系统。经过自身努力和美国的帮助,2000年3月14日,以色列开始正式部署"箭2"战区弹道导弹防御系统,成为世界上第一个部署战区弹道导弹防御系统的国家。如果说以色列部署的"铁穹"短程反导系统和"大卫投石器"中程反导系统主要是为了防范恐怖主义的攻击,那么部署远程的"箭式"反导系统应该主要是出于防范敌对国家的力量。此外,以色列也积极发展进攻力量,目前已成为公认的核国家,这是其重要的战略威慑力量。

三、国际形象受损

以色列经常认为其反恐手段是合乎国际法要求的,并认为其在和恐怖活动组织斗争过程中,以色列一直致力于遵守国际法规则。以色列认为其遵守国际法的义务来源于以色列是一个民主国家,以色列自身的道德观也要求其依国际法行事。② 但事实上,以色列反恐对其国际形象造成了相当大的损害,主要集中在以下几方面。一

---

① "Security and Coexistence," Address by Infrastructure Minister Sharon to the Washington Institute for Near Eastern Policy, May 3, 1998, http: //mfa. gov. il/MFA/ForeignPolicy/MFADocuments/Yearbook12/Pages/34% 20Security% 20and% 20Coexistence - % 20address% 20by% 20Infrastruc. aspx.

② "Behind the Headlines: The 2014 Gaza Conflict: Factual and Legal Aspects," Jun. 15, 2015, https: //www. gov. il/en/Departments/General/special - report - by - israel - the - 2014 - gaza - conflict - factual - and - legal - aspects.

是实施"斩首行动"等先发制人手段的道德争议，二是国际社会对修筑隔离墙的指责，三是反恐规模扩大和造成的附带损伤引起的指责。"进入21世纪以来，以色列的'反恐'实践和规范的改变，引起了国际社会的强烈质疑和严厉抨击。包括联合国在内的国际多边组织以及国际人权组织，也一直关注以色列'反恐'过程中对相关'国际人道主义法''人权法'和'武装冲突法'带来严重挑战，并经常谴责和追究以色列'反恐'行动中的'战争罪行'，如过度使用武力、故意攻击平民和民用设施、使用违禁武器等。"①

（一）"斩首行动"等先发制人手段使以色列国际形象受损

实施"斩首行动"对以色列国际形象造成损害。"这一政策（'斩首行动'）的道德合法性主要基于有些简单化的估计：杀死这个人可以预防众多人员的死亡和严重的伤害，因此从'道德功利主义原则'角度来看这样做是合理的。"②但仅凭估计和推测就决定一个人的生命，这明显不够合理。

第一，"斩首行动"是一种具有进攻性的先发制人的策略，作为挑起事端的一方，以色列需要有足够的证据证明其实施的"斩首行动"是必须的，但严格来讲，"斩首"的对象因为被预先杀死，其罪行并未发生，很难用有力的证据来证明。

第二，即使有一定的证据，"斩首行动"在一些学者看来无论是作为威慑手段还是惩罚手段也都是非法的。因为从程序上来说，以色列实施的"斩首行动"从来没有经过法院的程序批准，不符合国际人权法中实施死刑所要求的法律程序。"从国际公约来看，同时从惯常的国际法来看，'斩首行动'必须被看作是专断地剥夺人的生命权利。"③

---

① 汪舒明：《"反恐"战与以色列军事伦理的嬗变》，《国际安全研究》2019年第3期。

② Emanuel Gross, "The Struggle of Democracy against Terrorism: Lessons from the United States, the United Kingdom, and Israel," University of Virginia Press, 2006, p. 233.

③ Roland Otto, "Targeted Killings and International Law," Springer, 2012, p. 520.

第三,"斩首行动"还总有意无意地造成附带伤害,这也是人权保护者认为其不合法的一个理由。

因此,这次失败不仅是一次行动上的失败,也是战略上的失败。最主要的是破坏了以色列与其地区重要阿拉伯盟友约旦的关系,使以色列在寻求共同对付哈马斯等组织的反恐合作方面付出代价,也使其失去了一个关键的情报站,从而在应对伊朗、伊拉克、叙利亚等具有威胁的敌人方面付出代价。这次行动也降低了以色列公众对政府的信心,削弱了摩萨德在该区域的威慑力量。

总之,"斩首行动"虽打击了恐怖活动能力,也带来一定的潜在成本,主要包括可能危及情报来源和搜集情报手段,可能受到目标群体的报复,国家国际形象受损,消耗了本应用于敌对国家等更具战略威胁目标的情报资源。尤其是如果暗杀行动失败会对国家情报部门的声望造成严重伤害,降低威慑力。

(二) 国际社会对修筑隔离墙的批评

首先,根据国际人道主义法,以色列有义务确保约旦河西岸地区居民的社会福利救济等,包括急需的医疗服务、食品、药品、教育等。但修建的隔离墙凸显出以色列没有履行这些义务。这也导致2003年11月,国际红十字委员会停止了对约旦河西岸地区的大规模紧急救济,并宣称依据国际人道主义法,约旦河西岸地区巴勒斯坦人民的基本权利必须得到尊重,以色列的封锁和军事行动已经"使成千上万巴勒斯坦人从起初所面临的紧急状态转而陷入经济上的长期崩溃状态"。[①]

自2003年初起,人权监察站就监视着以色列在约旦河西岸地区修筑的隔离墙,其认为隔离墙对人员活动造成了长期的严重的限制,给数以万计的巴勒斯坦居民生活带来了不相称的伤害。它严格地把成千上万的男人、妇女和儿童限制在一些被包围的领土内,威

[①] "New Strategy for the West Bank," Nov. 20, 2003, https://www.icrc.org/eng/resources/documents/misc/5tgcyh.htm.

胁成为一种永久的体制，并把这种体制制度化，在这种体制中除了少数持有许可证的人外，大部分人的行动自由被严重剥夺了。限制的范围和持续时间危及到巴勒斯坦人得到教育、医疗等基本的生活服务，在许多情况下还危及他们获得土地、工作和其他生计的手段。①

其次，以色列修筑隔离墙，法律依据不足。以色列当局宣称隔离墙对预防自杀式炸弹袭击和其他针对以色列平民的袭击至关重要。尽管根据人权法，出于安全因素可以限制人员自由移动，但这些限制必须具有清晰的法律基础，必须控制在必要的限度内，必须与威胁是相称的，而以色列政府没有表明他们可能会采取不那么具有侵犯性的和强制性的替代手段来解决居民的安全问题。人权监察站通过调查认为，隔离墙不单纯是为了解决安全问题，从性质上来说也是一种惩罚手段，等同于集体性惩罚，这是国际法所禁止的。②

2003年8月，联合国人权事务委员会注意到由于以色列建造和实施的隔离墙计划所造成的附加的、不合理的、严重的限制与《公民权利和政治权利国际公约》第12款的规定是不相符的，该条款赋予人身自由行动的权利，并对可能施加的限制划定了界限。2003年10月2日，以色列当局宣布隔离墙一期工程和绿线之间的约旦河西岸地区为"封闭的军事区域"，从而扩大了隔离墙的限制范围。此决定涉及约89平方公里的土地和约5200名巴勒斯坦居民，所有超过12岁的巴勒斯坦居民须向以色列当局申请"永久居民"许可证，方可在原住地继续居住。以色列民政局依据申请颁发出入封闭

---

① "Israel's 'Separation Barrier' in the Occupied West Bank: Human Rights and International Humanitarian Law Consequences," A Human Rights Watch Briefing Paper, Feb. 2004, http://reliefweb.int/report/occupied-palestinian-territory/israels-separation-barrier-occupied-west-bank-human-rights-and.

② "Israel's 'Separation Barrier' in the Occupied West Bank: Human Rights and International Humanitarian Law Consequences," A Human Rights Watch Briefing Paper, Feb. 2004, http://reliefweb.int/report/occupied-palestinian-territory/israels-separation-barrier-occupied-west-bank-human-rights-and.

军事区域的许可证,并划分了12个类别的许可等级。个人如果打算在封闭军事区域留宿,或带入车辆或商品都必须申请额外的许可。另外,这些强制措施对不同群体也是区别对待的,居住在此区域的以色列居民或其他具有犹太血统的侨民可不受限制。

(三) 国际社会对反恐规模扩大和造成的附带损伤的批评

以色列反恐饱受诟病的还有其反恐规模的扩大化。遭受恐怖袭击之后,以色列往往会进行大规模的反击,这在以色列看来,是为了让袭击者明白其行动的代价,但从国际法角度看,这明显是使用了不对称手段,也就是相比以色列受到袭击造成的损伤,其反恐行动造成了更大的损伤。尤其是21世纪以来,以色列展开的四次大规模的军事化反恐行动。每次行动中,以方伤亡人数大大少于其反恐造成的伤亡人数。以2002年以色列的"防卫墙行动"为例,其行动的导火线是2002年3月针对以色列的一次恐怖袭击,造成以方30人死亡,150余人受伤,但以色列在这次行动中却导致250名巴勒斯坦人死亡,4200余人被捕。

2014年7月,以色列的"护刃行动"中,巴勒斯坦安全部门证实,以军行动造成至少600名巴勒斯坦人死亡,3600多人受伤。以方则证实,哈马斯和加沙地带其他武装共向以色列发射了超过2000枚火箭弹,冲突造成28名以色列士兵及2名以色列平民丧生。①

这明显反映出以色列反恐规模的扩大化、使用手段的不对称性和军事行动造成的附带伤亡之大。以色列在巴勒斯坦被占领土,特别是在加沙地带进行的军事行动,对人权与基本自由造成侵犯。联合国人权理事会7月23日在日内瓦通过一项决议,强烈谴责2014年6月13日以来以色列在巴勒斯坦被占领土进行的军事行动,并决定成立独立国际调查委员会对当地所有违反国际人道法和人权法的行为进行调查。

---

① 《联合国人权理事会强烈谴责以色列在巴被占领土的军事行动》,中国国务院新闻办公室网站,2014年7月24日,http://www.scio.gov.cn/m/zhzc/8/4/Document/1376361/1376361.htm。

(四) 国际社会对以色列其他反恐手段的批评

联合国人权事务高级专员办事处人员指责以色列犯了战争罪，因为以色列不与其占领区域上的民众分享"铁穹"系统，同时指责美国为"铁穹"系统提供资金援助，但是没有对加沙居民提供对等的保护措施。联合国也批评以色列在打击哈马斯时，使用了非对称武力，同时认为以色列没有履行保护占领区域内民众的责任，没有向他们提供"铁穹"系统的保护。第二次黎巴嫩战争期间，以色列为对付黎巴嫩南部的真主党使用了集束炸弹。联合国负责人道主义事务的副秘书长让·埃格兰批评道："令人震惊的是，90%的集束炸弹是在战斗最后的72小时内发射的。这发生在我们都已经知道联合国会通过有关决议，并且战斗马上就会结束的情况下。我认为，这完全是不道德的行为。"①

即便一贯支持以色列的美国，有时也会批评以色列在反恐中侵犯人权的做法。以色列军事和民事司法体系有时会发现其安全人员有施暴行为。重要的人权问题包括：有报道其非法或随意杀戮，包括对巴勒斯坦平民和士兵的定点清除；通常是在以色列领土之外的约旦河西岸和加沙对巴勒斯坦人的随意扣押；对居住在耶路撒冷的巴勒斯坦人的限制，包括非法或随意地干扰其隐私、家庭和住宅；干涉结社的自由，包括对一些非政府组织的污名化；对人员流动的严格限制；对寻求庇护者和非常规移民施以暴行；对民族、种族等少数群体施以暴行或威吓施以暴行；侵犯外国工人和约旦河西岸的巴勒斯坦人的劳工权利。② 以色列安全部门侵犯人权的行为还有很多。以色列对待被监押人员的执法措施存在严重问题，尤其是按军事法处置约旦河西岸地区的被监押人员；不确定的起诉和破坏行

---

① "Israel's 'Immoral' Use of Cluster Bombs in Lebanon Poses Major Threat," Aug. 30, 2006, http://www.un.org/apps/news/story.asp?NewsID=19670#.VuEuW3mS3IU.

② US Department of State, "Israel 2020 Human Rights Reports," pp.1-2, https://www.state.gov/wp-content/uploads/2021/10/ISRAEL-2020-HUMAN-RIGHTS-REPORT.pdf.

为；在颁发居住许可证或允许亲戚投靠方面，对生活在以色列的巴勒斯坦人的生活条件的限制越来越多。①

面对国际社会的广泛批评，以色列也谋求调整其反恐策略和手段。2021年9月，以色列外交部部长亚伊尔·拉皮德在世界首脑峰会上就反恐议题谈到，由于以色列一些不适当的政策使以色列处境尴尬：反犹的恐怖活动袭击以色列人民，世界却责怪以色列……征服加沙是个错误的选择，有悖于国家利益，一轮又一轮的暴力消耗了以色列国防军的力量，也消耗了以色列行动的国际合法性和以色列社会的团结和韧性。因此，以色列提出了一个替代性的"两阶段方案"，通过发展促进安全。此计划意在通过加沙人民向哈马斯施压，通过以发展促安全这一计划的实施将会"强迫"哈马斯向加沙居民解释为什么他们生活在"贫困、物资缺乏、暴力、高失业、没有希望"的状况之中。② 这种寄希望于加沙人民的措施应该是解决问题的根本，如果能得以实施可能会有效减少以色列由于过于严厉的反恐措施而招致的国际社会广泛的批评。

四、恐怖主义根源依然存在

第二次巴勒斯坦起义引发双方史无前例的暴力循环和不断增长的人员伤亡。对巴勒斯坦来说，以色列军队占领他们的城市，毁坏了他们的房屋，造成了经济困难，使他们的社会分崩离析，给各阶层民众都造成了无数的苦难。对以色列来说，汹涌而至的自杀式炸

---

① Anthony H. Cordesman, "Israel and the Palestinians: From the Two – State Solution to Five Failed 'States'," Center for Strategic and International Studies (CSIS), May 26, 2021, p. 20, https://www.jstor.org/stable/resrep32147.9.pdf.

② "FM Lapid Addresses World Summit on Counter Terrorism," Sep. 12, 2020, https://www.gov.il/en/Departments/news/fm – lapid – addresses – world – summit – on – counter – terrorism – 12 – september – 2021.

弹袭击潮和遍及全国的恐怖袭击使他们的安全感茫然无存。① 第二次巴勒斯坦起义以前的恐怖活动是零星发生的，目标具有针对性，主要发生在被占领土上，这之后发生的恐怖活动则是全方位的、不加区别的，目标是随机的，发生区域扩展到以色列国家内部的任何地方，包括商店、超市、饭店、公共汽车、步行街、海滩和大学校园等。持续不断的恐怖主义事件显然表明恐怖主义的根源依然存在。恐怖主义问题的深层原因就是以巴冲突依然没有解决，以巴各自内部都有强大的激进势力。

（一）以巴冲突依然没有解决

以巴冲突是恐怖主义的根源之一。这个政治问题不解决，恐怖袭击还会发生，因为巴勒斯坦，尤其是巴勒斯坦激进势力找不到其他解决途径。以色列建国至今，诸多的战争、边境冲突、恐怖袭击等深刻影响了以色列国家及其每一个国民。在战争和冲突中，以色列占领了根据联合国分治协议划分给巴勒斯坦的领土。巴勒斯坦居民居住在这些领土之上，却受以色列管辖，因此越来越多的巴勒斯坦人认为以色列剥夺了他们的领土主权。随之而来的动乱导致主张武装斗争的激进主义的兴起。②

围绕以巴冲突的中心问题得不到解决，针对以色列的恐怖主义还会继续发生，这些问题包括：耶路撒冷地位问题、难民问题、定居点问题等。经过历次战争和冲突，这些问题不仅没有解决，反而变得更加复杂。关于难民问题，建国之初，以色列总理本－古里安和外交部部长夏里特就坚定地宣称，基于议会中大多数的支持，在

---

① Michelle Slone and Anat Shashani, "Feeling Safe: An Israeli Intervention Program for Helping Children Cope with Exposure to Political Violence and Terrorism," in Judy Kuriansky, ed., Terror in the Holy Land: Inside the Anguish of the Israeli - Palestinian Conflict, Praeger Publishers, 2006, p.174.

② Michelle Slone and Anat Shashani, "Feeling Safe: An Israeli Intervention Program for Helping Children Cope with Exposure to Political Violence and Terrorism," in Judy Kuriansky, ed., Terror in the Holy Land: Inside the Anguish of the Israeli - Palestinian Conflict, Praeger Publishers, 2006, p.174.

任何条件下、任何情况下都决不接受难民遣返方案。① 20 世纪 80 年代中期之后,以巴冲突中比较突出的就是巴勒斯坦的两次暴力起义。冲突中双方陷入了"武力—报复—武力—再报复"这样持续不断的怪圈。以色列一度宣称于 2020 年 7 月 1 日兼并约旦河西岸部分领土,这样的做法势必会使这种局势依然持续。

尽管以色列国防军可以改进其战术适应巴勒斯坦恐怖袭击和城市游击战,从而降低巴勒斯坦暴力程度,但以色列国防军却无法获得类似于在战场上的胜利。② 一方面,这是因为军队是应对传统安全威胁的,在应对恐怖主义这种非传统安全威胁上存在不对称性;另一方面,"双方的冲突需要的是政治上的解决方案,而不是军事手段"。③ 恐怖主义问题虽是非传统问题,却与传统问题紧密相连。在以巴问题得不到解决的情况下,"巴勒斯坦会继续选择恐怖袭击作为一种不对称战略。恐怖主义通常是弱者的武器,巴勒斯坦领土上的混乱局面为众多武装组织提供了栖身之地,他们各自根据自己的议程采取行动"。④ 巴以冲突不解决,联合国授予巴勒斯坦人民的合理诉求得不到满足,巴勒斯坦激进组织会继续选择恐怖主义做为不对称斗争的手段。

长期以来,以色列修建的定居点,尤其是那些深入到约旦河西岸地区的定居点,在地理上和资源上带来了现实的、可感受到的不平等。"由于人口的不断增加,以色列政府一直在被其占领的巴勒斯坦领土上新建和扩建犹太人定居点,用来安置新来的移民,这一做法也遭到了巴勒斯坦方面强烈的反对和抗议,加深了与巴勒斯

---

① Jacob Tovy, "Israel and the Palestinian Refugee Issue: The Formulation of A Policy, 1948 – 1956," Routledge, 2014, p. 273.

② Sergio Catignani, "The Strategic Impasse in Low – Intensity Conflicts: The Gap between Israeli Counter – Insurgency Strategy and Tactics during the Al – Aqsa Intifada," Journal of Strategic Studies, Vol. 28, No. 1, 2005.

③ Ben Sheppard, "The Psychology of Strategic Terrorism: Public and Government Responses to Attack," Routledge, 2009, p. 160.

④ Efraim Inbar, "Israel's National Security: Issues and Challenges since the Yom Kippur War," Routledge, 2008, p. 194.

的矛盾，也引来了国际社会普遍的批评。"[1] 再加上设置的路障、实施的宵禁以及其他意在阻止巴勒斯坦恐怖活动的措施都对巴勒斯坦普通民众的日常生活有歧视性的影响。这些都是巴勒斯坦人民愤怒和激进化行动的重要根源。[2]

以色列面临的恐怖主义很大程度上来源于以巴冲突造成的巴勒斯坦人民基本权利的丧失，"缩减了民众权利，民主国家可能会陷入重大危机之中，危机又是最有利于导致恐怖主义的因素"。[3] 以巴矛盾依然存在意味着巴勒斯坦民众，尤其是难民的权利依然难以得到恢复和保障，巴民众之中存在着对以色列较为普遍和广泛的不满和仇恨。这为双方未来的恐怖主义和激进行动提供了土壤，以色列可以采取先进的反恐手段打击或消灭现有的反对势力，但是真主党、哈马斯等组织依然可以持续招募到怀着不满和仇恨的成员，这形成了反恐和恐怖主义共同演化、升级的循环圈。

（二）以巴各自内部激进势力强大

巴以双方内部都存在强大的激进势力，巴勒斯坦方面自不待言，有哈马斯、杰哈德、人阵、民阵等激进势力，这些势力与巴温和势力在政治诉求、斗争方式等方面存在极大分歧，造成巴内部分裂。以色列内部也是如此，政治派别林立，既有相对温和的势力，也有态度强硬的势力，他们对巴勒斯坦政策有很大差异。这加深了以巴冲突解决的难度，也是造成恐怖主义根源之一。

1. 巴勒斯坦激进势力依然宣扬不对称斗争方式

戈尔登认为，对巴勒斯坦人民困境的认知造成埃及、沙特、伊拉克和其他一些国家的青年愿意参与自杀式恐怖袭击。[4] 一方面，

---

[1] 余国庆：《以色列保持高生育率的缘由及影响》，《人民论坛》2022年第6期。
[2] Matthew Levitt, "Hamas: Politics, Charity, and Terrorism in the Service of Jihad," Yale University Press, 2006, p. 107.
[3] Kristopher K. Robison, "Terror's True Nightmare? Reevaluating the Consequences of Terrorism on Democratic Governance," Terrorism and Political Violence, Vol. 22, 2010.
[4] T. Golden, "Young Egyptians Hearing Calls of 'Martyrdom' for Palestinian Cause," The New York International, April 26, 2002, A1.

这一认知是基于现实而存在的,如难民营中生活的困难、以色列封锁和管制对巴勒斯坦的经济发展造成的阻碍等。另一方面,巴勒斯坦激进势力利用这些困难宣扬其思想意识,激起民众参与对以色列的斗争。以巴冲突,尤其是和平进程被"破坏者"搅乱了。从巴勒斯坦一方来说,哈马斯选择在协议批准和执行的时机实施暴力袭击,就是为了增进不信任,破坏和平进程。① 一些学者认为,哈马斯等组织还利用宗教、文化等煽动民众实施激进行动。毫无疑问,宗教、民族主义和社群关系②在殉教文化的产生中起了重要作用,而殉教文化又是针对以色列的自杀式炸弹袭击行动的基础。③

2. 以色列激进势力的僵硬立场

以色列内部激进势力对恐怖主义问题长期难以解决也难辞其咎,也应该是其面临恐怖主义问题的自身根源之一。

一方面,以色列属于多党制国家和西方眼中的民主国家。"民主国家倾向于对恐怖主义过度反应,很大程度上是因为其政权依赖公民的参与和影响,而民众对于恐怖主义又极为敏感(且无助)。"④ 在恐怖事件发生后,政府为了迎合民众心理,倾向于严厉打击恐怖活动。另一方面,以色列党派林立,其中不乏一些激进势力。个别势力在领土、耶路撒冷地位、难民等问题上持违反联合国安理会第 242 号和 338 号决议的政策主张,造成巴以冲突难以解决。这些激进势力有些是

---

① Andrew H. Kydd and Barbara F. Walter, "The Strategies of Terrorism, International Security," Vol. 31, No. 1, Summer 2006.

② 穆罕默德·M. 哈菲兹认为这三者对殉教文化的产生具有重要作用,其中宗教复兴主义发起宗教呼吁,将自我牺牲等同于殉教必行之事;民族主义者中的激进组织宣称民族解放必然需要英雄的超常之举;社群关系构建起友谊、对家庭忠诚等纽带,激励个人当所爱之人被外敌杀害、伤害或侮辱之时要寻求复仇。参见:Mohammed M. Hafez, "Dying to Be Martyrs: The Symbolic Dimension of Suicide Terrorism," in Ami Pedahzur, ed., Root Causes of Suicide Terrorism: The Globalization of Martyrdom, Routledge, 2006, p. 62。

③ Mohammed M. Hafez, "Dying to Be Martyrs: The Symbolic Dimension of Suicide Terrorism," in Ami Pedahzur, ed., Root Causes of Suicide Terrorism: The Globalization of Martyrdom, Routledge, 2006, p. 62.

④ Kristopher K. Robison, "Terror's True Nightmare? Reevaluating the Consequences of Terrorism on Democratic Governance," Terrorism and Political Violence, Vol. 22, 2010.

出于狭隘短视的民族主义，有些是出于各自党派政治利益，其顽固立场使屡屡出现的和平曙光又屡屡熄灭，从而使巴以双方陷入继续僵持或互相报复、互不相让的斗争局面。"在以色列，支持右翼叙事越来越多，不断增多的定居活动侵蚀了'两国方案'实施的希望。同时，巴勒斯坦在定居活动中的挫败，对反对和平进程的内塔尼亚胡政府的不信任，反阿拉伯暴力活动的持续增长，这些都使巴勒斯坦中反对与以色列和谈的势力不断增长。"[1] 学者研究发现，被认为是鹰派的人员在投票中更倾向于投票支持利库德集团或工党[2]，而这两个都是传统上较强硬的支持犹太复国主义的党派。因此，以色列激进势力对内部理性声音的掣肘，以及造成的分歧也是恐怖主义根源之一。

以巴冲突、以巴各自内部激进势力这两大内在问题长期得不到解决，也给外部势力介入提供了机会，使得其解决难度进一步增大。例如，特朗普政府打破了此前美国政府长期坚持的耶路撒冷"平衡"政策，于2017年12月宣布承认耶路撒冷为以色列首都。2018年5月24日，美国正式将驻以色列大使馆从特拉维夫迁至耶路撒冷。美国政府的"认都"和"迁馆"行动，严重践踏了联合国托管耶路撒冷的权利，并有力地支持了以色列无视国际法单方面的首都主权申索行为。[3] 另外，特朗普政府还承认以色列对戈兰高地和约旦河西岸地区的主权扩张，公然挑战联合国安理会和国际法权威，这些根源性问题使得恐怖主义难以根除。

总体上看，双方长期的斗争加重了以巴冲突解决的难度，也加

---

[1] Shadi Hamid, and Daniel Byman, "European Action in Middle East Conflicts," Clingendael Institute, 2015, http://www.jstor.org/stable/resrep05297.

[2] Laron K. Williams, Michael T. Koch and Jason M. Smith, "The Political Consequences of Terrorism: Terror Events, Casualties, and Government Duration," International Studies Perspectives, Vol. 14, 2013. 另参见：Michal Shamir and Asher Arian, "Collective Identity and Electoral Competition in Israel," American Political Science Review, Vol. 93, No. 2, 1999.

[3] 汪波、伍睿：《"以色列优先"与特朗普中东政策的内在逻辑》，《阿拉伯世界研究》2021年第3期。

重了恐怖主义问题解决的难度。"每次以色列杀死哈马斯、杰哈德或其他激进的巴勒斯坦组织的一个重要人物,就会在犹太人居住的某个城镇的公交车上或街道上发生一起自杀式爆炸袭击,以色列采取报复措施——空袭恐怖分子的藏身之所或某个恐怖头目,这会导致又一起自杀式炸弹袭击,这样的循环从没停止。双方都决心回击对方,拒绝示弱或显出被击败的样子。"[1] 从个人层面上来说,一些自杀式恐怖分子是因为在以色列的打击活动中失去亲人而产生复仇心理。一些研究发现,自杀式恐怖分子因为行动失败而被以色列抓捕,并通过和他们的面谈揭示出个人遭受的损失和复仇之间的联系。[2] 激进组织的宣传、个人复仇心理,再加上巴以冲突解决的无望,很可能驱使陷入绝望的人源源不断地参与恐怖活动。

第三节 反恐战略困境

以色列反恐战略困境指的是以色列反恐行动或战术上的胜利没有赢得反恐战略上的胜利,也就是没有根除恐怖主义的根源,陷入以暴易暴、仇恨和暴力的循环,甚至还促生出比它消灭掉的更多的恐怖分子。以色列反恐战略困境表现在两个方面:反恐规模的扩大化和反恐战略的矛盾性。

一、反恐规模扩大化

反恐规模扩大化指的是以色列反恐指导思想下的认定的恐怖活动组织及其成员范围扩大、数量增多。相应地,反恐实践并没有减少恐怖活动组织、恐怖分子、恐怖主义事件等的数量,而是呈增多

---

[1] Gary Reiss, "Breaking the Cycle of Revenge in the Palestinian – Israeli Conflict," in Judy Kuriansky, ed., Terror in the Holy Land: Inside the Anguish of the Israeli – Palestinian Conflict, Praeger Publishers, 2006, p. 107.
[2] Mia Bloom, "Dying to Kill: Motivations for Suicide Terrorism," in Ami Pedahzur, ed., Root Causes of Suicide Terrorism: The Globalization of Martyrdom, Routledge, 2006, p. 36.

之势。其表现是反恐规模的扩大和反恐方式的军事化。

（一） 反恐规模扩大化根源是反恐认知的偏差

1. 反恐规模扩大化的基础是以色列对恐怖主义概念的界定

以色列对恐怖主义概念界定的特点是只强调恐怖主义的暴力性，甚至是口头上的暴力性，而忽视其政治性，也就是忽视巴勒斯坦人民以及认定为恐怖活动组织的政治诉求。2016年《反恐法》中对恐怖活动等相关概念界定虽然有了完善，但也存在对恐怖活动动机认定宽泛、对其后果认定模糊等特点。这是以色列把巴勒斯坦游击战、武装抵抗等反对占领的斗争认定为恐怖主义的基础。

2. 以色列反恐认知与现实的偏差

这一认知与恐怖主义产生的真实原因是有偏差的。首先，以色列认知的恐怖主义实际上是巴勒斯坦人无奈之下选择的不对称对抗方式，应该说其本质上是一个需要解决的政治问题，而非以色列认知的军事问题。从巴解组织在20世纪80年代到90年代初态度的转变反映出巴勒斯坦温和派以政治方式解决以巴冲突的愿望，但在至今彻底解决的无望下，巴勒斯坦激进派别选择不对称方式解决这一问题，而且得到一定民意的支持，2006年哈马斯在巴立法委员会选举中获胜，于当年3月组建哈马斯政府，2007年6月哈马斯用武力夺取了加沙地带的控制权。这充分说明巴勒斯坦部分民意对哈马斯等激进组织斗争方式的支持。如果以色列只打着恐怖主义的旗号打击这些激进组织，而不关注支持这些激进组织的民意诉求，很容易招致更多的反抗和恐怖袭击。

其次，以色列还认为恐怖主义是巴勒斯坦激进组织宣扬的结果。2008年孟买恐怖主义事件发生后，因为袭击中也把以色列作为优先目标之一，时任以色列总理奥尔默特强调"对犹太人的憎恨、对以色列的憎恨、对象征犹太人的事物的憎恨仍然是煽动针对以色列人的谋杀事件的缘由"，称"我们将与印度政府合作行动以尽可能保护当地那些渴望安全的犹太人和以色列人"。① 时任以色列外交部部长齐皮·利夫尼说:"全世界都在遭受袭击,袭击事件发生在印度或任何地方没有什么区别,这些极端的伊斯兰主义者不接受我们的存在,不接受西方世界的价值观念。"②

以色列认为巴勒斯坦一直存在煽动民众憎恨和仇视犹太人的行为,而这会导致针对以色列的恐怖活动等暴力行为。以色列认定的这些煽动行为包括:美化谋杀以色列平民的恐怖分子;倡导与以色列作斗争,尤其是通过所谓的"抵抗",这实际上是恐怖主义行为的代称;发行有错误断言的出版物,如声称以色列和犹太人危及到了穆斯林的圣地等;使用反犹主义的图案等妖魔化犹太教和犹太人;拒绝以色列的生存和边界的合法性。

另外,以色列还认为巴勒斯坦治理的失败增加了产生恐怖分子的可能性。通常来说,在特定领土内,如果政府没有垄断武力使用权,各方都可以使用武力解决问题,抑或是法律和秩序崩溃,在上述情况下,更容易滋生恐怖活动。以色列对在巴勒斯坦不能有效行使其权力越来越担忧,担心会引起恐怖主义的增长、武器的扩散和传染病的流行等。但以色列的一些做法一直在不断削弱巴勒斯坦权力机构的治理能力,导致巴勒斯坦治理水平下降和恐怖主义增多的恶性循环。

3. 以色列对恐怖主义和反恐的认知难以改变

从多个方面来看,以色列公众和政府都把恐怖主义视为一场战争而不是一个法律问题或一个只需要适当治安措施就可以解决的秩

---

① Harinder Mishra, "Israel to Send Anti‐terror Experts to India," Nov. 30, 2008, http://www.rediff.com/news/2008/nov/30mumterror‐israel‐to‐send‐anti‐terror‐experts.htm.

② Harinder Mishra, "Israel to Send Anti‐terror Experts to India," Nov. 30, 2008, http://www.rediff.com/news/2008/nov/30mumterror‐israel‐to‐send‐anti‐terror‐experts.htm.

序问题。① 因此以色列在反恐方式上一直注重军事手段。虽然近年来，以色列也注重手段的综合性，但从其反恐实践来看，依然偏重军事方式，突出表现在其自 21 世纪以来实施的多起大规模军事反恐行动。这与以色列根深蒂固的对恐怖主义和反恐的理念认知是分不开的。

（二）反恐规模扩大化的表现和后果

反恐认知的偏差是反恐规模扩大化的基础，反恐规模扩大化表现在反恐对象数量增多，相应反恐压力增大、反恐方式偏重军事手段。

1. 反恐规模扩大化的表现

1985 年 10 月 21 日，以色列国防部部长拉宾在议会上说："如今针对以色列国家和犹太民众的阿拉伯恐怖活动组织有 11 个，恐怖分子总计约 1.7 万人，他们企图在我国边界地区、在朱迪亚、撒玛利亚和加沙、在以色列国内外等任何可能的场所展开行动。"② 1992 年，以色列认定哈马斯、杰哈德和真主党为恐怖活动组织。杰哈德成员人数不详，但即使前两者人数也超过 2.5 万人，以色列把拥有人员数量如此大的组织界定为恐怖活动组织，已经反映出其反恐理念的扩大化。

再者，在一些激进组织开始参加政治进程之后，以色列依然以对待恐怖主义的方式应对。哈马斯在约旦河西岸和加沙构建起了一系列社会服务部门，这些在以色列看来是哈马斯为实施恐怖袭击活动进行筹资、洗钱、转移资金、促进宣传、招募人员、雇佣侦察人员、保障后勤服务等的手段。"哈马斯高层人员和参与恐怖活动的人员自 1987 年哈马斯建立时就是共生的，互相交织在一起……哈

---

① Ariel Merari, "Israel's Preparedness for High Consequence Terrorism," in Arnold M. Howitt and Robyn L. Pangi, eds., Countering Terrorism: Dimensions of Preparedness, The MIT Press, 2003, p. 349.

② "Statement in the Knesset by Defense Minister Rabin on Terrorism," Oct. 21, 1985, http://mfa.gov.il/MFA/ForeignPolicy/MFADocuments/Yearbook7/Pages/101% 20Statement% 20in% 20the% 20Knesset% 20by% 20Defense% 20Minister% 20R.aspx.

马斯领导阶层和恐怖主义间有多种形式的关系。哈马斯领导阶层遍布约旦河西岸、加沙、以色列、叙利亚、约旦等中东各地，还有欧洲和美国，他们招募恐怖分子，武装他们，给他们的行动提供资金并直接指挥其军事行动。"[1] 但实际上这些部门也为巴勒斯坦人民提供了一些社会服务，赢得了巴勒斯坦人民的支持。"以色列最好是欣然接受哈马斯和法塔赫组成的联合政府，因为哈马斯有能力让相当一部分不接受法塔赫领导理念的民众接受谈判……美国和其他一些国家拒绝支持哈马斯参与到巴勒斯坦政府中，他们的做法让人难以理解，因为法塔赫内部腐败盛行，导致巴勒斯坦人民对其缺乏信任。任何和平协定都必然得到巴勒斯坦所有派别的支持，否则很难得以执行，《奥斯陆协议》已经证明了这一点。哈马斯和法塔赫合作起来能够比他们单独各自代表更广泛的民众。两者都有重大缺陷，但其他替代者更糟。"[2]

真主党的情况也是如此。真主党1992年起参加黎巴嫩议会选举，并成为黎巴嫩最大反对党。真主党有着深厚的群众基础，一直以广大群众代言人的面貌出现，建立了一套社会福利机构和渠道，它用国内外捐助的款项兴办医院、诊所、私立学校和慈善机构。如果以色列不顾这些事实，破坏这些基础设施，势必会招致那些受益的巴勒斯坦人民愤怒，且更加支持哈马斯，从而增强哈马斯的民众力量，同时增强反以力量。

2. 反恐规模扩大化的后果

1987年12月到1993年第一次巴勒斯坦起义期间，起初的暴力活动是巴勒斯坦人民自发地回应巴勒斯坦受到的政治、社会和经济遭遇，战略是非暴力反抗，其形式限制在投石、示威和抗议，意在展示军事占领下不公正的生活状态。行动的范围也主要是在以色列

---

[1] Matthew Levitt, "Hamas: Politics, Charity, and Terrorism in the Service of Jihad," Yale University Press, 2006, p. 33.

[2] Jennifer Jefferis, "Hamas: Terrorism, Governance, and Its Future in Middle East Politics," Praeger Security International, 2016, p. 146.

占领区域内。但第二次巴勒斯坦起义突破了这些界限,自杀式炸弹袭击频繁发生在 1967 年以前以色列控制的区域内,大多数普通的以色列人也成为可能的袭击目标。随着第二次巴勒斯坦起义的展开,最初只是哈马斯和杰哈德等组织使用的自杀式炸弹袭击逐渐成为包括法塔赫坦兹姆、人阵、民阵、阿克萨烈士旅等组织在内的众多武装组织频繁使用的手段。到 2002 年,开始有妇女也成为自杀式炸弹袭击者。2000 年 9 月到 2002 年 8 月,自杀式炸弹袭击事件不到所有袭击事件的 1%,但造成的伤亡人员占所有袭击事件中伤亡人员总数的 44%。[1] 从 2000 年 9 月到 2004 年 6 月,共有 2400 名巴勒斯坦人和 800 名以色列人死亡,5 万名巴勒斯坦人和 7000 名以色列人受伤。[2]

另有统计数据显示,1989 年 2 月到 2000 年 3 月,哈马斯实施了至少 27 起袭击,包括 12 起自杀式炸弹袭击和 3 起没有成功的炸弹袭击。这些袭击造成大约 185 人死亡,超过 1200 人受伤。[3] 从 2000 年 9 月第二次巴勒斯坦起义开始,哈马斯袭击的步伐急剧加快。"2001 年 4 月 16 日,哈马斯第一次使用火箭弹袭击以色列。至今(至 2012 年,笔者注),已有超过 12700 枚火箭弹和迫击炮,平均每天 3 枚,攻击以色列领土,威胁超过 100 万民众的日常生活。近年的研究表明,持续的火箭弹攻击和巨大数量的爆炸受害者导致史德洛特地区相当多的居民(接近 30%)患上了创伤后应激障碍。这影响了他们的心理健康,严重损害了他们的生活质量。"[4]

以色列的策略是威慑巴勒斯坦恐怖主义和游击式袭击,但是在

---

[1] Assaf Moghadam, "Palestinian Suicide Terrorism in the Second Intifada: Motivations and Organisational Aspects," Studies in Conflict and Terrorism, Vol. 26, 2003.

[2] Charles D. Smith, "The Palestinian and Arab – Israeli Conflict," Bedford/St. Martin's Press, 2004, p. 506.

[3] Matthew Levitt, "Hamas: Politics, Charity, and Terrorism in the Service of Jihad," Yale University Press, 2006, p. 12.

[4] "The Hamas Terror War Against Israel," Aug. 16, 2021, https://www.gov.il/en/Departments/General/the – hamas – terror – war – against – israel.

降低暴力程度和维持现状方面效果有限。[1] 以色列对巴勒斯坦暴力的回应引发了更多的不满、屈辱和创伤，激发普通民众为他们的亲人及认同的人复仇的欲望。封闭、宵禁、定点检查、家园被破坏、"斩首行动"、军事入侵、起隔离作用的安全栅栏或安全墙都具有双重影响，对以色列起到了一定的安全保障作用，迫使大多数激进分子转入地下活动，并且导致他们花费更多的时间躲避追捕而不是继续从事恐怖活动。但是由于恐怖分子生活和活动都和普通民众在一起，只用军事手段消灭他们是不可能的，会不可避免地带来重大的平民伤亡。更重要的是，长远来看，以色列严厉的策略、定点暗杀、旨在根除恐怖分子的先发制人的打击、对基础设施造成的破坏会激起巴勒斯坦民怨，增强巴勒斯坦激进势力反抗和复仇的欲望，使人们不断响应哈马斯和杰哈德的招募。许多巴勒斯坦自杀式炸弹袭击者坚持认为他们的暴力活动是对以色列军队造成的过分的不公正的回应。

"个人损失以及他们的'代表'遭受的象征性的侮辱引起的激愤都是有害的。"[2] "如果以色列人不杀害老人、妇女和儿童，巴勒斯坦人也不见得会去报复而攻击以色列平民。"[3] 有些情况下，哈马斯暂时不再实施针对平民的袭击（虽然是暂时的），或者宣布有这样的行动计划，但以色列针对巴勒斯坦领导人的"斩首行动"给哈马斯提供了重启针对以色列平民袭击的理由，并且以此动员人们支

---

[1] Sergio Catignani, "The Strategic Impasse in Low – Intensity Conflicts: The Gap between Israeli Counter – Insurgency Strategy and Tactics during the Al – Aqsa Intifada," Journal of Strategic Studies, Vol. 28, No. 1, 2005.

[2] Mia Bloom, "Dying to Kill: Motivations for Suicide Terrorism," in Ami Pedahzur, ed., Root Causes of Suicide Terrorism: The Globalization of Martyrdom, Routledge, 2006, pp. 31 – 32.

[3] Mohammed M. Hafez, "Dying to Be Martyrs: The Symbolic Dimension of Suicide Terrorism," in Ami Pedahzur, ed., Root Causes of Suicide Terrorism: The Globalization of Martyrdom, Routledge, 2006, p. 73.

持他们。① 在以色列认知方式和反恐方式没能改变的情况下，将依然会重点依军事方式、先发制人的方式等解决巴勒斯坦的不对称斗争。

但是，"把先发制人的打击作为核心战略，并形成这样的依赖，可能是危险的"。② 先发制人的打击可能会保持或抢占军事行动的先机，但其潜在的外交或其他政治上的代价很可能会超出其军事价值，这将是以色列反恐不得不面对和需要破解的两难问题：是先发制人的强势打击，激起更多的恐怖主义，还是容忍一定程度的损失再出手反击。目前看，以色列倾向于第一种做法。

3. 反恐方式偏重军事手段

以色列反恐规模的扩大化，造成了反恐压力增大、反恐方式偏重军事手段。

加纳提出了一个"恐怖主义公式"，即恐怖活动等于动机加行动能力，但有点矛盾的是，这个公式却让我们得到另一个两难的"反恐怖主义公式"：以进攻性手段减少一个团体或组织的活动会导致它获得更多的支持，并产生更强的动机去实施恐怖活动。因此，反恐战略应该尝试平衡反恐手段和消除动机，即一方面采取措施粉碎恐怖活动组织实施活动的能力，另一方面减少恐怖分子实施行动的动机。③ 采取进攻性反恐政策的国家必须同时注意其"反向效应"，加纳的"反向效应"指的是对恐怖活动组织采取进攻性手段可能引发该组织反应的升级——更多、更致命的袭击。④

这意味着反恐不仅要削弱其活动的能力，更重要的是还要消除

---

① Mia Bloom, "Dying to Kill: Motivations for Suicide Terrorism," in Ami Pedahzur, ed., Root Causes of Suicide Terrorism: The Globalization of Martyrdom, Routledge, 2006, p. 43.

② Karl P. Mueller, Jasen J. Castillo & Forrest E. Morgan et al., "Striking First: Preemptive and Preventive Attack in U. S. National Security Policy," Rand Corporation, 2006, pp. XXIV.

③ Boaz Ganor, "The Counter-Terrorism Puzzle, A Guide for Decision Makers," Transaction Publishers, 2005, pp. 41-43.

④ Boaz Ganor, "The Counter-Terrorism Puzzle, A Guide for Decision Makers," Transaction Publishers, 2005, pp. 129-130.

其活动的动机。"国家战胜恐怖主义并不一定需要军事胜利，而是需要在心理层面上获胜，使恐怖分子失去民众的支持，不能再以这些民众之名行事。"① 以色列反恐的军事化行动虽然暂时打击了恐怖分子活动的能力，但长远地看，激起了更多人参与恐怖活动的动机。反恐所使用的方法愈是野蛮残酷，恐怖分子的复仇心也愈强烈，其抵抗自然就会愈坚决，因而所要克服的抵抗力也愈大。由此可见，以色列对待激进组织的最佳策略是在不能根除这些组织的基础上采取去除极端思想、改善巴勒斯坦人民生存条件等更广泛的行动。

以"斩首行动"为例，如果斩首激进组织领导人后，能减少该组织的恐怖活动，甚至使其陷入混乱或解散，则被证明是有效的战略。与此相反，杀死激进组织领导者反而让该组织所利用，有助于他们树立民族英雄形象，死者会成为鼓舞他们的象征和效仿的对象，以死去的领导人为名的新的激进组织和机构会不断出现，这时"斩首行动"反而不利于反恐。"以色列经常清除哈马斯和真主党的高级领导人，但这项政策没有大规模减少恐怖袭击次数或能使哪个组织解散。尤其是真主党中层的领导者会相对容易地步入新的决策层。"② 1992 年以色列清除哈马斯高层领导人的策略也是如此，实际上当时这些高层领导人还是相对温和的，但是他们被清除之后却使得整个组织变得激进。中层的领导人接替原领导人后，更多地使用自杀式炸弹袭击的方式。

但以色列认为逮捕恐怖分子目标代价高昂，在反恐时依然屡屡选择使用"斩首行动"。"应该思考为什么'斩首行动'有时候激

---

① Nichole Argo, "Understanding and Defusing Human Bombs: The Palestinian Case and the Pursuit of a Martyrdom Complex," Paper prepared for presentation to the International Studies Association Meeting, Montreal, March 17 – 20, 2004.

② Bruce Hoffman, "Four Lessons from Five Countries," Summer 2002, http：//www. rand. org/pubs/periodicals/rand – review/issues/rr – 08 – 02/fourlessons. html.

发了更多的暴力，有时候却能平息恐怖活动。"① 以色列应该评估"斩首行动"及其他反恐措施和政策的效用，认识到"斩首行动"不利的一面，更多地解决和减少巴勒斯坦人的不满和屈辱。给予巴勒斯坦温和派更多的权力和地位，支持他们构建起诸如对生命的尊重等某些价值观，这些可能是从其内部入手的长远之策。以色列实施的严苛的反恐政策，包括对恐怖主义支持者先发制人的打击很容易产生反作用，并招致更多对恐怖主义的支持。

二、反恐战略的矛盾性

以色列反恐另一困境是反恐战略的矛盾性，表现在两方面：一是以色列反恐战略与国家战略的矛盾；二是以色列反恐战略的部分目标承担了超出反恐应该承担的责任和目标，从而具有矛盾性。

（一）以色列反恐战略与国家战略的矛盾

反恐怖战略不仅与非传统问题相关联，同样与传统安全问题联系密切。② 以色列的国家战略是长期占领巴勒斯坦的领土，坚持侵略性的定居点政策，在巴以冲突中维持既得利益等。因此，虽然以色列具有先进和完善的反恐组织和行动体系，也无法摆脱长期面临严重恐怖主义威胁的困境。以色列的反恐体系组织完善、分工明确、技术先进，但其反恐战略和理念却与国家战略存在偏差。以色列反恐战略目标是反恐的胜利，但与国家战略相关的传统安全问题长期得不到解决，产生恐怖主义的土壤不能铲除，只能应对不断产生的恐怖主义。这两者明显是矛盾的。

这其中最大的原因就在于以色列没有认识或认识到了但由于种种原因无力改变恐怖主义这一非传统安全问题与传统安全问题的关系。针对以色列的恐怖袭击很大一部分原因是一些激进组织对以色列占领巴勒斯坦领土以及修建定居点的不满。以色列的国家战略不

---

① Charles Kirchofer, "Targeted Killing and Compellence: Lessons from the Campaign agaisnt Hamas in the Second Intifada," Perspective on Terrorism, Vol. 10, No. 3, 2016.
② 张金平：《国际恐怖主义与反恐策略》，人民出版社2012年版，第168页。

改变，只追求反恐的军事胜利，借反恐达到长期占领领土、修建定居点、维持既得利益而拖延以巴问题的最终解决，甚至是获得地区绝对优势等目的，那反恐只能激起巴勒斯坦人民、阿拉伯国家更多的不满，也就无法摆脱长期遭受严重恐怖主义威胁的困境。

（二）以色列反恐战略两个不适宜的目标

虽然以色列没有官方正式的成文的反恐战略，更没有明确提出反恐战略的目标，但从以色列与反恐相关的官方文件中及其反恐行动中，可以看出以色列反恐战略中有两个间接的战略目标：一是通过反恐谋求巴以冲突及和平进程中的主导权；二是通过反恐谋求地区优势。

1. 通过反恐谋求巴以冲突及和平进程中的主导权的影响

要获得巴以冲突中的主导权，以色列最简单的手段就是继续维持巴勒斯坦内部分裂局面，即维持或扩大巴内部温和派和激进派的矛盾，就可以在巴以冲突与和平进程中获得主导地位。"由于以色列不断扩张的定居点以及其相对阿拉伯国家在军事上的地区优势地位，巴勒斯坦的独立几乎是不可能的。"[①] 一方面巴两派间的分歧和斗争，削弱了共同反对以色列的力量；另一方面维持分裂局面，以色列就可以在承认巴勒斯坦国家地位、打压巴勒斯坦参与国际社会活动等问题上有较大的活动空间，尤其是在巴以冲突与和平进程问题上获得主导地位。在需要的时候，可以做为筹码控制巴以冲突与和平进程的走向、速度和节奏。但事物都是有两面性的。以色列获得主导权是把巴内部分裂作为条件之一，就要承担巴内部分裂带来的不利影响。因为分裂，温和派和激进派可以各自迎合自己支持者的诉求，而不需要考虑对方的意愿，这无疑增强了激进派反对以色列的力量。因为激进派正好可以利用自己"反对者、战斗者"的形象获得部分民众的支持，甚至不同的组织间为了宣传自己和争取民

[①] Khalil Mousa Marrar, "Unity on Palestine Without Arab Unity? US Policy and the Post - Maksoud Arab World," Arab Studies Quarterly, Vol. 39, No. 3, Summer 2017.

众支持而实施针对以色列的恐怖活动竞赛,甚至是袭击一些大型目标来吸引公共关注。

2. 通过反恐谋求地区优势的影响

以色列通过反恐谋求地区优势的主要做法是呼吁国际社会加大对"支持恐怖主义国家"的打压和制裁、增加自身军事力量。这种做法也有自身的缺陷。

以色列呼吁国际社会加大对"支持恐怖主义国家"的打压和制裁,确实一定程度上实现了其目的和效果。例如以色列确实得到了与其有"特殊关系"的美国的支持,对于以色列在不同时期认定的"支持恐怖主义国家"也都遭到了美国及其盟国或其他国际社会的制裁。目前来看,以色列在该地区的优势地位确实比较明显。但以色列面临的安全问题却没有被彻底解决。

首先,对这些国家的打压和制裁,有的起到了效果,有的却得到了相反的效果,增强了它们反击以色列的决心。

其次,其中有些国家和组织的关系增强了之间的联系,以应对打压和制裁。1996年4月22日,佩雷斯总理在议会就"愤怒的葡萄行动"进行说明时表示:"许多国家和组织,为了破坏和平进程,联合在一起,有时还协调行动。"①

最后,以色列为防范哈马斯等激进组织的火箭弹打击而部署的反导系统,以及其核计划刺激了伊朗等国获得更先进武器,甚至是对等武器装备的愿望。伊朗坚定宣称其核计划(尽管其宣称是民用的)的决心,无疑是对以色列谋求该地区军事优势最强烈的挑战。

3. 以色列反恐战略两个目标的内在矛盾性

反恐战略属于国家战略的一部分,反恐战略须服从国家战略。"通过对国际恐怖主义与国际反恐怖斗争问题的深入研究,可以发现一个令人深思的巧合现象:当前恐怖活动猖獗的地区,即所谓的

---

① "Statement to the Knesset by Prime Minister Peres on Operation 'Grapes of Wrath'," Apr. 22, 1996, http://mfa.gov.il/MFA/ForeignPolicy/MFADocuments/Yearbook10/Pages/Statement%20to%20the%20Knesset%20by%20Prime%20Minister%20Peres%20o.aspx.

'弧形地带',不仅是反恐怖行动的主战场,而且是大国争夺战略利益和战略资源的重点地区。这绝非简单的巧合,而是反映出当前国际反恐怖斗争与大国战略利益的重叠性。"[1] 以色列国家的反恐战略也是如此,以色列反恐的重点对象和地区,也正是该国战略利益所在区域。反恐重点对象是哈马斯、杰哈德和真主党,这是为了打击巴勒斯坦和周边的激进组织;反恐重点地区主要是伊朗和叙利亚,这是为了维护地区优势地位。

但是,这两个间接的战略目标是不适宜的,因为与以色列自身实力并不相符。首先,如上所述,以色列反恐战略中这两个目标的实现不能带来真正的反恐胜利,甚至增强了巴勒斯坦激进组织以恐怖主义方式斗争的决心,增强了部分国家支持巴勒斯坦激进组织的决心,也增强了他们之间的联系。其次,这两个不适宜的目标是传统安全的问题范畴,而反恐本身是非传统安全的一部分。也就是说,巴以冲突、地区军事优势地位实际上是传统安全问题范畴,用非传统安全问题来实现传统安全问题的目标,也是内在矛盾之一。

第四节 以色列反恐战略的若干启示

以色列对恐怖主义和反恐的认知、反恐战略目标的设定、反恐机构的设置及其运作、反恐手段的运用和国际反恐合作都具有长期的历史,并经过实践的验证,成败得失对其他国家制定和实施反恐政策和战略具有借鉴意义。

一、适度准确的反恐认知

以色列反恐认知是其制定实施反恐政策的基础,也一定程度上决定着其反恐的成败。以色列根据自己国家的地理、地缘状况、历史和现实等国情,对恐怖主义和反恐具有独特的认知,并具有认知

---

[1] 杨晖:《反恐新论》,世界知识出版社2005年版,第257页。

方式机制化、认知连续性和阶段性、反恐手段军事化等特点。其他国家反恐认知可以借鉴以色列反恐认知的得失，吸收以色列认知中的有益经验，规避其认知中不适宜的地方。

（一）认知方式机制化的双重作用

以色列反恐认知通过法律或政府文件、内阁公报等机制化，具有统一社会认知、有利界定和打击恐怖主义的积极作用。首先，认知方式机制化保证了政策的稳定性，不随政党更迭而发生变化。这在多党制国家中表现得特别突出。其次，有利于形成稳定的预期，对恐怖分子来说是有效的现实和心理威慑，体现了预防在先、预防与打击相结合的原则，可以有效降低暴恐事件发生率。最后，有利于整合力量资源。对付恐怖活动，不是哪一个部门可以独立完成的，认知和行动机制化有利于统筹安排，整体规划，既分工明确，又配合得当。

但认知方式机制化也有其负面效应，尤其是法律条款中的认知一经通过，往往沿用多年，但恐怖主义是不断发展演化的，相应的反恐措施也需要根据国内外现实情况加以调整，然而认知方式机制化在需要调整时却不能及时调整。以色列反恐手段军事化的认知在20世纪90年代前基本是适用的，但随着国内外环境的变化，在90年代后未必适用。反恐认知既需要构建客观的长效的机制，也需要规避认知方式机制化的负面效应。

（二）认知需要重视恐怖主义威胁的演化

要以发展的观点看待事物，对恐怖主义的认知也是如此。恐怖活动组织的目标、动机、人员组成、行动手段等都是发展变化的，再加上国内外环境的变化，对恐怖主义威胁的认知及反恐手段的认知也要有相应变化。

以色列对恐怖主义的认知的阶段性变化充分体现出认知也是要发展的。以色列对反恐在国家安全战略中由从属地位到首要地位的认知转化，是与恐怖主义的现实发展和国内外环境的发展相适应的。随着恐怖主义威胁的演化，包括最主要恐怖活动组织的成员构成、该组织的目标和动机、主要采用的恐怖袭击手段等方面的演化发展，反恐在国家安全战略中的地位认知将做必要调整，相应反恐手段也需进行必要调整。

（三）避免认知偏差造成反恐规模扩大化

反恐规模扩大化指的是以色列反恐指导思想下认定的恐怖活动组织及其成员范围扩大、数量增多。以色列对恐怖主义概念的界定只强调暴力性，忽视政治性，把巴勒斯坦游击战、武装斗争等反抗形式都认定为恐怖活动。这导致以色列认定的恐怖活动组织及其成员数量增多，规模庞大，反恐压力增大，大量采取军事化手段。在反恐中，应对反恐规模扩大化的不利影响有所了解。同时，也应保持适度警惕，不过度缩小反恐规模，使该打击的恐怖活动组织、恐怖分子漏网。

二、完善反恐战略机制

以色列反恐设立了职责明确、协调得当的反恐决策、情报和执行机构。另外，社会其他部门在反恐中也高度配合，甚至成立应急反恐小组，一旦发生危机事件，立即启动并发挥作用。此外，以色列在军队、警察、高校、研究机构等部门下设了相应研究机构或者独立的反恐研究机构，为反恐提供多角度、多层面的智力支持。

以色列的反恐机构建设，既有分工也有协调，尤其是1999年设立的国家安全委员会在完善国家安全的顶层设计，强化反恐怖主义与危机状态的管理和控制等方面成效显著。以色列反恐机制建设，尤其是国家安全委员会在国家安全决策和反恐决策过程中的一系列经验教训值得各国借鉴。

首先，必须完善反恐机构机制，以利于整合国内外力量共同反恐。要制定切实有效的反恐战略，完善反恐机构建设，强化反恐应变机制。建立有效的防范体系，要认真研究、分析恐怖活动的特点和规律，加强国际反恐合作，使恐怖分子在世界各地难以立足，最大限度地压缩其生存空间。"加强对恐怖活动的情报搜集与分析，将之扼杀在摇篮中，加大对恐怖分子的惩戒力度，使之不想恐、不敢恐、不能恐。"①

其次，国家安全委员会应该协调好与反恐有关机构的关系，明确各自的职责，统筹反恐机构，防止各自为战的局面，形成合力效应。具体到每一次的反恐行动，都需要各反恐部门统筹协作才能成功。决策部门首先需要根据情报部门的情报分析行动的可行性，并根据政治环境做出决策。执行部门按照决策部门的指示和情报部门提供的情报制订具体行动计划。但是有时候，不仅机构间协调不够，即使是同类机构间，也可能因为各自利益发生争夺或竞争。这需要高层协调机构，即国家安全委员会整体规划。

最后，国家安全委员会作为统筹国家安全事务的决策和协调机构，应该对国家反恐战略与国家安全战略进行长远的、总体的规划。以色列反恐之所以出现"以暴易暴""越反越恐"的现象，实际上与缺乏长远的、总体的规划有关。国家反恐战略只是国家安全战略的一部分，国家反恐战略无法承担国家安全战略的责任，尤其是在国家安全战略的目标超出国家所拥有实力的情况下。对国家来说，决策部门制定的反恐目标与国家安全战略应相适应。

三、综合运用反恐手段

以色列反恐认知出现偏差，导致反恐规模扩大化、手段军事化，虽然以色列也逐渐认识到反恐手段的重要性，但至今依然强调军事反恐，并造成相应反恐困境。其他国家反恐需要注意采取综合性手段，注重综合施策、标本兼治、与群众路线相结合，依法反恐。以色列的反恐手段及其得失带来的启示主要是要重视依法反恐，避免反恐手段过度军事化和综合手段反恐。"仅有法律和军事反恐手段是不够的，还要采取政治的、社会的、文化的、经济的措施，削弱

---

① 艾仁贵：《以色列国家安全委员会在国家安全决策中的作用》，《国际安全研究》2014年第5期。

激进化传播和美化暴力的观念,这两者都会加剧在社会和政治生活中使用恐怖主义手段。要寻求多种途径,在多层面施策:区域的和全球的、战术的和战略的、政治的和经济的、公共的和私人的、制度的和个体的、进攻性的和防守性的。最根本的选择是一个综合性的方法:找到所有的可选方案,明白为什么选用这些方案,如何把这些方案组合或排序,持续多长时间。只注重一两个方案的简单论者往往会忽视其他选项。"[1]

(一) 依法反恐

以色列反恐立法主要界定了恐怖活动组织和恐怖活动组织成员;界定了支持恐怖活动组织行为;明确了恐怖犯罪财产没收程序;明确了恐怖活动组织及其成员的认定标准和程序;对恐怖犯罪的审判等。其立法特点主要有预防为主、攻防兼备;军队反恐职能逐渐过渡到依靠司法部门反恐;注重培养全民反恐意识与扩大国际合作等。与反恐相关的法律明确了反恐标准,规定和统一了反恐的对象,对恐怖分子和组织的打击方式和惩戒标准,这可以对恐怖分子形成威慑,从而掌握既是预防性又是惩戒性的反恐手段。以色列法律反恐具有预防为主、由强调军队反恐转向法治化、倡导全民反恐的特点,对其他国家具有启示意义。

1. 反恐立法预防为主

反恐立法不仅重在惩治,更需要以预防为主。以中国为例,《中华人民共和国反恐怖主义法》正式颁布之前,散见在众多法律中的相关反恐条款主要是以事后惩治为主。以刑法第九修正案为例,第311条为:明知他人有间谍犯罪或者恐怖主义、极端主义犯罪行为,在司法机关向其调查有关情况、收集有关证据时,拒绝提供,情节严重的,处三年以下有期徒刑、拘役或者管制。第322条中:为参加恐怖活动组织、接受恐怖活动培训或者实施恐怖活动,

---

[1] Ronald Crelinsten, "Perspectives on Counterterrorism from Stovepipes to A Comprehensive Approach," Perspectives on Terrorism, Vol. 8, No. 1, 2014.

偷越国（边）境的，处一年以上三年以下有期徒刑，并处罚金。从这些条款可以看出，都是在恐怖主义及其行为发生之后对其进行法律处罚，这属于被动式的反应，这种情况下，恐怖主义及其行为所造成的社会危害已经发生，有些还是无法挽回的损失。

反恐工作坚持专门工作与群众路线相结合，防范为主、惩防结合和先发制敌、保持主动的原则。预防为主的反恐原则有利于减少社会损失，有利于社会稳定。但这也对反恐情报、行动等提出了更高的要求。

2. 反恐立法需要注重全民反恐与国际合作

反恐工作绝不仅是军队、警察等部门的职责，而是与每一个公民息息相关。以色列认识到，情报从来都不是万能药。了解情况又警觉的民众才是组成预警威胁并避开威胁这个防范链上的重要的一个又一个的齿轮。① 反恐应坚持专门工作与群众路线相结合。专职部门应当建立联动配合机制，依靠、动员村民委员会、居民委员会、企业事业单位、社会组织，共同开展反恐工作。任何单位和个人都有协助、配合有关部门开展反恐怖主义工作的义务，发现有恐怖活动嫌疑或者恐怖活动嫌疑人员的，应当及时向公安机关或有关部门报告。文化、教育、新闻、宗教、通信、运输审计、海关、监狱等社会多个行业或部门在必要时需要配合有关反恐行动。

开展反恐工作，必须并行推进国内国际两条战线，强化国际反恐合作。恐怖主义本身就具有跨国跨境活动的特点，再加上全球化的发展，科技、信息网络技术的发展，资金和人员流动快捷，武器及制造技术传播方便。各个国家应按照平等互惠原则，与其他国家、地区、国际组织开展反恐合作，包括开展反恐政策对话、国际情报信息交流、执法合作、国际资金监管合作、刑事司法协助、出境执行反恐任务等。

---

① "From WMD to WME: An Ever-Expanding Threat Spectrum," Journal of Strategic Security, Vol. 8, No. 3, Fall 2015.

(二) 综合手段反恐和避免反恐手段过度军事化

以色列因其自身特殊国情，反恐中过度使用军事力量，虽然能快速有效地实施反恐行动，打击恐怖主义力量，但长远看，以色列面临的恐怖主义问题并没有减弱，反恐容易加深仇恨，产生更多恐怖主义。以色列面对巴勒斯坦的抵抗，倾向于使用军事手段，并不成比例地过度反应，即使面对巴勒斯坦的非暴力抵抗也是如此。第一次巴勒斯坦起义期间，美国在联合国常任理事会上保持忍耐，没有使用其（在帮助以色列时）惯用的否决票，也批评了以色列不成比例地使用武力。[①] 不成比例地使用武力反映了在面临和巴基斯坦以及阿拉伯国家的冲突时，以色列解决冲突的一贯战略——'铁墙'策略。[②] "以色列一直朝着相反的方向走，使用武力和单边行动以巩固其对巴勒斯坦领土的控制，力图在占领土地上造成即成事实，这完全破坏了巴勒斯坦人民对独立国家的希望。"[③] 长期的害怕、屈辱、挫折和不信任，使巴勒斯坦人民的不满积聚发酵，因此激进行为还会持续。这对其他国家反恐具有启示作用，要坚持综合手段，选择与所面临的恐怖主义现实情况相符的反恐手段。

恐怖主义问题，与政治、经济、教育、贫困等诸多问题相联系，有些甚至是产生恐怖主义问题的根源。因而解决恐怖主义问题，不仅要用军事手段治其"标"，也要以其他手段综合应对，治其"本"。"综合反恐，是反恐怖手段的综合与反恐怖领域的综合。"[④] 反恐手段的综合表现在预防、打击、惩治三方面的综合，反恐怖领域的综合表现在政治、外交、军事、经济、法律、文化宗教、宣传教育等各领域内的合作。

[①] Victoria Mason and Richard Falk, "Assessing Nonviolence in the Palestinian Rights Struggle," State Crime Journal, Vol. 5, No. 1, Spring 2016.

[②] Victoria Mason and Richard Falk, "Assessing Nonviolence in the Palestinian Rights Struggle," State Crime Journal, Vol. 5, No. 1, Spring 2016.

[③] Victoria Mason and Richard Falk, "Assessing Nonviolence in the Palestinian Rights Struggle," State Crime Journal, Vol. 5, No. 1, Spring 2016.

[④] 张金平：《国际恐怖主义与反恐策略》，人民出版社2012年版，第390页。

1. 反恐手段的综合——预防为主，打击和惩治为辅

预防的目的是为了防止恐怖主义事件的发生，避免造成人员和财产损失。在一切可能的情况下，都要尽量采取预防手段。这应成为反恐的一般原则。

坚持预防为主，并不是消极防御。在察觉到恐怖活动无法阻止、迫在眉睫，要坚决打击，这实际是积极防御的思想。以色列一贯坚持不与恐怖分子谈判的原则，认为这会助长恐怖分子的嚣张气焰，还会助长今后发生恐怖主义事件的概率，因为一旦恐怖分子知道他们的条件和目的可以通过恐怖主义方式达到，当然会铤而走险，更多选择以这种方式进行斗争。对已经发生的恐怖主义事件的实施者，或蓄谋袭击者要依法进行必要的打击和惩治，使其明白所犯罪行的代价。

以色列注重预防，同时也注重打击和惩治，大量逮捕和关押涉恐的巴勒斯坦人员就是其手段之一。但这样做带来一定的负面影响，激进组织利用以色列过度的打击为其行为的正当性进行宣传。"如果服刑转化为加入某个组织的'准庆祝仪式'或者被视为可以证明对某个理想事业的'忠诚'，这时监禁很可能就失去了其原有的震慑效应，相反成为了增强恐怖活动组织及其叙事的合法性的象征。很明显，如果监狱成为了一个被恐怖活动组织利用以促进其意识形态叙事的象征，监禁的效用就降低了。"[1]

因此，预防为主、打击和惩治为辅是综合反恐的原则之一，但在具体的恐怖事件中，可以灵活采取最有利的打击方式。近年来，"独狼"式恐怖袭击增多，此类恐怖事件难以预防，但出于人身安全和财产安全考量，仍然需要尽力预防。虽然"独狼"式恐怖分子没有统一的身份特点，但可以从识别"独狼"式恐怖事件发生的环境入手，采取"情景犯罪预防"手段，对可能的目标、"独狼"式

---

[1] Nathan Thompson and Amber Hart, "From Spandau to Guantanamo: Prisons as Propaganda Instruments for Extremists and Terrorists," Perspectives on Terrorism, Vol. 15, No. 4, 2021.

恐怖分子的武器、工具及其使用训练、促成因素四方面进行管控，"改变或降低实施恐怖袭击的情景机会，从而影响恐怖分子对激励因素和风险因素的成效评估"①，以此预防"独狼"式恐怖袭击。

2. 反恐领域的综合

打击和预防恐怖主义危机需要在多个领域综合施策。首先，从应对上说，一次恐怖主义危机的处理，需要包括政府、军事、安全、交通运输、媒体、卫生医疗、通信、海关、金融、科技研发在内多部门的协调一致才能妥善应对，不仅使危机妥善解决，而且使社会不发生大规模的混乱，受害者身心早日康复，恢复正常生活。其次，恐怖主义的预防需要政治、法律、文化宗教、经济各领域的配套措施，这是根除恐怖主义问题的基本策略。政治稳定、文化多样性、宗教自由、经济繁荣会很大程度上减少恐怖主义的产生，而政治混乱、文化单一、宗教禁锢、经济贫穷则会易于滋生和传播恐怖主义。恐怖主义有其产生的土壤和内外环境，往往是多个领域错综复杂的原因导致的。只使用军事手段打击，而不注重消除其产生的内外环境因素，恐怖主义还会层出不穷。

学者研究表明，对于真主党、哈马斯这些占有一定领土又有一定民众支持的组织，仅用军事手段打击，很可能会适得其反。"现有的反恐政策包括运用全面的军事手段以镇压恐怖活动组织。然而，对待那些和当地居民存在日常联系的恐怖分子，应该采用非军事化手段降低恐怖活动组织的号召力。运用非军事化手段有双重好处。第一，民众不会过多批评政府的做法，这会从战略上有助于政府获得民心；第二，诉诸于和平手段会结束暴力的循环。"②

以色列认识到反恐要使用综合手段，不能单纯采取军事手段。"佩雷斯在阐释与自杀式恐怖主义作斗争时的复杂性时列举了两方

---

① Simon Perry, "Badi Hasisi and Gali Perry, Lone Terrorists: A Study of Run – over Attacks in Israel," European Journal of Criminology, Vol. 16, No. 1, 2019.

② Srobana Bhattacharya, "Comparing Civilian Support for Terrorism," Journal of Strategic Security, Vol. 10, No. 2, Summer 2017.

面的挑战：第一，从军事行动层面上说，就是如何同自杀式恐怖分子战斗。第二，更宽泛点说，就是如何防止他们获得公众的支持。与自杀式恐怖分子作斗争的正确办法是在他们行动之前就发现他们，而这需要从国内情报部门和巴勒斯坦获得情报。仅仅使用军事手段解决不了这个问题，我们必须运用经济手段把对哈马斯的支持转移给其他备选的组织。"[1] 但由于原来认知上重视军事化反恐手段，以色列至今还是重点使用军事手段反恐，从而形成"以暴易暴"的循环，不仅反恐遇到不断的反抗，而且也招致国际社会的指责。这对其他国家反恐认知具有重要的启示作用。国家战胜恐怖主义并不一定需要军事胜利，而是需要在心理层面上获胜，使恐怖分子失去民众的支持，不能再以这些民众之名行事。[2]

反恐战略应该尝试平衡反恐手段和消除动机，即一方面采取措施粉碎恐怖活动组织实施活动的能力，另一方面减少恐怖分子实施行动的动机。[3] "我们必须明白：我们所面临的现实的和最基本的威胁是极端主义思想意识本身。如果我们真正打算战胜暴力极端主义和恐怖主义，我们必须打击这些激进的极端主义的根源。正是这些核心的思想意识激励了恐怖主义，鼓励那些资助者，促使恐怖分子招募、行动和增多。"[4] 一位研究恐怖主义招募与反恐政策的学者认为，政府必须弄清楚哪些反恐政策可以有效地应对恐怖主义招募的问题，这样才可以停止无效的反恐行动。采取措施使恐怖主义与其可以招募人员的群体疏离非常重要，采取反击措施减少恐怖活动组

---

[1] Mia Bloom, "Dying to Kill: Motivations for Suicide Terrorism," in Ami Pedahzur, ed., Root Causes of Suicide Terrorism: The Globalization of Martyrdom, Routledge, 2006, p. 31.

[2] Nichole Argo, "Understanding and Defusing Human Bombs: The Palestinian Case and the Pursuit of a Martyrdom Complex," Paper prepared for presentation to the International Studies Association Meeting, Montreal, March 17 – 20, 2004.

[3] Boaz Ganor, "The Counter – Terrorism Puzzle, A Guide for Decision Makers," New Brunswick: Transaction Publishers, 2005, pp. 41 – 43.

[4] "Israel's Statement on the UN Plan of Action to Prevent Violent Extremism," Feb. 12, 2016, http://mfa.gov.il/MFA/InternatlOrgs/Issues/Pages/Israel – statement – on – UN – Plan – of – Action – to – Prevent – Violent – Extremism – 12 – Feb – 2016.aspx.

织的成员数量则至关重要。因为恐怖活动组织的招募过程不是孤立的，它与被边缘化的群体和政治、宗教身份等问题有内在的联系。没有能毕其功于一役的好办法，一招就可以降低或阻止恐怖活动组织的招募能力，这就必须采取多种手段打击恐怖活动组织的招募能力。[1]

军事手段更多地是削弱恐怖活动组织的能力，而综合反恐手段是要消除其滋生的土壤和环境，进而从根本上消除其实施行动的动机。"应对恐怖主义需要依靠一定的武力以遏制或先发制人地打击其暴力行为，如果可能的话，除了在战场上和恐怖分子短兵相接，还要结合其他一些手段，如试探性的谈判，甚至是接受一些可能的外交妥协。一方面，停止那些以较少代价就想成功的军事干预战略，这些战略很可能会导致跨国恐怖主义的产生和扩散。另一方面，认识到确保西方安全的优先事项是预防来自西方本土的袭击或针对西方的袭击，更多的挑战存在于执法过程之中、政府内部部门的合作之中、恐怖主义预防之中，而不是采取威慑、防卫、报复、占领外国领土等传统的军事行动。"[2] 反恐手段既要使用军事手段打击恐怖主义的"标"，也要综合运用其他手段铲除恐怖主义的"本"，更需要注意的是综合反恐一般要长期坚持才能有效，才能得治"本"之功。

四、加强国际合作

以色列的国际反恐合作使其在道义上、物质上获得某些国家，尤其是美国全方位的支持，这对其反恐获得成功起到了至关重要的作用。但以色列在国际反恐合作方面也有不可忽视的缺点，如有时忽视联合国等国际组织的呼吁、决议等，这使其背上了沉重的道义负担，

---

[1] Giti Zahedzadeh, "Containing Terrorism: A Dynamic Model," Journal of Strategic Security, Vol. 10, No. 2, Summer 2017.

[2] Richard Falk, "Failures of Militarism in Countering Mega-Terrorism," Perspective on Terrorism, Vol. 10, No. 4, 2016.

从而破坏了国家形象。一方面，恐怖主义没有国界，属于全球治理问题，需要各国共同努力，加强合作。另一方面，当今世界，单个国家面临的恐怖主义问题也必须与其他国家合作才能解决。

（一）参与国际组织倡导的国际反恐合作

国际组织倡导的国际反恐合作包括反恐立法合作、成立反恐合作组织等。这类反恐合作可以在一定范围内统一反恐的思想、目标、方式等，加大对恐怖活动组织及其成员的打击范围和力度。

充分发挥联合国在国际反恐合作中的主导和协调作用就是各国坚持的基本原则之一。2001年联合国专门的反恐机构——反恐委员会及其执行局先后成立。反恐执行局负责向反恐委员会提供专家咨询意见，为各国提供反恐技术援助，促使联合国系统各组织内部以及区域和政府间机构之间相互开展更紧密的合作与协调。各国参与国际反恐，需要注重发挥联合国的主导和协调作用，支持联合国提出的反恐战略，支持进一步完善现有国际反恐条约体系和法律框架，各国反恐必须遵守《联合国宪章》及相关国际法准则等。强调联合国安理会的主导作用，有两层含义：一是强调反恐行动应依国际法进行，这既是反恐行动合法性的原则依据，也是对各国反恐行动加以约束，不得借口反恐干涉他国内政和侵犯他国主权，或任意扩大打击范围。二是要正视国际反恐斗争中存在的诸多分歧，本着求同存异的原则，以联合国和国际法来统一和协调反恐行动，在此基础上取得更多共识，进一步推动反恐怖斗争的发展，反对搞双重标准或任意解释。

尊重联合国在国际反恐合作中的主导和协调作用，首先就是要参加并遵守联合国主导的国际反恐条约体系。自1963年以来，联合国和国际原子能机构主持下制定的国际法律文书共有19份，包括《关于在航空器内的犯罪和其他某些行为公约》《制止非法劫持航空器公约》《制止危害民用航空安全的非法行为公约》《关于防止和惩处侵害应受国际保护人员包括外交代表的罪行公约》《核材料实物保护公约》《制止危及海上航行安全非法行为公约》

《制止危及大陆架固定平台安全非法行为议定书》《反对劫持人质国际公约》《制止在用于国际民用航空的机场发生非暴力行为以补充一九七一年九月二十三日订于蒙特利尔的制止危害民用航空安全的非法行为的公约的议定书》《制止恐怖主义爆炸的国际公约》《制止向恐怖主义提供资助的国际公约》和《制止核恐怖行为国际公约》等。① 加入或批准这些条约，能彰显各国与国际社会一道打击恐怖主义的信心和决心，也体现出各国对联合国在国际反恐合作中主导地位的维护和对依法进行国际反恐合作原则的遵守。其次，倡导和维护联合国有关机构关于解决恐怖主义问题的决议，在联合国框架内开展国际反恐合作。由于联合国缺乏有效的约束力量，个别国家奉行实用主义或单边主义，使联合国的法律或决议不能很好得以遵守。

（二）加强多边、双边国家间反恐合作

以色列与美国全方位的反恐合作，对其反恐有着至关重要作用，同时也促进两国其他方面合作的深化，甚至对两国各自国家战略都有重要作用。对美国来说，与以色列的反恐合作可以使其参与巴以冲突、伊朗核问题等中东事务；对以色列来说，与美国的反恐合作可以使其得到最有力的支持，对其通过反恐谋求在解决巴以冲突问题中的主导权，甚至是抢占地区优势等都有不可估量的作用。

在当今全球反恐形势日益严峻的情况下，与其他国家的反恐合作，尤其是举行多边或双边联合反恐演习具有重要意义。第一是加强反恐能力建设，可以使各国间相互交流，针对反恐斗争的特点、形势和差距，有针对性地加强反恐能力建设，共同探索打击恐怖主义的有效途径，取长补短。第二是具有政治意义，不仅可以密切国家关系，推动与其他国家之间政治与安全合作，而且体现了防范和

---

① 国际法律文书，联合国网站，https：//www. un. org/counterterrorism/zh/international‐legal‐instruments。

打击恐怖主义的决心和信心。演习既是一种实战需要，也是一种政治姿态，可以形成对恐怖活动的有效慑力量，抵御外部恐怖势力的渗透和干涉。第三是提供反恐经验。联合反恐演习形式多样，既有国防、边防部门参与，又有特警和安全机关参与，编织的立体反恐网，可以为国际社会在新形势下进行多边双边反恐斗争积累经验，本身就是对国际反恐怖斗争的一大贡献。第四是完善应急机制。联合反恐演习可以使各参与国之间的安全合作进一步深化，标志着有关国家军事安全合作达到一个新的层次，进入到行动阶段，是国家间反恐和安全领域合作的重大突破，同样有助于提高所有参与国的国际威望。[①]

国际反恐合作的拓展和深入，给各国的反恐斗争提供了重大机遇。一方面，恐怖主义的国际化特性需要与国际社会联合打击，"国际合作反恐可以降低反恐斗争成本"[②]。另一方面，这也是各国参与全球治理和国际合作的渠道之一。

小　结

以色列的反恐战略特点非常明显，理念上先发制人、组织上协调有力、行动上重视技术。以色列反恐战略有得有失。基本实现了反恐目标，配合了国家安全战略，巩固了以色列在巴以冲突与和平进程中的主导权和地区优势。但因其反恐规模的扩大化、反恐手段的军事化使国家形象受到破坏，反恐并没有根除恐怖主义形成的土壤，恐怖袭击仍然持续不断。以色列反恐战略困境表现在反恐规模扩大化和反恐战略的矛盾性两个方面。反恐规模扩大化导致反恐对象增多和反恐方式偏重军事手段。反恐战略的矛盾性指，一方面，反恐战略具有自身内在的矛盾性，另一方面反恐战略和国家战略之

[①] 张立伟：《反恐新视角》，军事谊文出版社2010年版，第170—171页。
[②] 张宇燕、李增刚：《国际政治经济学》，上海人民出版社2008年版，第158页。

间也存在矛盾。以色列反恐战略的得失成败对其他国家反恐具有重要的启示意义。反恐需要有客观准确的反恐认知，设立适度的反恐目标，建立完善的反恐机制，综合运用反恐手段，加强国际合作。

结　语

以色列自认为是"世界上反恐斗争中的领先国家"[1]。考虑到其狭小的领土，较少的人口，威胁的长期性、艰巨性，以色列反恐成就确实显著。长期以来，关于以色列反恐研究成果数目不少。笔者通过梳理发现，这些研究多集中在以色列反恐技术、手段、机构设置、反恐效果等方面，目前还没有收集到以色列对恐怖主义认知方面的研究和构建完整的反恐战略或体系方面的研究。为弥补这些缺陷和不足，本书构建了以色列的反恐战略框架，包括对恐怖主义和反恐的认知、反恐战略的目标、构建反恐机制、运用反恐手段在国内外开展反恐活动等，并评估了其成效，归纳出可供借鉴和参考的经验教训。

认知对行动的影响即使不是决定性的，也具有重大促进或阻碍作用。对恐怖主义及反恐的认知是以色列制定和实施反恐战略和政策的基础。但这方面的研究，目前笔者还没有收集到。笔者通过对以色列政府部门发布的有关反恐的大量文件进行梳理，有了一些初步的认识。1948年以色列颁布的《条例》中对恐怖主义相关概念的界定是以色列反恐认知的起点，这个界定仅仅强调了恐怖主义暴力性这一特性。长期以来，以色列以此认定反恐对象，形成对恐怖主义威胁在国家安全战略中地位的认知和相应反恐手段的认知。尽管2016年出台了新的《反恐法》，但该法中对恐怖主义的认识依然

---

[1] "PM Netanyahu's Remarks at the Start of the Weekly Cabinet Meeting," Nov. 25, 2018, https://www.gov.il/en/Departments/news/pm-netanyahus-remarks-at-the-start-of-the-weekly-cabinet-meeting-25-nov-2018.

有扩大化、模糊化处理的特点,反恐对象依然庞大。自以色列建国到20世纪80年代初,国家生存的传统安全问题在以色列国家安全战略中占据主导地位,反恐占据附属地位。随着和平进程的展开,国家生存得到了保障,以色列逐渐把反恐置于国家安全战略的首位。反恐居从属地位时,反恐对象主要是巴解组织及其主要政治派别,反恐目标主要是从属于国家传统安全目标,打击认定的主要恐怖活动组织,使其不能威胁国家生存。20世纪90年代后,反恐逐渐上升到国家安全战略首位,不仅打击所认定的主要恐怖活动组织,保障国家和公民安全,创设社会、经济发展良好环境,而且还配合解决其他安全问题,即维护以色列在巴以和平进程中的主动权,并打击地区敌对国家。

为达到反恐目标,以色列在长期的反恐实践中构建了完整的反恐机制,主要包括决策、情报和执行机构。这些机构既分工明确,又有顶层的统筹协调,达到了专业化和一体化的统一。反恐决策机构主要包括安全内阁和外交与军事委员会。以色列的情报体系由摩萨德、阿穆恩、辛贝特等多个各有分工的机构构成。反恐的执行机构主要包括国防军、预备役部队、警察等。为方便反恐各机构间的协调,以色列还专门设立了以色列国家安全委员会反恐怖主义局。以色列反恐决策、情报和执行机构及其间协作组成的反恐机制在情报、军事、经济、法律、文化教育和网络等方面采取多种反恐手段,比较有效地达成了反恐的目标。但总体上,以色列倾向于采用军事手段反恐,包括军事行动、"斩首行动"、构筑导弹防御系统、封锁边境等。

以色列在利用国内资源反恐的同时,还积极开展国际反恐合作。在联合国等国际场合宣讲遭受的恐怖主义危害,利用国际社会提供的反恐合作机会,但又时不时违背联合国的决议和国际法的准则。与美国的反恐合作是以色列国际反恐的基础,以色列从美国获得政治、经济、军事等全方位的反恐支持。同时以色列也与本地区较温和的国家以及印度、土耳其等国家合作反恐,精心构建国际反恐合作网络。

以色列反恐战略在实施上具有理念上先发制人、组织上协调有力、行动上重视技术等特点，这有利于以色列达成反恐目标。但其缺点也非常明显，偏重军事反恐手段使其国家形象受到破坏，而且反恐并没有根除恐怖主义的根源，恐怖袭击仍然持续不断。从根本上说，这源于以色列反恐战略的困境：反恐规模扩大化和反恐战略的矛盾性，这意味着以色列还会在相当长时间内继续面对恐怖主义的威胁。

以色列反恐战略的得失对其他国家反恐具有重要启示意义：需要有客观准确的反恐认知，确立适度的反恐目标；构建分工明确、协调有力的反恐机制；综合采取多种反恐手段，同时消除恐怖活动组织及其成员实施恐怖活动的能力和动机；积极参与多领域的国际反恐合作。

本书构建了以色列反恐战略的研究框架，从反恐这一角度，对巴以冲突、阿以和平进程有了进一步的认识。但写作过程中也发现了更多值得深入研究的问题和领域：以色列历史、文化、宗教等对以色列反恐认知的影响，以色列各种反恐手段对巴以冲突与和平进程的影响，以色列反恐经验教训的普遍性和在其他国家不同环境中的适用性，以色列反恐、国际反恐合作与全球治理关系，国际反恐制度与全球恐怖主义问题治理等。这些问题可能从不同角度对以色列乃至世界各国应对面临的恐怖主义问题提供有益启示，值得笔者在今后学习和工作中继续探索研究。

2015年10月31日，俄罗斯A321客机失事，事后确认为恐怖袭击事件。2015年11月13日，巴黎恐怖袭击事件发生。2016年3月13日，土耳其遭受恐怖袭击。同年3月22日，布鲁塞尔发生恐怖袭击。短短数月之内，一连串的恐怖主义事件发生。再加上，恐怖主义预防难度很大，"尤其是应对恐怖主义的多数情报分析专家认为，再度发生破坏性较大的恐怖主义事件在意料之中，因为不论是收集信息还是保护可预见的目标,要想做到全面覆盖都是不可能的"。① 恐怖袭击屡屡带来沉重灾难、悲叹的同时,也令人感到对恐怖主义的治理迫在眉睫。事实上,恐怖主义等非传统安全问题正越来越成为全球治理的重要议题。但欲对其有效治理,必须要有深入的研究,以全面了解和认识恐怖活动组织的人员构成、动机、培训,恐怖活动如何组织实施及其造成的影响等方方面面。对以色列面临的恐怖主义威胁及其反恐行动、政策和战略进行的研究,很可能会对类似的研究具有启示意义。

---

① "From WMD to WME: An Ever–Expanding Threat Spectrum, Journal of Strategic Security," Vol. 8, No. 3, Fall 2015.

参考文献

（一）中文资料

［1］艾仁贵：《以色列的网络安全问题及其治理》，《国际安全研究》2017年第2期。

［2］艾仁贵：《以色列国家安全委员会在国家安全决策中的作用》，《国际安全研究》2014年第5期。

［3］安维华：《以色列议会》，中国财政经济出版社2006年版。

［4］曹宏编著：《摩西的门徒——以色列情报机构揭秘》，国防大学出版社1998年版。

［5］陈二曦、孙慎灵、李慧智主编：《反恐保障》，人民出版社2003年版。

［6］陈来元：《中国驻中东大使话中东以色列》，世界知识出版社2013年版。

［7］陈双庆：《以色列危机管理的运作程序》，《学习时报》2003年4月21日。

［8］陈雪然：《冷战后美国与以色列情报合作初探》，《国际研究参考》2019年第7期。

［9］崔凤川、闫桂玲：《以色列城市反恐行动队》，《轻兵器》2003年第10期。

［10］崔寒玉：《反恐新事态下国家立法的路径分析》，《兰州大学学报（社会科学版）》2018年第5期。

［11］戴艳梅等：《国际反恐实务》，中国言实出版社2015年版。

［12］范鸿达：《以色列的社会分裂和国家安全观分析》，《当代世界》2019年第8期。

［13］方连庆等主编：《国际关系史（战后卷）》，北京大学出版社2006年版。

［14］冯基华：《以色列右翼势力及对中东和平进程的影响》，《西亚非洲》2008年第10期。

［15］冯基华：《犹太文化与以色列社会政治发展》，社会科学文献出版社2010年版。

［16］付光文编著：《当代以色列军队武器装备》，国防大学出版社2013年版。

［17］傅明静、程红泽：《以色列反恐部队面面观》，《环球军事》2008年第8期。

［18］胡联合：《第三只眼看恐怖主义》，世界知识出版社2002年版。

［19］胡联合：《准确把握恐怖主义的基本含义》，《国际政治研究》2006年第3期。

［20］胡珍、高博：《巴勒斯坦解放组织：中东政治舞台上不可忽视的力量（上）》，《世界知识》1981年第16期。

［21］高金虎等编：《大卫的铁拳：以色列情报机构大揭秘》，东方出版社2012年版。

［22］高庆德：《以色列情报组织揭秘》，时事出版社2011年版。

［23］高祖贵：《大变局新变化与中国－中东关系新进展》，《和平与发展》2015年第1期。

［24］高祖贵：《大变局下美国中东政策的调整》，《当代世界》2014年第3期。

［25］高祖贵：《大变局深化背景下中国与中东关系的发展》，《和平与发展》2014年第1期。

［26］高祖贵：《当前国际战略的四大发展趋势》，《和平与发

展》2017 年第 2 期。

［27］高祖贵：《中东大变局的根源分析》，《当代世界与社会主义》2013 年第 2 期。

［28］高祖贵：《中东大变局对以色列的影响》，《国际问题研究》2012 年第 3 期。

［29］《简明世界知识辞典》，世界知识出版社 1991 年版。

［30］蒋建平：《反恐怖：以色列比美国技高一筹——美屈尊向以讨教反恐经验》，《环球军事》2002 年第 12 期。

［31］雷钰等编著：《列国志以色列》，社会科学文献出版社 2011 年版。

［32］李本先、梅建明：《我国反恐研究热点问题与未来方向》，《中国人民公安大学学报》2015 年第 3 期。

［33］李本先、梅建明、凌云翔：《建立国家安全委员会主导的中国反恐机制》，《国际展望》2015 年第 4 期。

［34］李发新：《"久病成医"的特战劲旅——以色列特种部队反恐面面观》，《环球军事》2004 年第 6 期。

［35］李慧智：《反恐学》，人民出版社 2003 年版。

［36］李苏鸣：《以色列和印度警察部队反恐工作特点及启示》，《公安研究》2005 年第 11 期。

［37］李伟：《"悲情效应"下的全球反恐》，《世界知识》2015 年第 6 期。

［38］李伟：《从"伊斯兰国"肆虐看国际反恐新困境》，《现代国际关系》2015 年第 2 期。

［39］刘德斌：《国际关系史》，高等教育出版社 2003 年版。

［40］刘华清：《"累积威慑"与埃及和以色列关系的演变》，《阿拉伯世界研究》2020 年第 4 期。

［41］刘家祥、于洋：《以色列五大情报机构揭秘》，《国防科技》2006 年第 7 期。

［42］芦鹏：《以色列国家安全战略研究（1948—1977）》，西北

大学 2017 年博士学位论文。

　　[43] 芦鹏、曹雪飞：《浅析以色列反恐战略及对中国新疆反恐启示——以"国安委"决策机制为视角》，《中国刑警学院学报》2014 年第 1 期。

　　[44] 芦鹏：《犹太民族的现实主义世界观与国家安全战略》，《江南社会学院学报》2006 年第 1 期。

　　[45] 陆西亚：《巴勒斯坦解放组织的发展历史》，《国际资料信息》2002 年第 2 期。

　　[46]［美］丹·拉维夫、［以］约希·梅尔曼著，张海涛等译：《每个间谍都是王子——以色列情报全史》，中国社会科学出版社 1992 年版。

　　[47]［美］肯尼思·华尔兹著，信强译：《国际政治理论》，上海世纪出版集团 2008 年版。

　　[48]［美］罗伯特·杰维斯著，李少军、杨少华、官志雄译：《系统效应：政治与社会生活中的复杂性》，上海世纪出版集团 2008 年版。

　　[49]［美］罗伯特·杰维斯著，秦亚青译：《国际政治中的知觉与错误知觉》，世界知识出版社 2003 年版。

　　[50]［美］约翰·J. 米尔斯海默、斯蒂芬·M. 沃尔特著，王传兴译：《以色列游说集团与美国对外政策》，上海世纪出版集团 2009 年版。

　　[51]［美］詹姆斯·多尔蒂、小罗伯特·普法尔茨格拉夫著，阎学通、陈寒溪等译：《争论中的国际关系理论》，世界知识出版社 2003 年版。

　　[52] 倪海宁、马经纬编译：《大卫王之盾》，《国际展望》2006 年第 1 期。

　　[53] 倪世雄等：《当代西方国际关系理论》，复旦大学出版社 2001 年版。

　　[54] 潘光、陈超南、余建华：《犹太文明》，福建教育出版社

2008年版。

［55］潘光主编：《犹太研究在中国——三十年回顾：1978—2008》，上海社会科学院出版社2008年版。

［56］潘光等主编：《离散与避难：犹太民族难以忘却的历史》，时事出版社2013年版。

［57］潘光、王震：《以色列反恐战略研究》，《现代国际关系》2007年第8期。

［58］濮方圆：《以色列军事情报工作军民融合基本路径研究》，《情报杂志》2017年第2期。

［59］盛洪生：《国家在反恐中的国际法责任》，时事出版社2008年版。

［60］盛钧、洪星曦、张溯：《以色列特种部队》，军事谊文出版社2001年版。

［61］孙德刚：《美国与以色列的安全合作关系探析》，《西亚非洲》2017年第2期。

［62］孙德刚：《危机管理中的国家安全战略》，上海人民出版社2010年版。

［63］孙小虎：《21世纪以色列国家安全战略研究》，西北大学2009年硕士学位论文。

［64］唐恬波：《以色列国家安全委员会》，《国际研究参考》2014年第2期。

［65］田文林：《伊朗与以色列对抗的根源及前景》，《当代世界》2018年第8期。

［66］田文林：《以色列安全战略及其缺陷》，《现代国际关系》2011年第4期。

［67］涂龙德、周华：《伊斯兰激进组织》，时事出版社2010年版。

［68］汪波、历晶晶：《"外围战略"视域下的以色列库尔德政策》，《阿拉伯世界研究》2020年第2期。

[69] 汪波、伍睿：《"以色列优先"与特朗普中东政策的内在逻辑》，《阿拉伯世界研究》2021年第3期。

[70] 汪舒明：《"反恐"战与以色列军事伦理的嬗变》，《国际安全研究》2019年第3期。

[71] 王春生主编：《军枭：以色列军情内幕》，新华出版社2002年版。

[72] 王凤鸣、夏洪志、李慧智主编：《反恐战法》，人民出版社2003年版。

[73] 王凤鸣、夏洪志、李慧智主编：《反恐指挥》，人民出版社2002年版。

[74] 王洪伟：《以色列情报工作对我国公安情报工作改革的启示》，《北京警察学院学报》2016年第3期。

[75] 王晋：《"伊斯兰国"对以色列的威胁评估——意识形态、组织活动与社会基础层面的分析》，《中东研究》2017年第2期。

[76] 王晋：《"伊斯兰国"组织西奈分支的演进及影响》，《阿拉伯世界研究》2017年第3期。

[77] 王逸舟等：《恐怖主义溯源》，社会科学文献出版社2010年版。

[78] 王逸舟主编：《全球化时代的国际安全》，上海人民出版社1999年版。

[79] 王泽东、陈静：《以色列危机管理主要特征研究》，《哈尔滨学院学报》2012年第12期。

[80] 王泽东、陈静：《以色列危机教育初探》，《世界教育信息》2009年第1期。

[81] 王震：《以色列反恐政策演变及其评价》，《江南社会学院学报》2008年第3期。

[82] 武黄岗：《以色列的警务反恐战略研究》，《新疆警察学院学报》2019年第3期。

[83] 吴昊昙：《安全、武力与自助：以色列的国家安全研究》，

《国际政治研究》2022 年第 3 期。

［84］吴昊昙：《争议中的以色列"定点清除"政策》，《阿拉伯世界研究》2018 年第 1 期。

［85］肖宪：《谜一般的犹太人》，工人出版社 2007 年版。

［86］肖宪等：《犹太巨人》，工人出版社 2007 年版。

［87］谢磊、周璐铭：《应对自杀性恐怖袭击的战略选择：以以色列为案例分析》，《新疆社会科学》2018 年第 4 期。

［88］谢立忱、崔晓娟：《"阿拉伯之春"后以色列外交的新动向》，《新疆社会科学》2017 年第 6 期。

［89］杨博鹏编著：《摩萨德：以色列情报和特殊使命局秘密档案》，哈尔滨出版社 2018 年版。

［90］杨晖：《反恐新论》，世界知识出版社 2005 年版。

［91］杨洁勉、赵念渝等：《国际恐怖主义与当代国际关系："9·11"事件的冲击和影响》，贵州人民出版社 2002 年版。

［92］杨玲玲：《以色列反恐战略研究》，上海外国语大学 2011 年硕士学位论文。

［93］杨曼苏主编：《今日以色列》，中国工人出版社 2007 年版。

［94］杨隽、梅建明：《恐怖主义概论》，法律出版社 2013 年版。

［95］尧超：《以色列打击和防范恐怖主义六十年的经验启示》，《山东社会科学》2016 年第 S1 期。

［96］［以］耶胡达·阿夫纳著，马娟娟译：《以色列总理私人史》，社会科学文献出版社 2019 年版。

［97］游妮珂：《以色列先发制人战略研究》，外交学院 2022 年硕士学位论文。

［98］翟唯佳主编：《人质危机与解救》，国防大学出版社 2004 年版。

［99］张金平：《国际恐怖主义与反恐策略》，人民出版社 2012

年版。

[100] 张金平:《中东恐怖主义的历史演进》,云南大学出版社 2008 年版。

[101] 张立伟:《反恐新视角》,军事谊文出版社 2010 年版。

[102] 张倩红:《以色列史》,人民出版社 2014 年版。

[103] 张宇燕、李增刚:《国际政治经济学》,上海人民出版社 2008 年版。

[104] 张志祥:《以色列的警察体制》,《山西警官高等专科学校学报》2003 年第 3 期。

[105] 赵长天:《走近以色列》,华东师范大学出版社 1970 年版。

[106] 周承:《以色列新一代俄裔犹太移民的形成及影响》,时事出版社 2010 年版。

[107] 朱威烈等:《中东反恐怖主义研究》,时事出版社 2010 年版。

[108] 中国现代国际关系研究所反恐怖研究中心编著:《国际重大恐怖案例分析》,时事出版社 2003 年版。

[109] 中国现代国际关系研究所危机管理与对策研究中心编著:《国际危机管理概论》,时事出版社 2003 年版。

[110] 中国现代国际关系研究所反恐怖研究中心编著:《恐怖主义与反恐怖斗争理论探索》,时事出版社 2002 年版。

[111] 中国现代国际关系研究所反恐怖研究中心编著:《世界主要国家和地区反恐怖政策与措施》,时事出版社 2002 年版。

[112] 章名岂:《印以联合军演暗现美国影子》,《中国国防报》2008 年 9 月 23 日第 24 版。

[113] 邹志强、吴家斌:《以色列阿拉伯政党的发展困境与前景》,《和平与发展》2017 年第 2 期。

(二) 英文资料

[1] Aharon Barak, "A Judge on Judging: The Role of a Supreme Court in

a Democracy," Yale Law School Legal Scholarship Repository, 2002.

［2］Alex P. Schimidt & Albert J. Jongman ed. , "Political Terrorism," Northholland Publishing Company, 1988.

［3］Alexandre S. Wilner, "Deterring the Undeterrable: The Theory and Practice of Coercing Terrorists," Dalhousie University, 2008.

［4］Ami Pedahzur, ed. , "Root Causes of Suicide Terrorism: The Globalization of Martyrdom," Routledge, 2006.

［5］Amy Catherine Kirchheimer, "A Comparative Study of Humint in Counterterrorism: Israel and France, 1970 – 1990," Georgetown University, April 16, 2010.

［6］Andrew H. Kydd and Barbara F. Walter, "The Strategies of Terrorism," International Security, Vol. 31, No. 1, Summer 2006.

［7］Andrew Mack, "Why Big Nations Lose Small Wars: The Politics of Asymmetric Conflict," World Politics, Vol. 27, No. 2, 1975.

［8］Arnold M. Howitt and Robyn L. Pangi, eds. , "Countering Terrorism: Dimensions of Preparedness," The MIT Press, 2003.

［9］Asfandyar Mir, "What Explains Counterterrorism Effectiveness? Evidence from the U. S. Drone War in Pakistan," International Security, Vol. 43, No. 2, Fall 2018.

［10］Assaf Moghadam, "Palestinian Suicide Terrorism in the Second Intifada: Motivations and Organisational Aspects," Studies in Conflict and Terrorism, Vol. 26, 2003.

［11］Azmi Bishara, "What Defines Terrorism? The Identity of the Victim or That of the Victimizer?" Arab Center for Research & Policy Studies, 2017.

［12］Ben Sheppard, "The Psychology of Strategic Terrorism: Public and Government Responses to Attack," Routledge, 2009.

［13］Benjamin Netanyahu, "Fighting Terrorism," Farrar Straus Giroux, 1995.

〔14〕 Benjamin Netanyahu, ed., "Terrorism: How the West Can Win," Weidenfeld and Nicolson Limited, 1986.

〔15〕 Boaz Ganor, "Defining Terrorism-Is One Man's Terrorist Another Man's Freedom Fighter?" Police Practice and Research, Vol. 3, No. 4, 2002.

〔16〕 Boaz Ganor, "The Counter-Terrorism Puzzle, A Guide for Decision Makers," Transaction Publishers, 2005.

〔17〕 Boaz Ganor, "Israel's Policy in Extortionist Terror Attacks (Abduction and Hostage Barricade Situations)," Perspective on Terrorism, Vol. 11, No. 4, 2017.

〔18〕 Boaz Ganor, "The Rationality of the Islamic Radical Suicide Attack Phenomenon," in Institute for Counter-Terrorism, ed., Countering Suicide Terrorism, Mar. 21, 2017.

〔19〕 Bowman H. Miller, "From WMD to WME: An Ever-Expanding Threat Spectrum," Journal of Strategic Security, Vol. 8, No. 3, Fall 2015.

〔20〕 Brigit Davis, "Violent Extremist Organizations: Past Trends and Short-Term Forecast," Journal of Strategic Security, Vol. 12, No. 3, 2019.

〔21〕 Bruce Hoffman, "Inside Terrorism," Columbia University Press, 2006.

〔22〕 Burton Gerber, "Managing HUMINT: The Need for a New Approach, in Transforming US Intelligence," Jennifer E. Sims and Burton Gerber, ed., Georgetown University Press, 2005.

〔23〕 Charles David Freilich, "Israel's Counter-Terrorism Policy: How Effective?" Terrorism and Political Violence, Vol. 7, 2015.

〔24〕 Charles D. Freilich. "Zion's Dilemmas: How Israel Makes National Security Policy," Cornell University Press, 2012.

〔25〕 Charles D. Smith, "The Palestinian and Arab-Israeli Conflict," Bedford/St. Martin's Press, 2004.

〔26〕 Charles Kirchofer, "Targeted Killing and Compellence: Lessons from the Campaign agaisnt Hamas in the Second Intifada," Perspective on

Terrorism, Vol. 10, No. 3, 2016.

[27] Clive Walker, "The Prevention of Terrorism in British Law," Manchester University Press, 1992.

[28] Cynthia Lum & Leslie W. Kennedy, eds., "Evidence-Based Counterterrorism Policy," Springer, 2012.

[29] D. Gold, "Hatred's Kingdom: How Saudi Arabia Supports the New Global Terrorism," Regnery Publishing, 2003.

[30] Daniel Byman, "A High Price: The Triumphs and Failures of Israel Counterterrorism," Oxford University Press, 2011.

[31] Daniel Masters, "The Origin of Terrorist Threats: Religious, Separatist, or Something Else?" Terrorism and Political Violence, Vol. 20, 2008.

[32] David Bonner, "Counter-Terrorism and European Human Rights since 9/11: The United Kingdom Experience," European Public Law, Vol. 19, No. 1, 2013.

[33] David Eshel, "Israel Air Force Transforms for 'War against Terror'," Military Technology 3, 2006.

[34] David J. Whittaker, "Terrorists and Terrorism in the Contemporary World," Routledge, 2004.

[35] David Eshel, "Israel Air Force Transforms for 'War against Terror'," Military Technology 3, 2006.

[36] Dennis M. Drew & Donald M. Snow, "Making Twenty-First-Century Strategy: An Introduction to Modern National Security Processes and Problems," Air University Press, 2006.

[37] Don Rassler, "Romotely Piloted Innovation: Terrorism, Drones and Supportive Technology," Combatting Terrorism Center at West Point, October 2016.

[38] Edward H. Kaplan, Alex Mintz & Shaul Mishal, "Tactical Prevention of Suicide Bombings in Israel," Interfaces, Vol. 36, No. 6, 2006.

[39] Efraim Inbar, "Israel's National Security: Issues and Challenges

since the Yom Kippur War," Routledge, 2007.

[40] Efraim Inbar, "Israel's Costs vs. Its Benefits," in Rething the Six-Day War, Begin-Sadat Center for Strategic Studies, Jun. 1, 2017.

[41] Eli Berman, "Radical, Religious, and Violent: The New Economics of Terrorism," The MIT Press, 2009.

[42] Emanuel Gross, "The Struggle of Democracy against Terrorism: Lessons from the United States, the United Kingdom, and Israel," University of Virginia Press, 2006.

[43] Ely Karmon and Michael Barak, "Erdogan's Turkey and the Palestinian Issue, Perspective on Terrorism," Vol. 12, No. 2, 2018.

[44] Emanuel Gross, "The Struggle of Democracy against Terrorism: Lessons from the United States, the United Kingdom, and Israel," University of Virginia Press, 2006.

[45] Emma Ashford, "Rethinking America's Commitment to the Middle East," Strategic Studies Quarterly, Vol. 12, No. 1, 2018.

[46] Erica Chenoweth & Elizabeth Lowham, "On Classifying Terrorism: A Potetial Contribution of Cluster Analysis for Academics and Policymakers," Defense & Security Analysis, Vol. 23, No. 4, 2008.

[47] Gil Merom, "Israel's National Security and the Myth of Exceptionalism," Political Science Quarterly, Vol. 114, No. 3, 1999.

[48] Giti Zahedzadeh, "Containing Terrorism: A Dynamic Model," Journal of Strategic Security, Vol. 10, No. 2, Summer 2017.

[49] Gregory F. Treverton and Wilhelm Agrell, eds., "National Intelligence Systems: Current Research and Future Prospects," Columbia University Press, 2009.

[50] Hanan Alon, "Countering Palestinian Terrorism in Israel: Toward a Policy Analysis of Countermeasures," Rand Corporation, 1980.

[51] Harold & Margaaret Sprout, "An Ecological Paradigm for the Study of International Politics," Center for International Studies, 1968.

［52］Herminio Matos, "Offensive Countertrrorism-Targeted Killing in Eliminating Terrorist Targets: The Case of the USA and Israel," Janus. net e-journal of International Relations, Vol. 3, No. 2, Fall 2012.

［53］Hillel Frisch, "Motivation or Capabilities? Israeli Counterterrorism against Palestinian Suicide Bombings and Violence," Journal of Strategic Studies, Vol. 29, No. 5, 2006.

［54］Ian O. Lesser, Bruce Hoffman, John Arquilla, David Ronfeldt, Michele Zanini, "Countering the New Terrorism," Rand Report, 1999.

［55］Ivan Arreguin-Toft, "How the Weak Win Wars: A Theory of Asymmetric Conflict," Cambridge University Press, 2005.

［56］Jacob Tovy, "Israel and the Palestinian Refugee Issue: The Formulation of A Policy, 1948 - 1956," Routledge, 2014.

［57］James F. Miskel, "The Palestinian Intifada: An Effective Strategy," World Policy Journal, Winter 2004 - 2005.

［58］James M Lutz and Georgia Wralstad Ulmschneider, "Civil Liberties, National Security and U. S. Courts in Times of Terrorism," Perspective on Terrorism, Vol. 13, No. 6, 2019.

［59］Jason Burke, "The 9/11 Wars," Penguin, 2012.

［60］Jean-Loup Samaan, "Another Brick in the Wall: The Israeli Experience in Missile Defense," Strategic Studies Institutes, US Army War College, 2015.

［61］Jeanne K. Giraldo and Harold A. Trinkunas, eds. , "Terrorism Financing and State Responses," Stanford University Press, 2007.

［62］Jennifer Elaine Jordan, "Assessing the Effectiveness of Leadership Decapitation Against Terrorist Organizations," The University of Chicago, 2011.

［63］Jennifer E. Kavanagh, "The Dynamics of Protracted Terror Campaigns, Domestic Politics, Terrorist Violence, and Counterterror Responses," The University of Michigan, 2011.

［64］Jennifer E. Sims and Burton Gerber, eds. , "Transforming US Intelligence," Georgetown University Press, 2005.

[65] Jennifer Jefferis, "Hamas: Terrorism, Governance, and Its Future in Middle East Politics," Praeger Security International, 2016.

[66] Jerry D. Smith, "The Effectiveness of Israel's Counterterrorism Strategy," Naval Postgraduate School, 2005.

[67] Judy Kuriansky, ed., "Terror in the Holy Land: Inside the Anguish of the Isareli-Palestinian Conflict," Praeger, 2006.

[68] Karl P. Mueller, Jasen J. Castillo & Forrest E. Morgan et al., "Striking First: Preemptive and Preventive Attack in U.S. National Security Policy," Rand Corporation, 2006.

[69] Kalu N. Kalu, "Strategic Fusion: What Lessons for International Counterterrorism?" Defence Studies, Vol. 9, No. 1, 2009.

[70] Kenneth Yeo Yaoren, "Leadership Decapitation and the Impact on Terrorist Groups," Counter Terrorist Trends and Analyses, Vol. 11, No. 3, 2019.

[71] Khalil Mousa Marrar, "Unity on Palestine Without Arab Unity? US Policy and the Post-Maksoud Arab World," Arab Studies Quarterly, Vol. 39, No. 3, Summer 2017.

[72] Kristopher K. Robinson, "Terror's True Nightmare? Reevaluating the Consequences of Terrorism on Democratic Governance," Terrorism and Political Violence, Vol. 22, No. 1, 2010.

[73] Laron K. Williams, Michael T. Koch and Jason M. Smith, "The Political Consequences of Terrorism: Terror Events, Casualties, and Government Duration," International Studies Perspectives, Vol. 14, 2013.

[74] Lawrence Howard, ed., "Terrorism: Roots, Impact, Responses," Praeger, 1992.

[75] Leanne Close, Daria Impiombato, eds., "Counterterrorism Yearbook 2021," Australian Strategic Policy Institute.

[76] Marc A. Celmer, "Terrorism, U.S. Strategy, and Regan Poli-

tics," Greenwood Press, 1987.

[77] Leonard A. Cole, "Terror: How Israel has Coped and What America Can Learn," Indiana University Press, 2007.

[78] Mark A. Heller, "Continuity and Change in Israeli Security Policy," Routledge, 2000.

[79] Mark Last and Abraham Kandel, eds., "Fighting Terror in Cyberspace," World Scientific Publishing, 2005.

[80] Martha Crenshaw ed., "Terrorism, Legitimacy and Power," Wesleyan University Press, 1983.

[81] Martin Charles Golumbic, "Fighting Terror Online," Springer, 2008.

[82] Max Abrahms, "What Terrorists really Want: Terrorist Motives and Counterterrorism Strategy," International Security, Vol. 32, No. 4, Spring 2008.

[83] Matthew Levitt, "Hamas: Politics, Charity, and Terrorism in the Service of Jihad," Yale University Press, 2006.

[84] Matthew Levitt, "Breaking Hezbollah's 'Golden Rule': An Inside Look at the Modus Operandi of Hezbollah's Islamic Jihad Organization," Perspective on Terrorism, Vol. 14, No. 4, 2020.

[85] Melissa Dalton, Kathleen H. Hicks, Megan Donahoe etc., "By Other Means: Adapting to Compete in the Gray Zone," Report of Center for Strategic and International Studies, 2019.

[86] Mia M. Bloom, "Palestinian Suicide Bombing: Public Support, Market Share, and Outbidding," Political Science Quarterly, Vol. 119, No. 1, Spring 2004.

[87] Mia Bloom, "Dying to Kill: Motide Terrorism: The Globalization of Martyrdom," Routledge, 2006.

[88] Michael Chandler and Rohan Gunaratna, "Countering Terrorism: Can We Meet the Threat of Global Violence?" Reaktion Books Ltd., 2007.

[89] Michael I. Handel, "Israel's Political-Military Doctrine," Harvard

University Press, 1973.

［90］Michal Shamir and Asher Arian,"Collective Identity and Electoral Competition in Israel," American Political Science Review, Vol. 93, No. 2, 1999.

［91］Nadine Strossen,"Criticisms of Federal Counter-terrorism Laws", Harvard Journal of Law and Public Policy, Vol. 20, No. 2, 1997.

［92］Nathan G. Dehnke,"Local Law Enforcement Implementation of National Anti-terrorism Policy," University of Kansas, 2011.

［93］Nathan Thompson and Amber Hart,"From Spandau to Guantanamo: Prisons as Propaganda Instruments for Extremists and Terrorists," Perspectives on Terrorism, Vol. 15, No. 4, 2021.

［94］Nichole Argo,"Understanding and Defusing Human Bombs: The Palestinian Case and the Pursuit of a Martyrdom Complex," Paper prepared for Presentation to the International Studies Association Meeting, Montreal, Mar. 17 – 20, 2004.

［95］Ophir Falk,"Measuring the Effectiveness of Israel's 'Targeted Killing' Campaign," Perspective on Terrorism, Vol. 9, No. 1, 2015.

［96］Palestinian Academic Society for the Study of International Affairs, ed.,"Palestine, Jordan, Israel: Building a Base for Common Scholarship and Understanding in the New Era of the Middle East," Palestinian Academic Society for the Study of International Affairs, 1997.

［97］Pamala L. Griset & Sue Mahan,"Terrorism in Perspective," Sage Publications, 2007.

［98］Paul Lushenko,"Reconsidering the Theory and Practice of High Value Targeting," Counter Terrorist Trends and Analyses, Vol. 7, No. 7, 2015.

［99］Richard Falk,"Failures of Militarism in Countering Mega-Terrorism, Perspective on Terrorism," Vol. 10, No. 4, 2016.

［100］Robert F. Trager &Dessislava P. Zagorcheva,"Deterring Terrorism: It Can Be Done," International Security, Vol. 30, No. 3, Winter 2005/

2006.

［101］Roland Otto, "Targeted Killings and International Law," Springer, 2012.

［102］Ronald Crelinsten, "Perspectives on Counterterrorism from Stovepipes to A Comprehensive Approach," Perspectives on terrorism, Vol. 8, No. 1, 2014.

［103］Ryan B. Greer, "Countering the Next Generation of Terrorists: Rule of Law and Lont-term Counterterrorism Strategy," Georgetown University, 2011.

［104］Sara Yael Hirschhorn, "From Divine Sanction to Suburbanization: The Evolution of the Israeli Settler Movement and the Future of the Two-State Solution," Journal of South Asian and Middle Eastern Studies, Vol. 43, No. 3, Spring 2020.

［105］Scott Atran, "Mishandling Suicide Terrorism," Washington Quarterly, Vol. 27, No. 3, Summer 2004.

［106］Serafettin Pektas & Johan Leman, eds. , "Militant Jihadism: Today and Tomorrow," Leuven University Press, 2019.

［107］Sergio Catignani, "The Strategic Impasse in Low-Intensity Conflicts: The Gap between Israeli Counter-Insurgency Strategy and Tactics during the Al-Aqsa Intifada," Journal of Strategic Studies, Vol. 28, No. 1, 2005.

［108］Sergio Catignani, "Israeli Counter-Insurgency and the Intifadas: Dilemmas of a Conventional Army," Routledge, 2008.

［109］Simon Perry, Badi Hasisi and Gali Perry, "Lone Terrorists: A Study of Run-over Attacks in Israel," European Journal of Criminology, Vol. 16, No. 1, 2019.

［110］Srobana Bhattacharya, "Comparing Civilian Support for Terrorism," Journal of Strategic Security, Vol. 10, No. 2, Summer 2017.

［111］Steven R. David, "Fatal Choices: Israel's Policy of Targeted Killing," Review of International Affairs, Vol. 2, No. 3, 2003.

[112] Stuart A. Cohen, "Israel and its Army: From Cohesion to Confusion," Routledge, 2008.

[113] Sumit Ganguly and M. Chris Mason, "An Unnatural Partnership? The Future of U. S. -India Strategic Cooperation," Strategic Studies Institute, US Aamy War College, May 2019.

[114] T. Golden, "Young Egyptians Hearing Calls of 'Martyrdom' for Palestinian Cause," The New York International, April 26, 2002.

[115] Tal Jonathan-Zamir & Gali Aviv, "How Has the Israel National Police Perceived Its Role in Counterterrorism and the Potential Outcomes? A Qualitative Analysis of Annual Police Reports," Police Practice and Research, Vol. 15, No. 2, 2014.

[116] Thomas J. Biersteker & Sue E. Eckert, ed., "Countering the Financing of Terrorism," Routledge, 2008.

[117] Thomas R. Mockaitis and Paul B. Rich, eds., "Grand Strategy in the War against Terrorism," Frank Cass, 2003.

[118] Uffe Kock Wiil, "Counterterrorism and Open Source Intelligence," Springer, 2011.

[119] Victoria Mason and Richard Falk, "Assessing Nonviolence in the Palestinian Rights Struggle," State Crime Journal, Vol. 5, No. 1, Spring 2016.

[120] William A. Costanza, "An Alternative Approach to Understanding Youth Radicalization," Journal of Strategic Security, Vol. 8, No. 1 – 2, Spring/Summer 2015.

[121] Yehuda Ben-Meir, "National Security Decisionmaking: The Israel Case," Westview Press, 1986.

[122] Yonah Alexander & Milton Hoenig, "The New Iranian Leadership: Ahmadinejad, Terrorism, Nuclear Ambition, and the Middle East," Praeger Security International, 2008.

（三）有关网站

[1] https: //www. gov. il

[2] https: //main. knesset. gov. il/

[3] https: //www. lawandisrael. org/

[4] http: //www. un. org/

[5] http: //www. worldbank. org. cn/

[6] http: //www. scio. gov. cn/index. htm

[7] https: //www. mfa. gov. cn/

[8] http: //news. xinhuanet. com/

[9] https: //www. state. gov/

[10] https: //www. foreign. senate. gov/

[11] http: //www. rand. org/

[12] http: //www. washingtoninstitute. org/

[13] http: //www. inss. org. il/

[14] http: //www. ict. org. il/

[15] https: //www. jstor. org/

[16] http: //www. terrorism – info. org. il/en/index. aspx

[17] https: //www. jewishvirtuallibrary. org

[18] http: //www. jpost. com/

[19] https: //ctc. westpoint. edu/

后　记

　　成书之际，颇多感激。本书源之于我的博士毕业论文，论文得恩师高祖贵教授悉心指导，今日想起，仍历历在目，感戴莫名。承蒙恩师不弃，有幸忝列门墙，聆听教诲。恩师身体力行，授学问教做人。恩师学识渊博，成果累累，但依然勤奋著述，早到晚归，周末也常在办公室加班，实在使我汗颜；声誉远扬，但待人诚朴，真挚亲切，令人如沐春风。读博三年，恩师在学习和生活上都给我很大帮助，尤其是临近毕业写论文和找工作过程中，更是倾心倾力在毕业论文的选题、框架设计、观点提炼、文字表述等各个方面和环节耐心指导督促。毕业后，参加工作了，恩师亦时时鼓励鞭策。三年教导，一世恩情。常思寸草之心何日可略报三春之晖。我也感激家人为我提供的学习和生活环境，成就今天之我。感激我现在工作单位西北政法大学国家安全学院领导和同事的关心帮助，感激西北政法大学义乌研究院的资助，使得本书得以顺利出版。

　　回顾本书研究主题，不免扼腕兴嗟。世界多极化、经济全球化、社会信息化正深入推进，我们有充足的理由满怀信心、乐观地展望未来，但同时也应看到还存在各式各样的全球性问题不断地侵扰着人类前进的步伐。恐怖主义就是这样的问题之一。恐怖活动以其突发性、残忍性给无辜者造成巨大的伤害。以色列受恐怖主义危害时间之长，程度之深，世所罕见。"人世难逢开口笑，上疆场彼此弯弓月。"踽踽独行于大自然之旷野中的人类本已艰难，其间却又有如此多的纷争和冲突，使人枉叹。天发杀机，移星易宿；地发杀机，龙蛇起陆；人发杀机，天地反覆。恐怖主义视人若草芥，为达目的，殃及无辜，无辜者自身以及家庭之命运、人生之轨迹何止天地反覆？

2022年底，内塔尼亚胡所在的利库德集团与犹太教极端正统派和极端民族主义势力联手，以微弱多数获得议会多数席位，组建了该国有史以来最右翼的政府，并在巴以等问题上采取强硬的挑衅性言行，令拜登政府也"感到不安"。2023年1月3日，以色列国家安全部部长本－格维尔不顾国内外的反对悍然访问耶路撒冷老城圣殿山，被巴勒斯坦民族权力机构称为是"相当于宣战"。此后，以色列对巴勒斯坦启动多项制裁，并以"反恐"为名突袭约旦河西岸的杰宁难民营，导致9名巴勒斯坦人死亡，20人受伤，引发巴以新一轮大规模冲突。2023年3月21日，以色列议会废除了2005年通过的法律，允许以色列居民返回18年前被拆除的4个约旦河西岸犹太人定居点。此举很快遭到巴勒斯坦、美国和欧盟方面的谴责。巴勒斯坦总统阿巴斯的发言人表示，该决定"违背了所有具有国际合法性的决议"，美国国务院称华盛顿对这种做法感到"极为不安"。以色列国内政界的极右氛围，使延宕日久的巴以问题再添波澜，令人对两国人民前途命运难有乐观的预期，冤冤相报极有可能还是未来两国间的常态。中东恐怖主义问题的解决时日难料，恐怖主义和反恐的斗争带来的灾难和威胁仍将持续。

最后强调的一点是，本书虽然得到恩师的悉心指导和多位老师的帮助，但由于个人资质愚钝，再加上可搜集的资料有限，本书不足甚或错误之处在所难免，这都是我个人造成的，敬请读者批评指正。